Jürgen Zimmer (Hrsg.) · Pädagogik der Befreiung

Jürgen Zimmer (Hrsg.)

Pädagogik der Befreiung

Lernen in Nicaragua

Kösel-Verlag München

Übersetzungen aus dem Spanischen:
Monika Barbet, Anne Görtz, Cornelia Krämer, David Rosenbaum, Heinrich Schäfer, Rafaél Sevilla, Jan Simon, Elfi Six.

Der Abdruck des Beitrags von Sissi Karnehm, »Lernen in der Gesundheitskampagne II: Der Bericht einer Krankenschwester« erfolgte mit freundlicher Genehmigung von medico international e. V., Frankfurt; der Abdruck des Beitrags vom Ministerium für Kultur »Eine Indio-Universität gründen« mit freundlicher Genehmigung des Förderkreises für Bildungsprojekte in Nicarague e. V., Tübingen.

CIP-Kurztitelaufnahme der Deutschen Bibliothek

Pädagogik der Befreiung: Lernen in Nicaragua
/ Jürgen Zimmer (Hrsg.) [Übers. aus d. Span.:
Monika Barbet . . .]. – München: Kösel, 1983.
ISBN 3-466-30244-7
NE: Zimmer, Jürgen [Hrsg.]

ISBN 3-466-30244-7

Gesamtherstellung: Kösel, Kempten.
Umschlag: Günther Oberhauser, München, unter Verwendung eines Fotos von Ilka Noerenberg.

Inhalt

Über dieses Buch 9

Annäherungen 14

Jürgen Zimmer
Lernen nach der Befreiung 14

Luzian Spescha
Bilder von der Ungleichzeitigkeit revolutionärer Entwicklungen 35

Grundfragen der Transformation des Bildungswesens 43

Sergio Ramirez
Bildung und Revolution 43

Carlos Tünnermann Bernheim
Die Bildungspolitik der sandinistischen Volksrevolution . . . 56

Juan B. Arrien
Erste Schritte zur Transformation des Bildungswesens 76

Lernen in Kampagnen und Massenorganisationen 85

Juan B. Arrien
Lernen in Kampagnen 85

Maria Theresia Albert
Die Alphabetisierungskampagne als Prozeß der Bewußtwerdung 88

Adolfo Lopez Campos
Dialog mit den Massen: Die nationale Meinungserhebung zur Neugestaltung des Bildungswesens 104

Marta Vargas Molina
Die Verbindung von Schule mit produktiver Arbeit 110

Dieter Mohaupt
Lernen in der Gesundheitskampagne I:
Der Bericht eines Arztes 115

Sissi Karnehm
Lernen in der Gesundheitskampagne II:
Der Bericht einer Krankenschwester 122

Gisela Burckhardt
Über das Lernen von Frauen nach der Revolution 128

Vorschulische Erziehung 137

Conny Puhiera/Graciela Muñoz
Gegen die Vernachlässigung der Kindheit 137

Primarbereich 142

Alejandro Floripe Fajardo
Skizze über die Armut in ländlichen Schulen 142

Ministerium für Erziehung, Abteilung Grundschulpädagogik
Die Entwicklung der Grundschulen 144

Maria Theresia Albert
Einige Voraussetzungen interkultureller Erziehung an der Atlantikküste 152

Jan Simon
Wie in den Dörfern Schulen gebaut werden 161

Sekundarbereich 174

Ministerium für Erziehung, Abteilung Lehrplanentwicklung
Über die Schwierigkeit, für Jugendliche in den Schulen neue Lerninhalte zu entwickeln 174

Hochschulen 181

Juan B. Arrien
Bemerkungen zur neuen Rolle der Universität 181

Ministerium für Kultur
Eine Indio-Universität gründen 183

Erwachsenenbildung 193

Francisco Lacayo Parajón
Revolution, Alphabetisierung und Erwachsenenbildung . . . 193

Brechungen 206

Robert Dilger
Revolution und Konterrevolution – ein Zwischenbericht . . 206

Jürgen Zimmer
Entkolonialisierung und Regionalisierung 217

Anhang 221

Angelika Krüger
Daten über Nicaragua 221

Landkarte 229

Glossar 230

Anschriften 231

Literaturhinweise 231

Über die Autoren 237

Über dieses Buch

Dieses Buch handelt vom Lernen im befreiten Nicaragua. Es ist in Sympathie mit einer Revolution entstanden, die voller Besonderheiten und ohne Parallele in der jüngeren Geschichte ist. Die »breiten Flüsse voll Milch und Honig«, von denen die *Guerilleros* gesungen haben, fließen noch nicht. Diese Revolution ist auch nach ihrem Sieg Kärrnerarbeit. Ihr Ende ist offen, ihr Weg steinig und voller Hindernisse.

Was ihren internationalen Widerhall anbelangt, ist es wenig hilfreich, wenn einige Korrespondenten westlicher Medien auf ihren 48-Stunden-Stops und vom Hotel Intercontinental in Managua aus lediglich Katastrophenmeldungen herausfiltern und dem Publikum präsentieren, so, als hätten wir immer schon gewußt, daß diese Revolution mit ihrem Anspruch an Menschlichkeit und Freiheit gar nicht gelingen kann.

Mein Respekt gilt den vielen Nicaraguanern, die ein immenses Pensum an Arbeit auf sich genommen haben, um die Ziele der Revolution umzusetzen, für die große Teile der Bevölkerung auf die Barrikaden gegangen sind. Sie wehren sich dagegen, wenn diese Ziele umgebogen werden – sei es in die Richtung von Restauration und erneuter Abhängigkeit oder in die Richtung einer zentralistisch-staatsbürokratischen Regierungsform.

Nicaragua hat mehr als 300 Jahre Unterdrückung erlebt – durch Spanier, Engländer, Nordamerikaner. Es hat vierzig Jahre lang unter der Herrschaft eines Familienclans gelitten. Eine Demokratie hat es nie erfahren. Ende der zwanziger und Anfang der dreißiger Jahre haben Aufständische unter Augusto César Sandino erste Erfolge auf dem Weg zur Befreiung erzielt. Anfang der sechziger Jahre entsteht eine von Carlos Fonseca gegründete zweite Bewegung, die »Sandinistische Front der Nationalen Befreiung« (FSLN), die fast zwanzig Jahre später in einen Volksaufstand mündet. Priester kämpfen zusammen mit *Campesinos,* Marxisten mit Bürgern, Kinder und alte Menschen helfen beim Barrikadenbau, es kämpfen Frauen und vor allem Jugendliche. Die *Guardia Nacional* muß aufgeben, der Diktator Anastasio Somoza wird gestürzt, am 19. Juli 1979 hat die Revolution gesiegt.

Es ist eine Revolution, die scheinbar Unverträgliches miteinander verbinden will, die mit Widersprüchen umgehen muß: Den tiefgreifenden gesellschaftlichen Wandel sollen nicht nur Bauern und Arbeiter, nicht nur die Armen und bisher Entrechteten vollziehen, sondern auch wohlhabende Bürger, Angehörige der technischen Intelligenz, Unternehmer. Diese Revolution will die Demokratie, aber nicht so, daß mit den Parteien die Gesellschaft von Gestern zurückkehrt. Sie respektiert die Menschenrechte, geht human mit ihren Gegnern um, hat die Todesstrafe abgeschafft und die Gefängnisse reformiert, zugleich aber muß sie sich mit wiederholten Verletzungen dieser Rechte befassen und nachweisen, daß sie an ihrem eigenen Anspruch festhält. Dies Land will wirtschaftlich unabhängig werden, ihm ist aber eine Hypothek hinterlassen worden, die abzubauen einen jahrzehntelangen Verzicht erfordert. Die Revolutionsregierung will in der gemischten Ökonomie private Unternehmen und vergesellschaftete Produktion zur Koexistenz bringen, ohne davon ausgehen zu können, daß private Unternehmer dies glauben und mitvollziehen. Die Menschen in Nicaragua wollen den Frieden auch mit den USA, jenem Land, das in einer geschichtlich langen Kette von skandalösen Interventionen viel Schuld auf sich geladen hat, trotzdem wird Nicaragua gegenwärtig und immer noch von keinem anderen Land so bedroht. Die Regierung will politischen Pluralismus und Meinungsfreiheit und läßt sich dennoch hinreißen, eine Zeitung, die – mit auch unseriösen Mitteln – auf radikalen Gegenkurs geht, zu maßregeln. Diese Revolution wird von katholischen Priestern bis in hohe Regierungsämter hinein getragen, und trotzdem klafft der Graben zwischen der Amtskirche und vielen Basisgemeinden. Wenn Revolutionen mit sozialistischem Anspruch bisher entweder in Konterrevolutionen, in Restauration oder in Formen des bürokratischen Staatssozialismus mündeten, wenn also Nicaragua mit seinem basisdemokratischen, sozialistischen und christlichen Anspruch auf historische Vorbilder kaum zurückgreifen kann, dann kann der sandinistische Weg, sollte er überhaupt gelingen, nicht ohne Brechungen, Widersprüche, Rückschläge, Versuchungen und Ungleichzeitigkeiten verlaufen. Damit ist der Sandinismus eine Philosophie, die über wenig Rezepte verfügt, und die deshalb auf ein Lernen und Experimentieren elementar angewiesen ist.

*

Salvador Allende hat Chile zur Zeit der *Unidad Popular* als ein Land beschrieben, das dabei sei, sich in eine Universität, in ein Laboratorium zu verwandeln. Heute, in einer Zeit tiefgreifender gesellschaftlicher Umwandlung, kann Nicaragua als ein Modell dafür gelten, wie ein Volk in einem großen gesellschaftlichen Bewußtwerdungsprozeß lernt. Das Land ist im Aufbruch aus einer Kultur des Schweigens.

In Nicaragua wird Lernen gerade dort produktiv, wo es nicht an traditionelle Lernorte gefesselt ist. Gelernt wird in Komitees, die von der Abfallbeseitigung bis zur Gesundheitsvorsorge die Angelegenheiten eines Dorfes selbst organisieren. Es wird in Betriebsgruppen gelernt, wie Bilanzen erstellt und kontrolliert werden. Es wird auf *Haciendas* gelernt, wie man patriarchalische Strukturen durch genossenschaftliche ersetzen kann.

Gelernt wird in Kampagnen: in der Alphabetisierungskampagne, die zugleich ein geschichtlicher und politischer Lernprozeß war; in der Gesundheitskampagne und in der Kampagne zur Verbindung von Schule, Studium und Arbeit; in der *Consulta Nacional Educativa,* dem Versuch, mit und zwischen etwa 50 000 Menschen einen mehrmonatigen Diskurs über neue Ziele, Strukturen und Inhalte des Bildungswesens zu führen.

Es ist ein freiwilliges Lernen – angelegt als Teilhabe an lokaler und regionaler Entwicklung und Transformation. Bei allem Tempo, das die FSLN, die Regierung und die großen Volksorganisationen anschlagen, bei allen zentralen Vorgaben, bei allen national und international gesetzten Rahmenbedingungen werden dennoch und gerade auf dieser lokalen und regionalen Ebene die Konturen eines basisdemokratischen Sozialismus sandinistischer Prägung sichtbar.

Zu den Grundfragen, denen dieses Buch nachgeht, gehört die nach der Entkolonialisierung des Lernens: Wie kann ein Bildungswesen, das unter der Diktatur Somozas falsch angelegt und nur rudimentär entwickelt war, so umgewandelt und gestaltet werden, daß es den gesellschaftlichen Ablösungsprozeß aus Unterdrükkung und Abhängigkeit unterstützt? Wie läßt sich Lernen als aktive Teilnahme von Kindern, Jugendlichen und Erwachsenen an gesellschaftlicher Transformation fassen? Wie lassen sich Positionen und Konzepte einer Pädagogik der Dritten Welt, wie sie Paulo Freire entwickelt hat, in Nicaragua einbringen? Kann man ein

Bildungswesen aufbauen und es zugleich entschulen? Welche Ungleichzeitigkeiten existieren in Nicaragua – welch verdinglichtes Verständnis von Schule auf der einen und welch radikaler Bruch mit institutionellen Verengungen auf der anderen Seite?

*

Die an diesem Buch beteiligten nicaraguanischen Autoren geben eine Darstellung und Analyse von Entwicklungen des nicaraguanischen Bildungswesens seit dem Sieg der Revolution. Sie tragen mit anderen zusammen die politische und fachliche Verantwortung für die Entwicklungen, über die sie schreiben. Die Beiträge deutschsprachiger Autoren übernehmen als Berichte, Beobachtungen oder Reportagen eine ergänzende Funktion.

Wie kam es zu diesem Buch? Ich war zweimal in Nicaragua – das erste Mal 1979 kurz nach dem Revolutionssieg, das zweite Mal 1981. 1979 bestand meine Aufgabe darin, als unabhängiger Gutachter auf Einladung des nicaraguanischen Erziehungsministeriums Projekte im Bildungsbereich zu identifizieren und sie in der Bundesrepublik zur Förderung vorzuschlagen. Die Reise wurde von der Deutschen Gesellschaft für Technische Zusammenarbeit (GTZ) finanziert; das mit Peter Geide zusammen formulierte und von Peter Dehmel beratene Gutachten wurde sowohl der GTZ als auch dem Bundesministerium für wirtschaftliche Zusammenarbeit vorgelegt. Eine Reihe der Vorschläge sind inzwischen realisiert worden.

1981 war ich wiederum auf Einladung des Erziehungsministeriums in Nicaragua, um dort mit finanzieller Unterstützung der GTZ Seminare mit Planern und Erziehern zur qualitativen Entwicklung vorschulischer Erziehung durchzuführen. Das Interesse der nicaraguanischen Partner richtete sich auf Verfahren, die Inhalte vorschulischer Erziehung an Schlüsselsituationen nicaraguanischer Kinder zu orientieren und Kindergärten in die Entwicklung des Gemeinwesens zu integrieren. Mit mir kamen Lehrer-Studenten der Freien Universität Berlin, die auf dem Land im Schulbau arbeiteten. Die Gastfreundschaft der Nicaraguaner – ich möchte hier stellvertretend Carlos Tünnermann Bernheim, Jorge Incer und Rafaél Aldana danken – war überwältigend. Ungewöhnlich und verpflichtend empfand ich das Vertrauen, das sie durch die Zusammenarbeit in einem bildungspolitisch prioritären Be-

reich – dem der Curriculumentwicklung – zum Ausdruck brachten.
Auf der zweiten Reise entstanden in Gesprächen mit nicaraguanischen Partnern und Freunden die Konturen dieses Buches. Wer dabei ist, eine Revolution zu sichern und fortzuführen, hat wenig Zeit, darüber zu schreiben. Daß die nicaraguanischen Autoren diese Arbeit – in dieser Form zum ersten Mal und gegenüber deutschsprachigem Publikum – auf sich genommen haben, hängt einmal damit zusammen, daß sie freundschaftliche Beziehungen zu unserem Land wünschen. Ein anderer Grund ist, daß die nicaraguanischen Autoren aus der Erfahrung eines bisher an Unabhängigkeit und eigenständiger Entwicklung gehinderten Landes wissen, wie verhängnisvoll sich die monopolartige Stellung von Nachrichtenagenturen und Informationsträgern industrialisierter Länder im Nord-Süd-Verhältnis auswirken kann. So schreiben sie selbst über ihre Ziele, Projekte und Entwicklungen – dies schließt ja den Dialog, der auch in und mit diesem Buch versucht wird, nicht aus.
Mein Dank gilt allen Beteiligten, voran Carlos Tünnermann Bernheim, ohne dessen konzeptionellen Rat und praktische Vermittlung das Buch nicht zustande gekommen wäre. Danken möchte ich auch Maria Theresia Albert, die zwischen ihrer Arbeit mit Basisgruppen an der *Costa Atlantica* und der technischen Unterstützung von Autoren in Managua hin- und herpendelte. Die Autoren- und Herausgeberhonorare gehen an das nicaraguanische Erziehungsministerium zur Verwendung in der Ausstattung von Kindergärten und Grundschulen. Wer sich als Leser für ein Vorhaben in Nicaragua einsetzen will, dem sei der Tübinger »Förderkreis für Bildungsprojekte in Nicaragua e. V.« empfohlen, der das Projekt zur Gründung einer Indio-Universität unterstützt.

Jürgen Zimmer

Annäherungen

Jürgen Zimmer
Lernen nach der Befreiung

Nicaragua, im November 1979

Anflug auf Managua. Ein Berg ist zu sehen, auf seinem Hang die großen Buchstaben FSLN. Entlang der Straße zum Flughafen zerstörte Fabriken. »Zuletzt hat die *Guardia* Benzinfässer aus Hubschraubern abgeworfen und damit Brände gelegt«, sagt jemand neben mir. In der Ankunftshalle *Guerilleros*, Jugendliche, die ich auf vierzehn bis zwanzig schätze, die Kampfanzüge uneinheitlich, rot-schwarze Halstücher, Maschinenpistolen.

*

Berg bei Managua
Foto: Ilka Noerenberg

Fahrt durch die Stadt. Die *Compañera* hat ein Auto, bei dem man die rechte Vordertür während der Fahrt festhalten muß. Im Zentrum Managuas vereinzelte Häuser, weite Trümmerflächen, keine Auswirkungen des Krieges, sondern des Erdbebens von 1972. Somoza hatte sich, indem er internationale Hilfsgelder in die eigene Tasche fließen ließ, auch daran bereichert.
An einer Kreuzung steht die Ampel auf Rot. Zeitungsjungen kommen mit der *Barricada* und der *Prensa.* »Was gibt's heute?« fragt die Compañera. »Somoza von zwei Frauen vergewaltigt«, ruft der eine Junge. »*Claro*«, sagt sie, und wir lesen, daß eine Gruppe kubanischer Lehrer angekommen sei.
Wir fahren an der Botschaft Guatemalas vorbei. Im Garten campieren Hunderte von geflohenen Nationalgardisten und Somozisten. Unter ihnen Männer, die gefoltert, gemordet und gebrandschatzt haben. Ein Wachposten: »Da sind auch Bauernsöhne dabei, die man in den letzten Winkeln des Landes angeworben und in Uniformen gesteckt hat. Sie haben Angst, rauszukommen, aber sie sollten lieber nach Hause gehen und in der Ernte helfen.«
Einige werden später vor Gericht stehen. Anderen wird man die Ausreise erlauben. Ich werde auf meiner Rückreise von Managua aus über die Dominikanische Republik nach Spanien fliegen, mit in der Maschine: ein halbes Hundert entlassene Somozisten. Soldaten der FSLN werden sie bis zur Maschine bringen. Auf dem Rollfeld bis zuletzt ein älterer Politiker, der sich mit pathetischen Sätzen vom Land verabschiedet. Ein Gespensterflug, nach Whisky riechend und voll Widerspruch zu dem, was ich in Nicaragua an Begeisterung und Aufbruch erlebte.

*

»Hier hatten wir die Barrikade.« Die Straße führt unmittelbar an der Schule vorbei. Die Schule liegt in einem *Barrio* am Rande der Stadt. Der Lehrer zeigt die Kinder, die die Barrikade mit errichtet haben. Die Schule besteht aus mehreren aneinandergebauten Verschlägen. Statt Fensterscheiben gibt es Maschendraht. In der Vorklasse drängeln sich sechzig Kinder, wenige sitzen auf Stühlen, viele auf dem Lehmboden. Die Lehrerin spricht einen Satz vor, alle Kinder sprechen ihn nach.
In der ersten und zweiten Klasse sind es nicht weniger Kinder.

Einige haben Bücher, andere nicht. Es sind verschiedene, oft zerfledderte, oft halbe Bücher aus Mexiko, Venezuela oder Kolumbien – mit Bildern, auf denen Vater mit Krawatte aus dem Auto steigt, Mutter und Kind in einer gut ausgerüsteten Küche am Tisch sitzen und Cornflakes essen; da sind Bilder von Wolkenkratzern, Eisenbahnen, dem Eiffelturm und den schweizer Alpen.
Die Ausrüstung der Schule: außer den Stühlen einige Stück Kreide. Die Fotos an der Wand von Sandino und Carlos Fonseca sind aus der Zeitung ausgeschnitten, die Fahne der FSLN ist auf Papier, die Tafel mit grüner Farbe auf die Bretterwand gemalt. Es wird frontal unterrichtet. »Am meisten brauchen wir sanitäre Anlagen«, sagen Lehrer und Eltern. Sie planen den Bau selbst und sammeln untereinander Geld für die Materialien.

*

Die Schule im benachbarten *Barrio* ist kleiner. Ihre beiden Klassen mit je vierzig Kindern werden von einer Lehrerin unterrichtet. Die Eltern schicken ihre Kinder nur unregelmäßig, oft holen sie sie zur Pause ab. Die Kinder sollen bei der Arbeit helfen. Etwa zehn Prozent der schulpflichtigen Kinder aus dem Barrio seien überhaupt noch nie erschienen, sagt die Lehrerin. Die Menschen leben in Hütten, die in ähnlich schlechtem Zustand sind wie die Schule. Hier gäbe es viele alleinstehende Mütter mit oft mehr als fünf Kindern von verschiedenen Vätern. Die Männer würden ihrer Wege gehen, der *Machismo* sei durch die Revolution noch nicht beseitigt.
Die Lehrerin sagt, sie habe mit den Kindern einen Schulgarten angelegt. Es sind kleine, von Staub überzogene Pflanzen hinter Maschendraht. Rings um die Schule Gebüsch und Unkraut, Schlamm, Schweine, Hühner und Hunde.
Vor der Hütte nebenan reinigt eine Familie Flaschen und entfernt die Aufkleber. Sie sammelt Flaschen und gibt sie später in Kästen sortiert an Abnehmer weiter. Auch die Kinder arbeiten mit und gehen dann in die Schule, wenn weniger Arbeit anfällt.

*

Abendliche Versammlung in einem CDS, einem der vielen Komitees zur Verteidigung der sandinistischen Revolution. Dies *Comité de Defensa Sandinista* tagt in einer Villa, die bis vor kurzem

noch einer Geliebten Somozas gehörte. Die Villa ist nicht nur Versammlungsort, sondern dient auch als Universitätsinstitut. Fünfzig reiche und fünfzig arme Familien leben im Einzugsbereich. Die reichen Familien wohnen in Bungalows, die armen – man nennt sie Fallschirmspringer – haben nach und nach die Flächen zwischen den Straßenrändern und dem Beginn der Grundstücke der Reichen besetzt und Hütten errichtet. Die Einrichtung der Villa wirkt so intakt, als sei die frühere Besitzerin nur eben mal zum Einkaufen nach Miami geflogen. Barfüßige Frauen und Männer mit ihren Kindern, elegant gekleidete Vertreter der besitzenden Familien bilden eine Diskussionsrunde. Ein Ingenieur leitet die Versammlung. Zu Beginn tanzen Kinder nach Marimbamusik von einer Platte, die Jungen mit *Sombreros*, die Mädchen in selbstgenähter Nationaltracht. Die Tänze wurden früher auch *Hacienda*besitzern vorgeführt. Ich denke an Ernesto Cardenals Aufruf, die nationale Kultur wiederzuentdecken. Was ist Kern und was koloniale Tradition?
Frage an eine Frau, die ihr Baby auf dem Arm hält, ob sie früher Kontakt mit reichen Familien gehabt hätte. Nein, eigentlich nicht. Vor Weihnachten seien einmal Frauen von denen gekommen und hätten kleine Geschenke gebracht. Frage an einen Beamten, ob er Befürchtungen habe. »Ja«, sagt er, »vor Enteignung und Kommunismus«. Aber gerade hätte er in den Nachrichten gehört, daß die Regierung keine weiteren Konfiszierungen vornehmen und die Religionsausübung unterstützen wolle. »Die *Padres* in der Regierung wollen zu Mariä Empfängnis über Radio die Messe lesen«, sagt er, und ich spüre, daß er dies für eine Garantieerklärung nimmt.
Die Tagesordnung dieser Versammlung umfaßt drei Punkte. Erstens: Vor und auf den verlassenen Grundstücken stapelt sich der Müll. Da es keine Straßenreinigung gibt, muß sie selbst organisiert werden. Eine Untergruppe bildet sich, um unter Beteiligung aller eine Aktion vorzubereiten.
Zweitens: Von Grundstücken, deren Besitzverhältnisse unklar sind, soll eine Bestandsaufnahme gemacht werden. Wenn sich Besitzer nicht ermitteln lassen oder davon ausgegangen werden kann, daß die Besitzer das Land verlassen haben, sollen die Grundstücke den Armen gegeben werden. Wie aber stellt man Besitzverhältnisse fest? Welches Amt existiert denn überhaupt

und hat auch noch die Unterlagen? Wer kennt die Namen? Wieder verabredet sich eine Untergruppe, um in den nächsten Tagen auf Spurensuche zu gehen.
Drittens: Anfang Dezember soll Mariä Empfängnis gefeiert werden – in Nicaragua ein hohes Fest. In diesem Viertel feierte man bisher im Rahmen der Familien. Aber an diesem Abend kommt der Vorschlag, das Fest gemeinsam in der Villa zu feiern. Alle sind dafür. Um Geld für das Fest aufzutreiben, soll vorher ein Straßenfest veranstaltet werden.
Ein Klassenbündnis? Sind die Mittelschichten nach dem gemeinsamen Kampf gegen Somoza nun auch bereit, die soziale Transformation mitzuvollziehen und dabei zuerst selbst Federn zu lassen? Zwei Jahre später wirkt dieses Verhältnis angespannter: Den Bewohnern in marginalisierten Barrios geht manches zu langsam. Einige Techniker und Angestellte vom CDS-Abend des Jahres 1979 sitzen auf gepackten Koffern. Andere arbeiten weiter für die Revolution.
Oft geht der politische Riß quer durch die Familien der Mittelschicht, ohne den Zusammenhalt stören zu müssen: Nora arbeitet im Planungsministerium und hält die Revolution für gut, aber die Planung für dilettantisch, Rafaél arbeitet in einem öffentlichen Transportunternehmen und meint, die FSLN solle sich gegenüber privilegierten Gruppen endlich stärker durchsetzen. Orlando, um die vierzig, arbeitet tagsüber, geht abends zur Universität, ist für die Revolution und zugleich für einen Wohlstand wie in Costa Rica. Rhina rechnet sich zur FSLN und geht nach Kuba, um sich als Berufsberaterin ausbilden zu lassen. Agnes wird im Auftrag der Regierung nach Costa Rica gehen, um sich dort in der Verwaltungskunde weiterzubilden. Nur Miguel, früher bei der Bank und dort nach der Revolution entlassen, hat sich zum verbitterten Anhänger Milton Friedmans entwickelt.

*

Fahrt in den Norden. Der Begleiter arbeitet im Erziehungsministerium und entwickelt Materialien für die Erwachsenenbildung: »Wir haben in der ersten Zeit den Fehler begangen, die Inhalte an den Schreibtischen zu erfinden. Wir müssen raus in die Schulen der abgelegensten Dörfer, um dort Bedürfnisse und Themen zu ermitteln. Die Gemeinden sollen die Lerninhalte bestimmen.

Das, was dort gebraucht und produziert wird, soll Lerngegenstand sein. Wir werden Lernen und Produktion miteinander verbinden.«

An einer Straßenkreuzung sind Stände aufgebaut mit *Tortillas,* Maiskolben, schwarzen Bohnen, gebratenen Bananen. Eine Mutter mit ihrer jungen Tochter zeigt, wo wir die Schule finden. Die Tochter gehe nicht zur Schule, weil sie ihr beim Verkauf helfe. Ein Bus hält – Passagiere auf dem Dach und den Stoßstangen; die Kinder und Frauen von den Ständen bieten ihren Proviant an. »Mein Sohn geht in die Schule«, sagt die Frau, »wenn er in der Ernte arbeitet, dann geht die Tochter.«

Die Schule liegt außerhalb des Dorfes, ein Steinbau mit offenen Durchbrüchen, zwei Räume mit je zwei Klassen. In der zusammengefaßten dritten und vierten Klasse sind von 55 Kindern 44 anwesend, einige sind an Malaria erkrankt, andere bei der Arbeit. Viele Kinder leben nur mit der Mutter zusammen. Einige Männer haben Arbeit – sie schlagen Brennholz, bauen Melonen und Ölfrüchte an oder gehen in der Saison auf eine Hacienda.

Diese Schule hat alte Schulbänke, sie stehen in Reih und Glied, mit vier statt zwei Kindern besetzt. Keine Bücher, kaum Hefte. Aber die Lehrerin geht mit der Klasse ins Freie und zeigt ihr nützliche Pflanzen. Später erklärt sie einige Körperfunktionen und demonstriert sie an den Kindern. Es geht auch ohne Buch, sogar besser. Ein Schulgarten ist angelegt, noch fehlt die Umzäunung, um Schweine und Truthähne fernzuhalten. »Was macht ihr mit den Schweinen?« – »Wir verkaufen sie.« – »Was eßt ihr dann?« – »Mais«, sagen die Kinder, »Bohnen und Reis« ergänzt die Lehrerin und sagt, daß Bohnen und Reis gekauft werden müßten.

Das Dorf kommt schwer an Wasser, die Brunnen müssen zwanzig Meter tief gebohrt werden. Der nächste Arzt lebt zwanzig Kilometer weit entfernt. Die Lehrerin wohnt in Managua und kommt täglich mit dem Bus die vierzig Kilometer zur Schule. »Daß die Lehrer nicht in den Dörfern wohnen, war eine der Schwächen des alten Systems«, sagt der Begleiter.

Bevor wir gehen, singen die Kinder das *Frente*-Lied: »*Adelante marchemos compañeros*...«. Der Mittelteil – »*Hoy el amanecer dejó de ser una tentación*...« – ist melodisch schwierig, aber sie bewältigen ihn, und Rosa Idalia Zamora Alaníz und Mercedes Caledo schreiben ihre Namen auf einen Zettel und sagen, die deutschen Kinder sollten bitte mal schreiben. Wohin? Na, nach Quebrada Honda, am Kilometer 40 der *Carretera Norte* in Nicaragua *libre.*

*

Quebrada Honda

Himno del Frente Sandinista.

Adelante marchemos compañeros
avanzemos a la Revolución
Nuestro pueblo es el dueño de su Historia
Arquitecto de su liberación.

Combatientes del Frente Sandinista
adelante que es nuestro el porvenir
roja y negra banderas nos cobija Patria
libre vencer o morir.

Los hijos de Sandino, ni se venden
ni se rinden "Jamás"
luchamos contra el yanki enemigo de
la humanidad.
Adelante .....

Hoy el amanecer dejó de ser una
tentación mañana o algún día

Surgirá un nuevo sol que habrá
de iluminar toda la tierra que nos
dejaron los mártires y heroes con
caudalosos ríos de leche y miel

(Se repite.) 13 años

Adelante .....

Escrito para los alumnos de Alemania
Rosa Idalia Zamora Alaníz
Nicaragua 28 de Nov. de 1979.

Das Frente-*Lied, von Rosa (13) geschrieben*

Die Sekundarschule Ricardo Morales Avides in Jinotepe ist eine von vier Sekundarschulen im Land, die nicht nur zum Abitur führen, sondern zugleich Lehrer ausbilden. Zehn Schüler und ein Lehrer sind in den Kämpfen ums Leben gekommen. Die Schule arbeitet zunehmend projektorientiert. »Denn wir wollen«, sagt einer der Lehrer, »keine Kollegen, die ihre Pflanzen nur an die Tafel malen, anstatt sie draußen zu untersuchen«. So werden Musteranpflanzungen angelegt, Elektromotoren gebaut, der saure Boden und die Bitterstoffe von Pflanzen untersucht.
Die Schule hat einen Physik- und einen Chemieraum mit querlaufenden Demonstrationstischen. Hinter Glas und weitgehend ungenutzt stehen die Geräte einer deutschen Lehrmittelfirma. »Damit kann man Vorführungen bestreiten und künftige Akademiker schulen, aber an unseren lokalen Problemen arbeiten kann man damit nicht.«
Später wird von einem Angehörigen des Erziehungsministeriums der Wunsch geäußert, mehr solcher Laborausrüstungen zu erhalten. Wir diskutieren über angepaßte und unangepaßte Lehrmittel. Der anwesende Vertreter einer schwedischen Firma bietet seine Physik-Kästen an und verweist auf ihren großen Absatz in Kuba. Es ist Demonstrationsphysik wie bei der deutschen Firma mit dem Unterschied, daß vier Schüler mit einem Kasten arbeiten können. Wieder Diskussionen: Ist für die Organisation naturwissenschaftlicher Erkenntnisse die Struktur der Wissenschaftsdisziplin maßgebend? Wird damit der soziale Kontext mathematik- oder physikbezogener Tätigkeiten ausgeblendet? Kann man umgekehrt vorgehen, lokale und regionale Schlüsselprobleme ermitteln und naturwissenschaftliche Verfahren und Erkenntnisse auf sie beziehen?
So entsteht der Plan, ein Projekt zur regionalisierten Lehrmittelentwicklung im Bereich von Naturkunde und Landwirtschaft durchzuführen. In den acht Schulbezirken Nicaraguas sollen kleine Druckzentren eingerichtet werden – als technische Infrastruktur für die Entwicklungsarbeiten von Lehrergruppen. Die Lehrer sollen – im Kontakt mit der Landbevölkerung – Schlüsselprobleme identifizieren und sie in pädagogischen Projekten mit Schülern aufgreifen. Ihre dabei gewonnenen Erfahrungen sollen sie dokumentieren und überregional austauschen. Mit diesen Entwicklungsarbeiten sollen lernende Kinder und Erwachsene darin

unterstützt werden, natürliche Ressourcen zu nutzen und zu erhalten.
Pina, Agnes und Victor, die als Mitglieder einer Lehrplan-Entwicklungsgruppe an der Projektplanung beteiligt sind, benennen als eines der Grundprobleme, daß auch die erwachsene Bevölkerung auf dem Lande zu wenig über die Art dieser Ressourcen und ihre Nutzungsmöglichkeiten wisse. Das Land sei reich an wertvollen Pflanzen und Mineralien, die Konzentration auf Monokulturen und Agrarexport hätte bei Landarbeitern die Möglichkeit und Befähigung zur Subsistenzwirtschaft zurückgedrängt.
Welche regionalen Schlüsselprobleme wird man identifizieren? Die Unterernährung, die schmutzigen Flüsse und die mit ihnen zusammenhängenden Krankheiten, die Gewinnung von Energie aus lokal verfügbaren Quellen, die Anpflanzung von Mischkulturen, die Haltung von Nutzvieh, der Bau einer Kanalisation? Was davon sollen Grundschulkinder lernen, von wem und mit wem zusammen? Werden Lehrer künftig zu Gemeindeentwicklern mit auch praktischen Fähigkeiten?
Anderthalb Jahre später läuft das Projekt mit deutscher Unterstützung an. Die Druckzentren in León, Esteli und Bluefields sind als erste funktionsfähig. Das Projekt hat Mühe, über die Bewältigung von organisatorischen Problemen hinaus und auch angesichts des zeitlichen Drucks, Nicaraguas Lehrern und Schülern bald Lehrmittel zur Verfügung zu stellen, zum konzeptionellen Kern vorzustoßen: das Lernen von Kindern und Erwachsenen an lokalen Problemen zu orientieren, Kopf- und Handarbeit zu verbinden, Lernen in die Entwicklung von Gemeinden zu integrieren.

*

Als wir in einem der Dörfer ankommen, zeigen die Begleiter aus dem Erziehungsministerium auf verlassene Felder ehemaliger Somozisten rings um das Dorf. Auf der Dorfstraße Kinder mit Anzeichen von Unterernährung, in der Schule das Bild vollgestopfter, frontal unterrichteter Klassen.
Im Gespräch über die Möglichkeit, eine neue Naturkunde zu entwickeln, werden die Lehrer gefragt, was sie für Wünsche nach Unterstützung hätten. Sie sagen, sie würden gern Schautafeln haben, auf denen Pflanzen im Längs- und Querschnitt zu sehen

seien, die man an der Wand aufhängen und zeigen könne. Sie führen uns in eine Abstellkammer. Dort sind verschlissene Reste solcher Schautafeln zu sehen.
Wir sprechen darüber, ob man die Umgebung der Schule als Lerngelände einbeziehen könne, ob es Möglichkeiten gäbe, die vielen nützlichen Pflanzen vor Ort kennen und mit ihnen umgehen zu lernen. Der Vorschlag der Lehrer daraufhin: Sie könnten ja einen Schulgarten anlegen. In diesem Garten könnten die Kinder Musterpflanzen ziehen, eine Tradition, die es auch in anderen mittel- und lateinamerikanischen Ländern gäbe.
Man braucht aber nur aus dem Fenster auf die verwilderten Felder mit Zuckerrohr und Mais zu sehen, um festzustellen, daß die Geschichte mit dem Schulgarten angesichts der Lernchancen rings um das Dorf nur ein halber Schritt ist. Als wir weiterdiskutieren, ob es die Möglichkeit gäbe, daß Lehrer, Dorfbewohner und Kinder zusammen die Felder bestellen, um dann gemeinsam in der Arbeit zu lernen, kommt der Einwand der Lehrer, dazu benötigte man Geräte, die sie nicht hätten. Die Regierung solle ihnen diese Geräte erst einmal liefern. Als die Vertreter des Ministeriums ihnen sagen, darauf könnten sie lange warten, die Regierung habe für so etwas kein Geld, geht die Diskussion darüber weiter, ob man die Geräte nicht selbst herstellen könne. Später kommen weitere Dorfbewohner dazu, und ich habe das Gefühl, als wenn etwas in Bewegung gekommen wäre, als wenn sich das *White-collar*-Denken von Lehrern langsam verwandeln könnte in ein Rollenverständnis des Lehrers als Teilnehmer an lokalen Entwicklungen.
Diese Lehrer haben Schule nie anders als eine Lern- und Paukschule kennengelernt. Sie sind in ihrer kurzen Ausbildung und späteren Praxis dazu angehalten worden, Lehrpläne der somozistischen Regierung anzuwenden, die mit konkreten Lebensverhältnissen wenig, mit kultureller Invasion und ideologischer Befriedung viel zu tun hatten. Lehrer als Gemeindeentwickler: Dies Ziel der Sandinisten erinnert an eine türkische Reformbewegung der vierziger Jahre, in der in Dorfinstituten die Lehrerbildung auf subsistenzwirtschaftlicher Grundlage organisiert wurde; Lehrer-Studenten arbeiteten in der Landwirtschaft oder im dörflichen Handwerk und bereiteten sich auf ihre Doppelrolle als Lehrer und Gemeindeentwickler vor.

*

Noch kann es nicht so weit sein. Noch regiert der Druck, überhaupt Alternativen zu somozistischen Lerninhalten zu finden. Im *Ministerio de Educación* in Managua arbeitet in einem Durchgangszimmer eine der Lehrplan-Entwicklungsgruppen, sie macht alles selbst und das zur gleichen Zeit: Einer formuliert, einer tippt, einer bedient einen alten Abziehapparat zur Vervielfältigung und sortiert. Diskussionen über Ziele und Inhalte werden fortwährend geführt, aber so, daß die technische Produktion weiterlaufen kann. Da ist keine Druckerei, keine Klammermaschine, kein Kopierautomat. In diesem Ministerium gehört Kopf- und Handarbeit zum Alltag, die *Compañeras* und *Compañeros* entwickeln die *Primeros Programas Transitorios* mit Inhalten, die in den Regionen des Landes nicht recherchiert werden konnten, und die dennoch viel näher an der nicaraguanischen Gegenwart sind als europäische Lehrmittelfirmen es je sein können.

*

Im Büro der *Cruzada Nacional de Alfabetización* sind Fernando Cardenal, der Koordinator der Alphabetisierungskampagne, und Sonia de Chamorro dabei, Ausrüstungsgegenstände zu beschaffen. Die Kampagne wird in ungeheurem Tempo geplant. Es sind Anfragen in viele Länder geschickt, an viele Hilfsorganisationen gerichtet worden. Die Organisationen reagieren langsamer, als es die Planung zuläßt. Zehn Millionen Bleistifte werden gebraucht – oder besser noch: das Geld, um sie im Lande selbst produzieren zu können. Aus Schweden werden die Lampen kommen, aus der Bundesrepublik die Jeeps; gebraucht werden Hängematten, Stiefel, Hosen, Hemden – Grundausrüstungen für die Alphabetisatoren; gebraucht werden die Broschüren mit den Lektionen, Hefte, Medikamente. Gebraucht wird eine Logistik, die es ermöglicht, daß zwischen März und August 1980 etwa 95 000 Alphabetisatoren über 400 000 Nicaraguanern das Lesen, Schreiben und Rechnen beibringen – und dies auch in Gegenden, in denen es weder Straßen und Schulen noch sichere Kenntnisse darüber gibt, wo und wieviele Menschen dort leben.
Paulo Freire war zu Beratungen hier. Es ist unstrittig, daß Schlüsselsätze im Zentrum der Lektionen stehen werden, daß Begriffe in Silben zerlegt und aus ihnen phonemische Gruppen, neue Wörter, neue Synthesen gebildet werden sollen. Aber nach

Freires ursprünglicher Konzeption müßten die Alphabetisatoren auf die Dörfer und in die *Barrios* gehen, sie müßten gemeinsam mit den dort lebenden Menschen Schlüsselsituationen ermitteln und die Lektionen von diesen Situationen her entwickeln.
Angesichts der Voraussetzungen – der kurzen Zeit und der großen Zahl von Beteiligten – erscheint dieser Weg als nicht realisierbar. In diesem Stadium der Planung noch wird davon ausgegangen, nach den ersten fünf zentral vorgegebenen Lektionen mit vor Ort recherchierten Themen weiterzumachen.
Diese Absicht wird später nicht weiterverfolgt. Alle Schlüsselsätze werden vorgegeben. So ist der ersten Lektion beispielsweise der Satz »*Sandino: guia de la Revolución*« vorangestellt. Die dritte enthält den Satz »El FSLN condujo al pueblo a la libaración«. Francisco Lacayo Parajon sagt später zur Begründung, die Freire-Methode sei auf Länder bezogen, die vor der Befreiung stünden, sie solle dort den Prozeß der gesellschaftlichen Bewußtwerdung unterstützen. In Nicaragua sei die Revolution vollzogen und politisches Bewußtsein vorhanden, hier sei es wichtig, über einen bisher unterdrückten Teil der nationalen Geschichte zu berichten, eine Geschichte ja auch des *Guerilla*-Führers Sandino. Aber unbeschadet der Frage, ob nicht doch schon in der Planung Möglichkeiten hätten geschaffen werden können, generative Themen auf nationaler wie auf lokaler Ebene zu entwickeln, werden später an den Orten der Alphabetisierung viele Lernchancen wahrgenommen, die mit unmittelbaren existentiellen Situationen sowohl der Alphabetisierten als auch der Alphabetisatoren zusammenhängen.

*

Vor allem die Lehrergewerkschaft ANDEN hat die Mitglieder einer Gruppe am Anfang eines Schneeballsystems gestellt: An die vierzig Lehrer bildeten Brigadisten aus, die wiederum arbeiteten mit neuen Gruppen, so daß in kurzer Zeit alle Alphabetisatoren ausgebildet werden konnten.
Vier Jahre vor der Befreiung wurde die ANDEN von der FSLN gegründet. Durch die Kämpfe im Jahr 1978 reduzierte sich die Mitgliederzahl von 3000 auf 500 Lehrer, viele starben oder mußten außer Landes fliehen, die übrigen gingen in den Untergrund. Gegen Ende des Jahres 1979 war die Zahl wieder auf

12000 Mitglieder gestiegen. 1978 galt der Leitsatz »Zusammenleben oder sterben«. »Jetzt«, sagt eine Lehrerin angesichts der beginnenden Alphabetisierungskampagne, »wird der Krieg mit Kreide weitergeführt. Wir werden die Revolution bis in die letzte Hütte bringen, alle sollen lesen und schreiben lernen.«

*

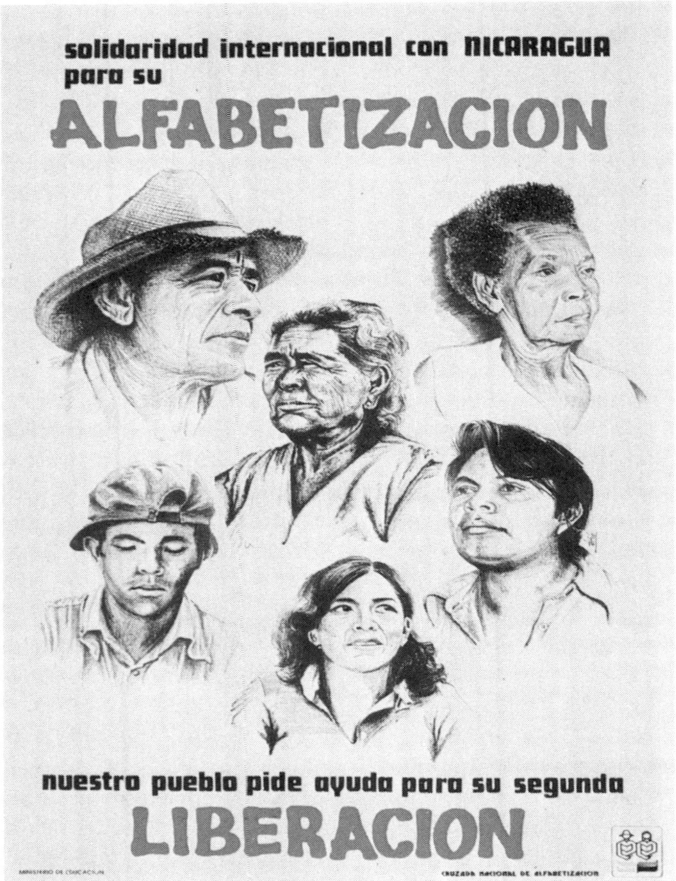

Den Krieg mit Kreide weiterführen. Quelle: MED

In einem Straßenlokal sitze ich mit kubanischen Lehrern und mit nicaraguanischen Freunden zusammen, die ihnen für die Nacht Quartier geben. Die Kubaner sind an diesem Tag in Nicaragua angekommen, es sind zwei von 2000, die hier für zwei Jahre in Gegenden arbeiten werden, in denen es weder Schulen noch Lehrer gibt. Die Kubaner werden ihre Hütten selbst bauen, sich – wenn nötig – einen Brunnen anlegen, in der Landwirtschaft mitarbeiten und mit zwanzig Dollar an Lebenshaltungskosten pro Monat auskommen. Die Kubaner berichten, daß es die zehnfache Zahl von Bewerbern gegeben und Castro sie bei der Verabschiedung aufgefordert habe, sich nicht in die politischen Entwicklungen Nicaraguas einzumischen.
Die nicaraguanische Regierung hat zuvor bei einer Reihe von Ländern angefragt, ob man nicht für zwei Jahre spanisch sprechende Lehrer nach Nicaragua entsenden könne. Die Länder reagieren unterschiedlich: Spanien und die USA schreiben ab, Costa Rica, Kuba und einige andere sagen zu.
Gespräch mit Miguel de Castilla, zu der Zeit Vizeminister im Erziehungsministerium. Er fragt, ob die Bundesrepublik in der Lage sei, etwa 200 Lehrer zu entsenden. Er meint, wir hätten doch wohl Lehrer unter den Exil-Chilenen oder andere spanisch sprechende Lehrer, die interessiert sein könnten, so etwas zu tun. Ich gebe die Frage an den Bundesminister für wirtschaftliche Zusammenarbeit weiter, der sich in Nicaragua gerade zu einem Besuch aufhält. Es kommt zu Kontroversen mit Mitgliedern seiner Begleitung. Man rechnet mir vor, ein deutscher Lehrer würde im Ausland jährlich etwa 150000,– DM kosten, dies ergäbe – auf 200 Lehrer umgelegt – eine astronomische Summe. Meine Gegenrechnung: Nicaragua könne kein Interesse daran haben, Lehrer zu Luxusbedingungen ins Land zu holen, diese Lehrer müßten wenn, dann in freiwilligem Einsatz unter gleichen Bedingungen arbeiten wie die Kubaner. Es werden keine deutschen Lehrer kommen. Statt dessen Wähnungen über den kubanischen Einfluß auf das nicaraguanische Bildungswesen. Je nun.

*

Kindersterblichkeit, Kinderarbeit, unterversorgte Kinder, alleinstehende Mütter ohne finanziellen Rückhalt: einige Gründe dafür, daß Kindergärten eingerichtet werden – nicht in eigenen Häusern,

sondern dort, wo ein CDS tagt, wo sich am Ort die Mitglieder der Massenorganisationen treffen, wo ein Dach und Platz darunter ist.
Vorschulische Erziehung war bisher wenigen Kindern vorbehalten, eine ABC-Paukerei übler Art. Eine Gruppe von Erziehern und Planern der neuen Kindergartenpädagogik fragt, welche Schlüsselsituationen deutscher Kinder von Erziehern in der Entwicklung didaktischer Einheiten aufgegriffen worden seien. Ich nenne Beispiele: »Kinder allein zu Hause«, »Was meine Eltern tagsüber tun«, »Wohnen«, »Kinder werden abgelehnt«, »Behinderte Kinder«. Daraus entwickelt sich eine mehrstündige Diskussion über Schlüsselsituationen nicaraguanischer Kinder.
Die Erzieher meinen beispielsweise, daß Traumatisierungen durch Kriegserlebnisse aufgegriffen werden müßten. Die Kinder seien ängstlich und würden bei jedem Knall glauben, der Krieg sei wieder ausgebrochen. Auf den Straßen spielen Kinder Krieg – da niemand die *Guardia* sein will, bekämpfen sich Befreiungsfronten untereinander. Unmittelbar nach dem Revolutionssieg fand in diesem Zusammenhang eine erste Kampagne statt: Drei Wochen lang versuchten Lehrer und Kinder, in psychodramatischen Spielen und Gesprächen Verarbeitungen von traumatisierenden Ereignissen einzuleiten.
Ein in diesem thematischen Zusammenhang stehender Schlüsselbegriff: Uniformierte. Die Kinder, sagen die Erzieher, hätten früher gelernt, wegzurennen, wenn ein Polizist oder Nationalgardist kam. Jetzt sei es Zeit, ein neues Bild zu vermitteln: Ein sandinistischer Soldat sei auch für sie da und keine Bedrohung.
Was die Erwachsenen mit dem Land und den Kindern vorhaben: Die Erzieher wollen den Kindern deutlich machen, daß es nach der Befreiung nicht gleich wie im Schlaraffenland sein kann, daß nicht alle Wünsche sofort in Erfüllung gehen und nicht jeder nur zu eigenem Nutzen tun kann, was er will. Die Kinder sollen verstehen, daß sie ohne Angst und Hunger aufwachsen können, daß ihre Eltern oft ihr Leben dafür riskiert haben, daß dies alles aber noch viel Mühe und Schweiß kosten wird.
Warum Eltern jetzt mehr arbeiten: Nicht wenige Kinder, berichten die Erzieher, fänden die Revolution nicht so schön. Früher wären die Eltern viel zu Hause geblieben, jetzt würden sie mehr arbeiten und sich oft in Versammlungen treffen. Die Erzieher wollen den Kindern erklären, welchen Sinn das hat.

Andere Situationen werden genannt: Was man essen, wo man es finden und wie man es zubereiten kann; Gesundheit und Krankheit, körperliche Hygiene; Werbung und Fernsehen; Kinderarbeit. Der Plan entsteht, in ein oder zwei Jahren, dann, wenn der Ausbau vorschulischer Erziehung vorangeschritten ist, mit Erziehern aus allen Teilen des Landes den Versuch zu unternehmen, Schlüsselsituationen zu ermitteln und die Entwicklung von pädagogischer Praxis daran zu orientieren.

Nicaragua 1981

Die Alphabetisierungskampagne ist zu einem beispiellosen Erfolg geworden, die UNESCO hat über viele Jahre mit ihrem Schwerpunktprogramm nicht annähernd ähnliches zu Wege gebracht. Die *Consulta* wurde abgeschlossen, wieder ein einzigartiges Unternehmen zur basisdemokratischen Entwicklung des Bildungswesens. Überall arbeiten die Kollektive für Volksbildung, selbstorganisierte Lerngruppen, die auf den Ergebnissen der Alphabetisierungskampagne aufbauen. Das *Estudio-Trabajo*-Programm, ein Projekt zur Verbindung von Lernen und Arbeiten ist im Wandel: Nach einer ersten Phase in schulfreier Zeit mit freiwilligen Einsätzen vieler Jugendlicher in der Gemeindeentwicklung und in der landwirtschaftlichen Produktion wird es nun stärker mit schulischem Alltag und den schulischen Lehrplänen verbunden. Andere Kampagnen laufen – die Gesundheitskampagne und die Kampagne zum Aufbau der Milizen.

*

Wie lädt man Erzieher ein, die aus dem Umland von Puerto Cabezas oder Bluefields zum Seminar kommen wollen, wie die aus den Regionen von Chinandega, Boaco, Waspán, Matagalpa? Wo keine Post, kein Telephon und kein Bote hinkommen, wird die Einladung über die Radiostationen übermittelt. Wieder eine Art Schneeballsystem: Im ersten Seminar dreißig Teilnehmer, im zweiten hundert, wobei Teilnehmer aus dem ersten Seminar im zweiten als Multiplikatoren arbeiten. Viele Wandzeitungen, freundschaftliche und temperamentvolle Diskussionen, eine Mobilisierung von sozialer, politischer und pädagogischer Phantasie, auch eine Begeisterung und ein Arbeitstempo, wie das bei uns in

Erzieher bei der Diskussion von Schlüsselsituationen nicaraguanischer Kinder
Foto oben: Maria Theresia Albert
Foto unten: Imme de Haen

ähnlichen Gruppen kaum mehr vorstellbar ist. Getagt wird für zwei Wochen im großen Raum eines Behindertenzentrums. Es gibt keine Küche, wohl aber eine alte Frau mit einer Feuerstelle und zwei oder drei Töpfen vor dem Haus, sie zaubert Tag für Tag für alle aus einfachsten Zutaten ein gutes Essen.
Ziel der Tagungen: Wir wollen Schlüsselsituationen nicaraguanischer Kinder ermitteln und Entwürfe darauf bezogener didaktischer Einheiten entwickeln. Die Entwürfe sollen später in der Praxis erprobt, mit Erfahrungsberichten angereichert und zwischen allen Erziehern ausgetauscht werden.
Die Erzieher nennen Situationen, die unmittelbar mit kultureller Rekonstruktion, mit Kampagnen, Entwicklungen, gesellschaftlichen Veränderungen verbunden sind: Väter und Mütter bei den Milizen; Impfungen von Kindern und die Angst davor; Feste und Traditionen; die Arbeit; Kinder in den Volksorganisationen.
Problemsituationen werden genannt und in ihrem Stellenwert erörtert: die Vernachlässigung von Kindern während der Saisonarbeit; Kinderarbeit und -bettelei; betrunkene Väter, Kinder ohne Väter; der Tod von Eltern während des Aufstands; unterernährte und von Parasiten befallene Kinder; Wohnverhältnisse.
Eine regionale Situation wird aufgegriffen: die Angst von Kindern an der Nordgrenze vor einem bewaffneten Angriff. Die Erzieher wollen die Kinder auf diese Möglichkeit realistisch vorbereiten, ihnen aber zugleich Zutrauen vermitteln. Sie wollen mit den Kindern Milizen in einem Trainingscamp besuchen und die *Compañeras* und *Compañeros* dort bitten, ihre Aufgaben verständlich zu machen. Sie wollen die Erfahrungen in Rollenspielen verarbeiten und auch Maßnahmen für den Fall eines Angriffs vorbereiten. Sie wollen dies mit den Eltern zusammen tun.

*

Kinder sind krank, Kinder wollen und sollen gesund sein: Erzieher berichten über Kinder, die immer wieder wegen Durchfall, Ausschlag, Malaria oder Parasiten zu Hause bleiben müssen, sie diskutieren über den Müll, die fehlenden Latrinen, die stehenden Gewässer – Brutstätten für Fliegen, Relaisstationen für die Verbreitung von Malaria und Dengue-Fieber. Sie sagen, daß die Projekte im Kindergarten in den Prozeß der Gemeindeentwicklung eingebunden werden sollen. Also werden sie sich innerhalb

der Gesundheitskampagne und in Zusammenarbeit mit dem CDS mit Eltern und anderen Dorfbewohnern am Bau der Kanalisation und an der Beseitigung von Brutstätten für Fliegen beteiligen. Sie werden mit Eltern darüber sprechen, daß der Bau eines Brunnens oder einer Wasserleitung eine notwendige Alternative zur bisherigen Praxis ist, das Wasser aus dem verschmutzten Fluß zu holen. Die Kinder werden lernen, wozu ein Gesundheitszentrum da ist, warum körperliche Hygiene lebenswichtig ist, wie man sich gesund ernähren kann, ein Gemüsebeet anlegt oder gegen Ungeziefer vorgeht.
Erzieher als Gemeindeentwickler: Zwei Jahre nach der Befreiung ist es für viele selbstverständlicher geworden. Kindergarten und Gemeinwesen sind stärker aufeinander bezogen, Pädagogik geschieht dann nicht jenseits wichtiger Handlungsfelder, nicht am falschen Ort.

*

Kinder wachsen in ideologisch unterschiedlichen Umgebungen auf: Die überwiegende Zahl von Kindergartenkindern kommt aus Familien, die die Revolution unterstützen. Einige andere hören zu Hause Kritik daran, ihre Familien tragen diese Kritik in den Kindergarten. Es können Kinder sein, deren Väter als ehemalige Nationalgardisten eine Gefängnisstrafe verbüßen, oder Kinder, deren Familien Privilegien verloren haben. Die Erzieher formulieren hier das Ziel, Kindern den Wechsel verständlicher zu machen, der durch den revolutionären Prozeß entstanden ist. Sie wollen die Eltern zur stärkeren Mitwirkung an den Entwicklungsarbeiten von Kindergarten und Gemeinde motivieren und sie damit einbeziehen. Sie wollen mit Kindern und Eltern Einrichtungen und Gruppen besuchen, die aktiv an der gesellschaftlichen Transformation beteiligt sind.

*

Eine Szene am Rande Managuas: in einer offenen Hütte dreißig Kinder auf Stühlen in einem großen Kreis. Die Erzieherin, ein fünfzehnjähriges Mädchen: »Jorge, komm bitte her.« Sie legt ihm ein kleines Säckchen Sand auf den Kopf. »Jetzt geh' von hier bis da drüben.« Jorge schafft den Balanceakt, nach ihm kommen Olivia,

José und alle anderen. Während der ganzen Zeit sitzen die Kinder, die nicht dran sind, still, sie warten und schauen.
Frage später im Seminar: Wenn man Selbstbestimmung und Selbsttätigkeit von Kindern fördern will, liegt es dann nicht nahe, den Gruppenraum in Lern- und Erfahrungsbereiche zu untergliedern und die Kinder in kleinen Gruppen auch selbständig spielen und arbeiten zu lassen? Gegenargument: Eine solche Praxis könne zur Individualisierung führen und kollektives und solidarisches Handeln eher behindern; Individualisten mit nur privaten Interessen gäbe es in den bürgerlichen Schichten genug. Frage: Ist denn die Praxis des Frontalunterrichts gleichzusetzen mit einer Erziehung zu kollektivem Bewußtsein? Antwort: Nein. So gehen die Überlegungen weiter: Wie Kinder kollektiv handeln lernen, ohne einfach Befehlsempfänger zu werden und ihre Eigenständigkeit zu verlieren.

*

Viele, die mit der somozistischen Diktatur nicht zusammenarbeiten wollten, haben während der letzten Jahre vor dem Sturz in der *Universidad Nacional Autónoma* in León oder Managua gelehrt oder studiert. Nach der Befreiung haben zahlreiche Hochschullehrer Tätigkeiten in der Verwaltung und Regierung übernommen. »Unser größtes Problem ist die personelle Unterbesetzung bei den Dozenten«, sagt Mariano Fiallos, Rektor der Universität. Sie hat ihre Tore weit geöffnet, die Lehrveranstaltungen werden täglich in Schichten angeboten und von Menschen ganz unterschiedlichen Alters besucht – viele tun dies abends nach ihrer beruflichen Arbeit.
Ein Detail: Im ersten Halbjahr 1979 gab es an dieser Universität lediglich 140 Studenten der Medizin und 60 der Zahnmedizin; 1981 stieg diese Zahl auf 1000 Studenten der Medizin und 400 der Zahnmedizin. Diese Studenten und jungen Ärzte sind wesentliche Stütze der Gesundheitskampagne und der Einrichtung von Gesundheitsstationen – jenes ersten landesweiten Netzes einer Gesundheitsversorgung, die früher weitgehend auf privilegierte Stadtviertel und zahlungskräftige Privatpatienten beschränkt war. Jetzt werden Ärzte ausgebildet, die bereit und auch verpflichtet sind, in Gegenden des Landes zu arbeiten, in denen es zuvor keine medizinische Versorgung gab.

Mit einem Jeep zu den Berliner Studenten, die mit nach Nicaragua gekommen sind. Sie helfen Gemeindemitgliedern beim Schulbau in der Gegend von Rivas, nahe der Grenze zu Costa Rica. Die Gruppe ist bereits eine Woche hier. Ich finde sie entmutigt vor. Eine Studentin weint, ihr Magen revoltiert. Alle sind zerstochen. Als sie am Tag ihrer Ankunft die Familien ihres Dorfes Nancimi besuchten und abends in die Hütte zurückkamen, die man ihnen geräumt hatte, wurden sie von Moskitos, Kakerlaken und anderen merkwürdigen Insekten empfangen. Die eisernen Regeln lassen sich jenseits der Stadt nicht durchhalten. Es ergeht ihnen ähnlich wie vielen Alphabetisatoren. Irgendwann trinken sie nicht abgekochtes Wasser, essen frisches Gemüse, werden krank. Mir geht es auch so.

Wir organisieren, weil der Platz im Jeep nicht reicht, noch einen Lastwagen: einen Sonntag lang Erholung in einer Bucht an der pazifischen Küste. Der Lastwagen muß gleich wieder zurück. Gegen Abend fragen Rafaél und ich in einem Dorf nach Rückkehrmöglichkeiten. Ja, ein Bus würde irgendwann kommen. Das tut er auch, aber er bleibt stehen. Schweine überqueren den Weg, Kinder gucken, eine Frau hat Brot gebacken und gibt es der Gruppe. Das Benzin reicht nicht mehr bis Nancimi. Wir haben im Jeep aber einen Ersatzkanister, den kriegt der Bus. Und in ihm sitzen *Campesinos* und Studenten und sind zufrieden, daß die Fahrt weitergehen kann.

Später wird der örtliche Vorsitzende des CDS die Studenten feiern und einigen in der Gemeinde sagen, sie sollten sich ein Beispiel nehmen. Die Stimmung wird vorzüglich sein, vergessen Moskitos und Zecken. Der Minister wird ihnen eine Urkunde überreichen und für ihren Einsatz danken. Und noch in Berlin werden sie von Nancimi, von der *Escuela base,* vom *Compañero Ingenero* Douglas und vom *Centro de Salud* reden, als sei es das Dorf nebenan.

Luzian Spescha
Bilder von der Ungleichzeitigkeit revolutionärer Entwicklungen

Kinder

Ich frage den Zeitungsjungen nach seinem Alter: »Ich bin zehn.« Der Schuhputzer nebenan ist neun, der Ciclet-Verkäufer acht, das Mädchen, das *Jugos* (Fruchtsäfte) verkauft, neun, die *Tortilla*-Verkäuferin sieben.
Ich versuche, mich an gleichaltrige Kinder in der Schweiz zu erinnern. Ich finde kein Maß, der Vergleich stellt sich nicht ein.
Ich spüre, daß diese Kinder über ein Potential verfügen, welches unseren Kindern in der jetzigen historischen Phase abhanden gekommen ist. Dieses Potential könnte umschrieben werden mit der »Fähigkeit, sich durchzuschlagen« oder der »Fähigkeit, in der Welt der Großen zu bestehen«.
Es sind Fähigkeiten, die im Widerstand gegen die Diktatur sichtbar wurden, dem Aufstand ja gerade auch von Jugendlichen und Kindern. Sie drücken sich in den Alltagshandlungen der Kinder aus, in ihrer Arbeit, dem für die Nationalökonomie möglicherweise vernachlässigbaren Anteil am Bruttosozialprodukt. Diese Kinder arbeiten dafür, ihre Familien zu entlasten, Selbst-Versorger zu sein. Das ist möglicherweise ein positiver Aspekt. Negativ ausgedrückt: Nicht nur der Frühkapitalismus zwingt zur Kinderarbeit, sondern auch der Spätkapitalismus in den Peripherieländern.
Der Zeitungsjunge, der mir jeden Tag die *Barricada* und den *Nuevo Diario* bringt, kommt auf einen Vierzehn-Stunden-Tag. Er verkauft während seiner Arbeitszeit etwa 30 *Barricadas* (das Organ der FSLN), eben so etwa 30 *Nuevo Diarios* (die Zeitungen der Christen für den Sozialismus) und etwa 50 *Prensas* (das Blatt der bürgerlichen Opposition). Er interessiert sich für den Inhalt seiner Zeitungen, auch wenn er erst sein drittes Schuljahr absolviert hat. Sein besonderes Interesse gilt der Außenpolitik. Er weiß, wer zu den Blockfreien gehört und kennt den Sonderstatus der Schweiz, wobei er die Neutralität der Schweiz überschätzt. Er weiß auch, daß Somoza seine Gelder auf Schweizer Banken deponiert und gesichert hatte.

Zwischen 17 und 19 Uhr spielen wir oft zusammen mit anderen Kindern des Quartiers Fußball. Mich haben sie zu ihrem Trainer bestimmt. Wenn ich mein Tagespensum mit dem des Zeitungsjungen vergleiche, werde ich unsicher, ob ich mehr tue. Er hat ein Pensum, das nur wenige Stunden Schlaf zuläßt. Aber seine Arbeit teilt er sich ein und nimmt sich auch Zeit für Gespräche und Spiele. Er und andere Kinder, die ich in Nicaragua treffe, haben die Phantasie, auferlegte Zwänge zu umgehen, sie umzubiegen, sie zu interpretieren. Von diesem Vorsprung an Autonomie und sozialer Kompetenz könnte Nicaragua profitieren und jede Erziehung dort ansetzen. Diese Werte sollten inventarisiert, bewußt gemacht werden, damit ihnen nicht entgegengewirkt wird; denn die traditionellen Lernschulen arbeiten noch dagegen. Sie brechen noch die Kraft der arbeitenden Kinder und lähmen den Einfallsreichtum an Überlebensstrategien.

Hier und jetzt, dort und gestern

Jede Entwicklung aus eigener Kraft treibt den Prozeß auf der Basis vorhandener Grundlagen voran. Ausgangspunkt kann nur die eigene soziale Realität, die eigene Kultur des »Hier und Jetzt« und nicht das »Dort und Gestern« sein. Mit dem »Dort und Gestern« meine ich das Übernehmen von Erziehungsphilosophien und unangepaßten Technologien aus der alten Welt. Das Ziel der nicaraguanischen Erziehung und sandinistischen Revolution wird die gemäßigte und allmähliche Abkopplung von dieser Fremdbestimmung sein. Die neue Denkweise, die versunkenes eigenes Kulturgut zu rekonstruieren trachtet, soll die Menschen in Nicaragua befähigen, nicht dem kalten, leblosen Glanz des Gigantismus von Industrienationen zu verfallen, sondern an die Chance der eigenen und selbständigen Entwicklung zu glauben.

Brechungen

Wer hat nun recht, wenn mit einem Kind über Menschen und Nationen gesprochen wird, der Vater oder die junge Lehrerin?
Die junge Lehrerin ist begeistert, wenn sie von ihren Erfahrungen bei der Guerilla erzählt, der Vater jedoch zornig und schlecht gelaunt, wenn er sagt, früher wäre alles besser gewesen, da hätte

man noch zu kleinen Preisen weißen Zucker kaufen können. Dieser Vater schimpft viel über die *Sandinistas comunistas* und *Muchachos,* die würden von niemandem ernstgenommen, während Jacqueline Kennedy, die weltberühmte Präsidentengattin, ihnen früher noch einen feierlichen Besuch abgestattet habe. Da sei er noch stolz auf seine Heimat gewesen.

Wenn amerikanische Spielfilme im Fernsehen gezeigt werden, ist Vater im Element. Er kennt berühmte Hollywood-Stars, aber auch die großen Städte der Welt, die sieben Weltwunder, und überhaupt alles, was großartig und wichtig ist. Und dann wird er traurig und sagt, seit die Regierung nicht mehr Freund der USA sei, glaube er nicht mehr daran, daß je in Managua solche Bauten entstehen würden. Mit Hilfe der Amerikaner wären sie weiter gekommen.

Von Amerikanern hat die Lehrerin in der Schule andere Geschichten erzählt. Sie hätten Flugzeuge voll Gold aus Nicaragua abtransportiert. Nicaragua wäre heute ein reiches Land, wenn Amerikaner nicht weggenommen hätten, was Nicaraguaner herstellten oder aus der Erde holten. Und Amerikaner seien die Hauptschuldigen, daß der Preis für Kaffee und Baumwolle in den letzten Jahren im Verhältnis zum Preis für die Maschinen, die Nicaragua von den USA kaufen mußten, ständig gesunken sei.

Oft weiß das Kind nicht, wem es glauben soll. Lehrerin und Vater erzählen das Gegenteil.

»Vater sagt, ich solle nicht in die *Juventud Sandinista,* da würde man kleinen Kindern lehren, Menschen umzubringen. Ich gehe aber gern hin. Da erzählt man uns interessante Sachen, und wir machen Spiele miteinander. Alle dürfen *Comandante* sein und sagen, worauf wir in Zukunft besser achten müssen. Am Anfang hatte ich Angst, wenn ich in die Mitte gehen und etwas sagen sollte. Aber jetzt geht es schon besser und ich freue mich, wenn die Reihe an mir ist.« Der Vater dieses Kindes hat eine andere Erziehung, eine andere historische Lektion, ein anderes Wissen über Kultur erhalten als die Lehrerin und sein Kind. Er wird lernen müssen, mit den Bedürfnissen der nationalen Befreiung und Unabhängigkeit zu leben und seinen Kindern den Weg in die Zukunft nicht zu versperren.

Es braucht Zeit und Geduld, die schlechten Lektionen der Fremdherrschaft zu vergessen und an die eigene Kraft zu glauben. Ein *Comandante* hat – noch in der Zeit des Befreiungskampfes – im Buch des *Le-Monde*-Korrespondenten Francis Pisani, »*Muchachos*-Tagebuch der sandinistischen Revolution in Nicaragua«, Beispiele kultureller und ideologischer Deformationen beschrieben, denen es heute entgegenzutreten gilt:

»So sind alle Mädchen, die in den bürgerlichen Häusern arbeiten, aus den Arbeiterquartieren. Sie kommen gut gekleidet nach Hause, manchmal mit einem Kleid, das ihnen die Arbeitgeberin geschenkt hat. Mit dieser neuen Aufmachung beginnen sie oft, affektiert zu reden. Sie versuchen dann so zu reden, wie es zu ihren zierlichen hübschen kleinen Schuhen und ihren schicken Blüschen mit den grellen Farben paßt. Sie tragen einen Armring, malen sich Augenschatten usw.« (Pisani, S. 112).

Der Comandante, von Pisani zur Rolle der Erziehung unter Somoza befragt, drückt dies so aus:

»Was die Erziehung betrifft, so müssen wir klar sehen, daß es der amerikanische Imperialismus, die kapitalistischen Mächte und die reaktionärsten Leute sind, die unsere kulturellen Erziehungsprogramme planen« (Pisani, S. 112).

Diplome erhalten bei einer solchen Erziehung magische Bedeutung. Nicht daß man etwas lernt, was man im Leben brauchen kann, ist entscheidend, sondern daß man durch ein Zertifikat Macht und soziales Prestige gewinnt.
Unter solchen Vorzeichen ist es nicht verwunderlich, daß im Fach »Geschichte« Somoza und seine Vorgänger in einem guten Licht präsentiert wurden, während Sandino als ein Irregeleiteter, als ein Bandit und Wegelagerer in die Geschichte eingehen sollte.
Solche Lektionen hatten eine so tiefe Wirkung, daß selbst Leute, die sich den Sandinisten anschlossen, um der somozistischen Diktatur ein Ende zu bereiten, noch während des Kampfes der Ansicht waren, eigentlich sei Sandino ein Bandit gewesen.
Nach einer solchen Erziehung sind Krawatte und Limousine Accessoirs der nationalen Bourgeoisie in den großen Zentren.

Dieser Bürger ist mehr als der *Campesino*. So liegt es denn nahe, »diesen Idioten ein(zu)hämmern, daß die Stadt dem Lande oder den Bergen überlegen ist« (Pisani, S. 112).

Mythen der Gegenwart

Koloniale Mythen, Wahrzeichen und Prestigegüter der Fremdherrschaft leben noch in Köpfen und Begierden. Noch gibt es die Konsumentenmentalität einiger Männer, denen der Fernseher in der Landhütte (mit Werbung und unsäglichen Serien aus nordamerikanischer oder venezuelanischer Produktion) wichtiger ist als die Entwicklung ihrer Kinder.

Ein Widerspruch, der mir auf einer Seite einer Ausgabe der *Prensa* auffiel: Zum einen ein Artikel aus einer Folge über Erziehung und Familie. Dann die Beschlüsse der lateinamerikanischen Bischofskonferenzen von Medellin und Puebla, in denen viel die Rede ist von einer Kirche der Armen und Ausgebeuteten, von einer Theologie der Befreiung. Optisch alles überragend drei scharf aufgemachte Mädchen, die für »Saturday night fever« werben – Untertitel: »Musik, Action und schöne junge Frauen in einer Geschichte, die ihr in jeder Faser eures Körpers spüren werdet.« Und sind es nicht sexistische Kinoreklamen, die die belehrende Erziehungsserie der *Prensa* begleiten, so sind es luxuriöse Polstermöbel, die den Mitgliedern der Kirche der Armen schmackhaft gemacht werden sollen.

Diese Kombination von Moral und Verbraucherphilosophie erinnert mich an die Geste eines Papstes, der einem Bischof in Nicaragua 5000 Dollar mit der Bitte schickte, sie auf fünf arme Kinder zu verteilen – eine Geste, die nicht viel Sinn für die strukturellen Probleme von Armut und Unterentwicklung zeigt.

Einbußen bei Luxusgütern werden von der *Prensa* so aufgebauscht, daß sie zu Verlusten an Prestige für das Land in den Augen der Weltöffentlichkeit geraten. So wird beispielsweise der Sachverhalt, daß in einer bestimmten Zeit nur brauner, nicht aber weißer Zucker auf dem Markt angeboten werden kann, zur Staatsaffäre erklärt. Dabei wird analog der Hautfarbe assoziiert: braun gleich schmutzig und rot, weiß gleich rein, gesund und edel.

Ein Volk, das lange Zeit schweigen mußte, zum Reden zu bringen, ist nicht Sache einer halben Stunde. Pisani berichtet diese Geschichte: Als zwei Sandinisten Mitte Juli 1979 in einem der schon befreiten Gebiete der Kaffee-Hacienda Las Rosas einen Besuch abstatten, um den Klagen von Arbeitern über ihren Verwalter nachzugehen, dauert es lange, bis sich die Menschen zu äußern beginnen. Die Arbeiter müssen mehrmals aufgefordert werden, näher zu kommen, sie wagen sich nicht heran. Obwohl sie mit Hilfe einer Lehrerin den Sandinisten einen Brief mit ihren Beschwerden geschickt haben, wirken sie wie gelähmt. Sie scheinen wie von einer anderen Welt zu sein, von einer Welt bitteren Leides und großer Armut, mehr dem Tod als dem Leben zugewandt.
Ein Agronom, den die beiden sandinistischen Soldaten mitgebracht haben, beginnt mit einer pathetischen Rede, die über die Köpfe der Leute hinweggeht. Als der Agronom verstummt, geschieht nichts. Endlich spricht die Lehrerin, erst zaghaft, dann genauer. Ihre Stimme gibt den Arbeitern Mut. Einer nach dem anderen beginnt zu reden, erzählt seine Kümmernisse: Eine Arbeit für zwei Tage müsse an einem Tag gemacht werden, sie bekämen keinen Mais, die Milch würde der Verwalter den Schweinen verfüttern, die Kinder könnten nicht zur Schule, weil sie auf dem Feld helfen müßten, der Lohn reiche nicht für das Lebensnotwendigste. Statt »Hunger« sagen sie »Krankheit«. Dazwischen die Stimme des Agronomen: Wenn jemand Klagen vorbringen wolle, bitte sehr, aber doch unter der Bedingung, daß sie begründet seien. Schweigen. Gelingt es ihm, sie wieder zum Schweigen zu bringen? Die Versammlung beginnt sich aufzulösen.
Companeros! Einer der beiden sandinistischen Soldaten meldet sich, ein *Guerillero,* der neue Aufgaben der Revolution übernommen hat, ohne dafür ausgebildet worden zu sein. Er hat lange zugehört und sich auf den mitgebrachten Spezialisten der Landwirtschaft verlassen. Die Versammlung darf nicht scheitern, die Landarbeiter dürfen nicht erneut in das Schweigen zurückgestoßen werden. Der *Muchacho* sagt, sie hätten möglicherweise noch nicht alles mitgeteilt, was ihnen am Herzen läge. Allein der Umstand, daß er Soldat der Revolution ist und sich zu Wort

gemeldet hat, wirkt Wunder. Jetzt trauen sich alle, ihre Klagen vorzubringen, sie reden beinahe gleichzeitig. Sie spüren, daß die Soldaten auf ihrer Seite stehen.
Dieser Besuch der *Muchachos* in Begleitung eines Agronomen auf der Kaffee-Hazienda Las Rosas enthält in meinen Augen das Moment der Wende. Das Schweigen läßt sich brechen, die Wahrheit kann an den Tag gebracht werden. Der Unterschied im Verhalten des Agronomen und des Vertreters der *Revolution Popular Sandinista* ist augenfällig. Solange der Agronom in seiner Sprache spricht, geschieht nichts, seine Abstraktionen und seine patriarchalische Art erreichen die schweigsamen Landarbeiter nicht. Sie flößen weder Hoffnung noch Zutrauen ein. Der sandinistische Soldat spürt intuitiv, daß er revolutionäre Ziele verraten würde, wenn er schweigen, wenn die Stimme des Agronomen als Stimme der Zukunft verhallen würde.

Ein neues Lied, ein besseres Lied

Unter Somoza waren die Lehrer in der Regel Repräsentanten der gesellschaftlichen Ordnung, sie verbreiteten die Ideologie ihrer Herren. Heute haben die Lehrer der Revolution die Chance, mit den Kindern ein neues, ein besseres Lied zu lernen.
Aber immer wieder wird es geschehen, daß sie plötzlich in den Text hineingeraten, den sie gestern gelernt hatten, und dem Bluff der entwickelten Nationen, ihrer Technik und Philosophie verfallen. Dann wird es Aufgabe der Generation der Revolution, der Kinder, Schüler und Studenten sein, ihre Lehrer daran zu erinnern, daß sie nicht die Muster der Entwicklung reicher Industrienationen zu kopieren dachten, sondern selber nach Lösungen suchen wollten.
Gewiß, Nicaragua kann nicht alles anders machen als die anderen. Es ist noch auf die Mitarbeit der nach den Prinzipien der alten Welt ausgebildeten Lehrer angewiesen. Es ist, um die Auslandsverschuldung zu reduzieren, gezwungen, die Produktion zu intensivieren, nicht nur durch einen größeren Arbeitseinsatz von Menschen, sondern auch durch die Rekonstruktion alter Maschinen. Diese Maschinen beeinflussen die Art der Ausbildung.
Die Revolution schafft somit nicht auf einmal eine ganz andere, eine ganz neue Situation in allen Bereichen, sondern es besteht eine Situation der Ungleichzeitigkeit, des Nebeneinanders alter

und neuer Strukturen. Alle Veränderung ist somit provisorisch. Eine wichtige Aufgabe der neuen Erziehung wird es sein, Kinder zu befähigen, diesen Prozeß der Ungleichzeitigkeit zu erkennen und sich darin zu bewegen.

Grundfragen der Transformation des Bildungswesens

Sergio Ramirez
Bildung und Revolution

Die sandinistische Revolution hat uns an einen Punkt gebracht, an dem wir die Ziele des Bildungswesens und letztlich den ganzen Kulturbereich definieren müssen. Wir brauchen einen genauen Kompaß, um bestimmen zu können, in welche Richtung der Bildungsprozeß gehen soll. Wir müssen prüfen, ob Bildung und Kultur halten, was wir uns von ihnen versprechen, ob sie ihre Aufgabe der Transmission von revolutionären Ideen und Aktivitäten erfüllen.

Den eigenen Weg finden

Einer der Ansprüche an die Entwicklung des Bildungswesens im revolutionären Nicaragua ist der, ein kreativer und offener und kein abgeschlossener, fertiger Prozeß zu sein, keiner, der Gefahr läuft, nur eine Kopie bereits vorhandener Erfahrungen darzustellen. Man könnte es sich natürlich dadurch einfacher machen, daß man Erfahrungen und vergleichbare Prozesse anderer Länder als Vorlage nimmt und sie nachahmt, ohne diese Erfahrungen Schritt für Schritt auf eigenem Boden wachsen zu lassen.
Wir haben es bei uns indessen nicht mit einer mehr oder weniger gelungenen Kopie zu tun. Wir wollen nicht eine irgendwo vollzogene Erkenntnis, die mit unserem eigenen Erfahrungshintergrund nichts zu tun hat, schnell übernehmen, sondern wir wollen einen neuen Erfahrungsprozeß einleiten. Nur die wirklichen Revolutionen werden später zu Modellen; eine Revolution, die lediglich das Modell eines Modells ist, kann kein Beispiel für

die Zukunft sein. Hieraus erklärt sich unser Anspruch, aus unserer eigenen Revolution ein Konzept für unser Bildungswesen zu entwickeln.
Eine Versuchung, der wir entgehen sollten, ist die, unsere Erziehungsideen nach einer schematischen Vorstellung und von einer wissenschaftlichen Warte aus weiterzuentwickeln und so ein erzieherisches Modell der Revolution schlechthin erstellen zu wollen. Die andere Gefahr, die wir sehen, ist die, der politischen Routine zu unterliegen.
Auch wenn es uns klar sein muß, daß die Grundlagen eines Bildungsprozesses in den wissenschaftlichen Gesetzmäßigkeiten der Geschichte verankert sind, dürfen wir nicht in das Extrem verfallen, Bildungsvorgänge zu theoretisieren, sie als Abstraktum zu begreifen. Das wissenschaftliche Instrumentarium erlaubt uns, die Geschichte zu sehen, wie sie ist, und sie aus der richtigen Perspektive heraus zu betrachten, nämlich als Handhabung von Wirklichkeit.
Mir scheint, daß es zwei schwierige Komponenten sind, die man vor diesem Hintergrund zusammen sehen muß: Wir wollen die wissenschaftlichen Methoden zur Interpretation von Wirklichkeit sachkundig gebrauchen; gleichzeitig wollen wir aber auch unsere kreativen Eigenschaften und Fähigkeiten mit einbringen – ein Gebiet, in dem wir uns einiges zutrauen können. Wir versuchen also, ein eigenes Bildungskonzept zu finden, das auf den Bedingungen unserer Geschichte und unserer revolutionären Situation basiert.
Wenn man davon ausgeht, daß dem revolutionären Prozeß eine Werteskala zugrunde liegt, dann müßten diese Werte folgerichtig auch für den Bildungsprozeß gelten: Da es sich bei uns um eine Volksrevolution handelt, brauchen wir auch eine Volksbildung. Unsere Revolution ist antiimperialistisch, also ist unsere Entwicklungsperspektive und unser Erziehungskonzept auch antiimperialistisch. Ziel der Revolution ist der tiefgreifende Wandel in der sozialen Struktur des Landes, der radikale Bruch mit der bisherigen Geschichte und die wirtschaftliche und soziale Veränderung. Daraus ergibt sich ein Bildungskonzept, das auf diesen radikalen Umschwung im Bewußtsein der Individuen bezogen ist.

Wir stehen vor einem umfänglichen Unternehmen. Was haben wir bisher getan, um unseren Anspruch zu erfüllen? Als ein wichtiger Schritt ist die große nationale Meinungsumfrage, die *Consulta Nacional Educativa,* zu erwähnen. Es gibt nur wenige Revolutionen, die ähnlich klare und demokratische Prozesse der Willensbildung eingeleitet haben. Durch unser Vorgehen sind wir auf weitere fundamentale Werte gestoßen, die ich nicht erwähnt habe, als ich unsere Revolution als volksnah und antiimperialistisch beschrieb, und zwar allen voran der Wert Demokratie. Denn unsere Revolution ist dem Wesen nach demokratisch, und die Art dieser Meinungsermittlung ist es ebenfalls. Klar, daß wir hier Demokratie nicht als einen starren Wert begreifen, nicht als formalen Begriff aus dem 18. Jahrhundert, sondern als einen höchst dynamischen Faktor – ja man kann sagen, daß die Volksdemokratie das Hauptelement des neuen Staates in Nicaragua ausmacht. Es ist eine Form der Demokratie, die sich nicht einfach dadurch ausdrückt, daß wir unter bestimmten Umständen einem bestimmten Kandidaten ein Votum geben, sondern eine Demokratie, die wir in den Mühen des Alltags kreativ zu leben versuchen.

Sie offenbart sich auch darin, daß wir das Volk und seine Organisationen zu Rate ziehen, um in der Diskussion herauszufinden, welches die Leitlinien und philosophischen Grundgedanken unserer neuen Bildung sein könnten, was letztendlich ihr Nutzen ist. So erhalten wir – immer in einem lebendigen Zusammenhang – Antworten, die von wissenschaftlichem Wert sind, ohne dem Zwang zu unterliegen, in wissenschaftlichen Texten ausdrücken zu müssen, daß diese Bildung eigentlich auf Wissenschaft beruhe. Solange wir kein profundes Verständnis davon haben, welch tiefe Erschütterung die Revolution für unser Land bedeutete und welch einschneidende Veränderungen sie auch im Bereich der täglichen Erziehungspraxis ausgelöst hat, solange bleiben theoretische Diskussionen nutzlos.

Durch das Ereignis der Revolution stehen wir wie kein anderes lateinamerikanisches Land vor einer zweifachen Aufgabe: Einerseits müssen wir den formalen Teil der Bildung neu gestalten und ihn auf neuen Prinzipien aufbauen. Andererseits gibt es aber auch die Forderung nach einer nicht-formalen Bildung, eine Forderung, die aus der Revolution entstanden ist, und die in den gesamten Komplex ›neue Bildung‹ einbezogen werden muß. Denn die nicht-formale Bildung – Erwachsenenbildung, Volksbildung – kann leicht ihren dynamischen Charakter verlieren und in traditionelle Formen zurückfallen.

Nun können wir es uns allerdings nicht leisten, über Jahre hinaus herumzuexperimentieren und ewig alles in Frage zu stellen. Wir können auch nicht immer wieder darüber diskutieren, welche Art von Bildung wir haben wollen. Wir müssen eine Antwort finden, und zwar unmittelbar. Von dem Moment an, wo wir ein Bildungskonzept ins Auge fassen, beschäftigen wir uns auch mit dem philosophischen Hintergrund und mit dem Mechanismus, der das Bildungssystem als Transmissionsprozeß in Gang setzt. Um ein gültiges Konzept zu finden, werden wir das System für viele Jahre belasten müssen, denn es kostet viel Geld, ein Bildungswesen in seiner Entwicklung immer wieder zu verbessern. Doch noch wichtiger ist ein anderer Punkt: Wenn uns ein Irrtum unterläuft, dann gefährden wir nichts Geringeres als das Wesen der Revolution. Von daher ist es unsere Aufgabe, ständig gute Ideen zu haben, originell und dynamisch zu sein, ohne dabei eine fundierte wissenschaftliche Grundlage zu verlassen. Und das ist genau die Schwierigkeit, vor der wir stehen: wissenschaftlich zu sein, ohne dabei die Kreativität zu verlieren.

Ich glaube, daß uns bis jetzt keine entscheidenden Irrtümer unterlaufen sind. Die nationale Alphabetisierungskampagne und die *Consulta Nacional Educativa* sind zwei markante Projekte, die bereits zum Erfolg geführt haben. Aber wir haben noch viele Fragen zu beantworten, und es soll hier nicht nur von den Themen ›formale Bildung‹ und ›Bildung von Erwachsenen‹ die Rede sein, sondern vom Bildungswesen als einer weit gefaßten Dimension, angefangen von der Vorschulerziehung bis hin zur universitären Bildung und zu verschiedenen technischen Ausbildungsgängen.

Würden wir zur Zeit befragt, welche Art von technischer Ausbildung wir anstreben, wie wir sie diversifizieren wollen, wie wir das Problem des massiven Zulaufs zur Universität lösen werden, wie wir den Schülerstrom von der Sekundarschule bis zur Universität bewältigen werden, indem wir nach zusätzlichen Bildungseinrichtungen suchen – dann müßten wir zugeben, daß wir auf all diese Fragen noch keine Antworten haben, daß sich der gesamte Bereich

von Erziehung und Bildung in Nicaragua aufgrund des Zusammenhangs, in dem er steht, noch nicht auf einer solchen Entwicklungsstufe befindet.
Wie beispielsweise werden wir die Fortschritte, die sich innerhalb der Volksbildung erzielen lassen, mit einer diversifizierten technischen Ausbildung verbinden? Wie werden wir die Ideale, die wir heute haben, in die Wirklichkeit umsetzen und sie einmünden lassen in ein neues gegliedertes Bildungs- und Erziehungswesen? Um mit diesen Problemen fertig zu werden, scheint mir eine wichtige Voraussetzung zu sein, daß wir uns auf unsere Originalität und Kreativität besinnen und den Blick für unsere nationale Wirklichkeit nicht verlieren. Das ist gerade deshalb so wichtig, weil die Phasen, die unsere Revolution in ihrer Weiterentwicklung durchlaufen wird, stark mit der Entwicklung des Bildungswesens zusammenhängen.

Erziehung in Armut

Wir können unter keinen Umständen davon ausgehen, daß wir im nächsten Jahr Landwirtschaftsschulen oder Industrieausbildungszentren, Polytechnica oder Sportschulen – ausgestattet mit entsprechenden pädagogischen Mitteln und moderner Technik – zur Verfügung haben. Die Wirklichkeit sieht anders aus. Unsere Erziehung wird auf lange Jahre hinaus eine Erziehung in Armut sein, die den dürftigen Mitteln entspricht, welche unser Land aufbringen kann. An dieser Stelle müssen wir auch bekennen, daß es generell – und nicht nur im Hinblick auf Bildungsvorgänge – eine illusionäre Einschätzung gegeben hat, was die uns zur Verfügung stehenden materiellen Möglichkeiten anbelangt. Wenn die Realität uns nämlich noch mehr abverlangt, wenn unsere wirtschaftlichen Grenzen ans Tageslicht kommen, wird uns erst richtig aufgehen, wie bettelarm wir sind.
Wir werden in den nächsten Jahren mit sehr geringen Ressourcen auskommen müssen, die Devisenknappheit wird zu einem ernsten Problem werden. Um die Produktivität ankurbeln zu können, müssen wir zwangsläufig viele Programme auf Eis legen, die wir eigentlich auf der Stelle durchführen wollen. Es werden sich viele Leiter von Produktionsbetrieben, die nichts anderes im Kopf haben, als 15, 20 oder 30 neue und technisch bestechende

Traktoren aus den USA zu importieren, mit dem Gedanken vertraut machen müssen, die alten Traktoren wieder in Gang zu bringen und die alten Automodelle zu reparieren. Denn wir haben kein Geld, um Luxus zu finanzieren, auch wenn es dabei um die Produktion geht.

Dasselbe gilt auch für Bildungsprozesse. Man wird ihnen sicherlich ansehen, daß sie nur mit geringsten finanziellen Mitteln aufrechterhalten werden und ihren Rückhalt mehr im Ideellen finden. Wahrscheinlich werden wir keine ultramodernen Schulgebäude haben und den Unterricht des öfteren unter Bäumen abhalten; doch wir werden unterrichten – und das ist die zentrale Intention, die unsere Erziehung haben muß.

Ich glaube, daß viele von uns bis jetzt mit einer sehr illusionären Perspektive gelebt haben, nämlich der, daß die Revolution gleich einer magischen Kraft unerschöpfliche Quellen zutage fördern würde. Das ist falsch. Die unerschöpflichen Quellen liegen im Gegenteil in weiter Ferne, die Flüsse aus Milch und Honig, von denen wir so oft geredet haben, fließen nicht nebenan. Statt dessen erwartet uns in den kommenden Jahren viel Arbeit und Einschränkung. Und was wir vor allem tun müssen, ist, mit unserer Armut bewußt umzugehen. Da macht auch das Bildungswesen keine Ausnahme, ebensowenig das Gesundheitswesen.

In unserem gegenwärtigen Haushaltsbudget haben die Ressorts Verteidigung, Gesundheit und Bildung Vorrang. Doch ist uns bei der Ausarbeitung des Haushaltsplans klar geworden, daß viele Schulen nicht gebaut und die vielen neuen Lehrstellen, die wir uns wünschen, nicht finanziert werden können. Aber in anderen Bereichen sieht es noch schlimmer aus: Wir haben nicht einmal Gelder, um die zerstörten Krankenhäuser wiederaufzubauen oder um die medizinische Versorgung zu verbessern. Es gibt immer noch Krankenhäuser, in denen Menschen mit zwei ganz verschiedenen Krankheiten in einem Raum untergebracht sind. Wir brauchen dringend Medikamente; von den 300 Basismedikamenten, die laut Arzneimittelliste den Grundbedarf decken, haben wir gerade mal 100. Wenn wir bedenken, daß die Lage im Gesundheitssektor katastrophal ist, dann ist es nur natürlich, daß wir im Bildungsbereich Einschränkungen vornehmen müssen.

Jede soziale Utopie muß, um in Erfüllung zu gehen, in ein Verhältnis zur ökonomischen Realität gesetzt werden. Und inner-

halb der Ökonomie ist die Produktion der wichtigste Faktor. Ohne Produktion treten wir auf der Stelle, ohne Produktion gibt es keinen Überschuß, der in den sozialen Sektor investiert werden kann. Deshalb drehen sich zum jetzigen Zeitpunkt unsere Überlegungen und Bemühungen darum, wie wir die Produktion ankurbeln können. So niedrig und anfällig sie ist, müssen wir sie vergrößern und verteidigen. Wenn man überlegt, daß innerhalb der letzten sechs Jahre der Preis für ein Barrel Öl auf das Sechsfache gestiegen ist, daß also sechs Dollar inzwischen 36 Dollar kosten, dann fallen die schlechten Voraussetzungen, die ein Land ohne Erdöl auf dem Weltmarkt hat, erst richtig ins Auge.
All diese Punkte habe ich angeführt, damit wir uns über die Realität im klaren sind, über die Armut, mit der wir leben müssen und über die materiellen Engpässe, mit denen wir fertig werden müssen. Diese Defizite und die Geldknappheit werden sich auch in politischen Maßnahmen widerspiegeln, in einem Bereich, der viel mit Erziehung zu tun hat.

Fallen der Reaktion

Wir haben eine Mischökonomie. Über diese ökonomische Mischstruktur hinaus existiert ein pluralistisches Staatssystem unter anderem mit Meinungsfreiheit, Organisationsfreiheit, Freiheiten, die dadurch, daß sie durch das Volk geprägt sind, unsere Entwicklung garantieren. Dies ist eine Revolution, die von sich aus – und nicht durch einen äußeren Zwang – den Anspruch entwickelt hat, Zusammenarbeit zu praktizieren. Das gilt im Hinblick auf die Tagespresse und den Rundfunk ebenso wie für politische Gruppen der Rechten oder die Unternehmerverbände. Diese Gruppen versuchen natürlich, den einzelnen zu beeinflussen, ihm ihre eigene Ideologie, die Anschauungen und Werte ihrer Klasse anzudienen – Werte, die mit denen der Revolution nichts gemein haben.
In diesem ideologischen Kampf befinden wir uns bislang in der Defensive – und dies aus einem einfachen Grund: Der Hauptvorwurf, den die Konterrevolution und die Rechte uns machen, besteht darin, daß wir auf einen Totalitarismus zusteuern würden. Wohin zielt die Reaktion mit Geschützen, die sie auffährt, mit solchen Behauptungen wie der, daß wir uns zu einem marxistisch-

leninistischen Regime entwickeln würden – für sie ein Synonym für ›Unterdrückungsstaat‹? Oder wenn sie behauptet, es gäbe in Nicaragua keine Pressefreiheit mehr, und das Land wäre auf dem besten Weg, sich an den Ostblock zu verkaufen?
Die Gerüchte, die die Reaktion in Umlauf setzt, mal unterschwellig, mal in aller Öffentlichkeit, und in die auch die internationale Propaganda einfällt, dienen der Provokation. Wir sollen eines Tages sagen: Ja, wir sind Marxisten-Leninisten. Und was geschieht dann?
Es wäre die einfachste Art, die Diskussion zu beenden, aber es würde bedeuten, in die Falle zu gehen. Wir könnten uns auch aufblasen und eine abgehobene Antwort geben, nämlich, daß wir eine Gesellschaft mit Einheitspartei haben wollen oder eine sozialistische Gesellschaft per Dekret seitens der Regierungsjunta. Aber das wäre auch keine gute Antwort, sondern wiederum eine Falle. Wir müßten nämlich etwas in einen theoretischen Begriff zwängen, was nicht einmal im Realen zu fassen ist. Es ist für uns keine Lösung zu sagen: Die Regierungsjunta hat in Nicaragua den Sozialismus verordnet. Es geht um Probleme, die sich in keinem sozialen Prozeß durch ein Dekret lösen lassen; Dekrete und Deklarationen sind für uns nutzlos. Solcherart sind aber die täglichen Provokationen, denen wir ausgesetzt sind. Alfonso Robelo beispielsweise ereifert sich ständig darüber, daß die Mitglieder des Nationalrats einfach nicht zugeben wollen, sie seien Marxisten-Leninisten. Doch er gibt seinerseits ebensowenig zu, daß er Millionär ist und Eigentümer von 'zig Hektar Land und verschiedenen Fabriken. Er wird sich natürlich nicht dazu herbeilassen, von seiner Position des Ausbeuters und Landbesitzers aus über einen freiheitlichen Sozialismus zu diskutieren oder über eine bestimmte Form von Sozialismus.
So offensichtlich zu versuchen, die revolutionär-politische Richtung des Landes umzulenken, ist eine ausgesuchte Waffe der Reaktion. So wurde auch gesagt, daß die Alphabetisierungskampagne nichts anderes gewesen sei als Indoktrination, Gehirnwäsche, als eine typische Form marxistisch-leninistischer Erziehung. Auch die *Consulta Nacional Educativa* hätte nur vorgegeben, etwas zu erforschen, was schon klar gewesen sei, was wir schon im voraus entschieden hätten. Die Fallen sind tatsächlich gefährlich; denn wir wollen uns auch nicht so aus ihnen herausziehen, daß wir

– eingeschüchtert durch die Angriffe – nun sagen: »Nein, *Hombre,* auf keinen Fall sind wir Kommunisten«. Denn die Wahrheit ist, daß wir auch keine Antikommunisten sind. Unsere Gegner sind klar antikommunistisch, und sie benützen den Antikommunismus als Vorwand, hinter dem sie ökonomische Privilegien verteidigen, die bis vor kurzem noch als unantastbar galten: die Privilegien der Reichen in einer Gesellschaft von Barfüßigen.

Daraus wird ersichtlich, wie wichtig es für uns ist, in diesem ideologischen Kampf auf der Hut zu sein, uns Antworten auszudenken, mit denen wir unsere Feinde in diesem substanziellen Bereich zum Schweigen bringen können. Wir dürfen uns keine orthodoxen Antworten erlauben, wir müssen die Waffen vorsichtig wählen, denn mit fertigen Dogmen zu kontern, wäre erstens sehr einfach und hieße zweitens, daß wir in den Abgrund stürzen würden, an dessen Rand uns der Gegner drängen will. Der Gegner ist bei diesem Kampf klar im Vorteil. Er ergibt sich aus den langen Jahren, in denen dem Volk Vorurteile eingeimpft worden sind, aus den langen Jahren einer Kultur, die sich an antikommunistischen Thesen festmachte. Das Volk war zu lange das Opfer dieser Vorurteile, die dem Inhalt nach durch und durch volksfeindlich sind.

Wir müssen bedenken, daß unser Land heute kulturell einer Wüste gleicht. Man kann das Volk deshalb leicht irritieren durch die Verbreitung von Wertvorstellungen, die sich eigentlich gegen das Volk richten, aber nicht so leicht zu durchschauen sind. Als Verschleierung dient dann die angebliche Verteidigung von Grundrechten wie Religionsfreiheit, Privateigentum, unbegrenzte Sparmöglichkeiten, Eigenheim, Familiengründung und so weiter – als würde es sich hier um Freiheiten handeln, die von der Revolution bedroht sind. Doch verbreitet die Reaktion vorsätzlich die falsche Behauptung, die Revolution gefährde die freie Entfaltung des einzelnen.

Es hängt viel davon ab, welche Richtung unser Erziehungsprozeß einschlägt, damit er uns hilft, diesen ideologischen Kampf zu gewinnen, damit er unser Bewußtsein schärft, ihn auch gewinnen zu wollen.

Der Lernprozeß des Volkes, der in Gang gesetzt werden soll, muß ein demokratischer und antiimperialistischer Prozeß sein, der den Aufbau einer humanen und solidarischen Gesellschaft verfolgt.

Das ist die These unserer Revolution, und es gibt keinen Grund, diese Überzeugung zu verbergen. Wir brauchen uns unseres Vorsatzes, eine demokratische und neue Gesellschaft aufzubauen, nicht zu schämen, denn das ist kein schlechtes Ziel.
Probleme, die im sozialen Bereich auftauchen, sind noch nie durch große Reden gelöst worden. Es ist eher eine Sache von Intelligenz und Einfühlungsvermögen, diese Mißstände zu beheben und dabei das verfügbare revolutionäre Handwerkszeug auch einzusetzen.
Bei diesem Krieg, den wir führen, steht für uns viel auf dem Spiel. Wenn es lediglich ein Krieg um Worte wäre, könnten wir ohne schlimme Folgen verlieren. Aber die Auseinandersetzung läuft nicht nur auf verbaler Ebene, es geht vielmehr darum, die Macht zu verlieren oder sie auf längere Sicht zu behalten – und Macht ist für uns wichtig. Wir wollen die Macht nicht, um sie als Instrument an sich zu gebrauchen. Die Macht ist auch nicht dazu da, daß einige Personen sie zur Bereicherung nutzen, das eigene Kapital vermehren, besser betrügen oder ihre Dollars in die USA tragen und sich in Miami Chalets kaufen, so wie es in der Vergangenheit die Regel war. Nein, wir brauchen die Macht, um in einem mühseligen und langwierigen Prozeß dieses Land umzuformen. Das ist ein schwieriges Unterfangen, und die Ergebnisse liegen noch in weiter Ferne. Im Augenblick fangen wir ganz unten an. Wir legen die ersten Steine für ein neues Haus, für das große Haus der Zukunft. Es ist wichtig, unter welchen Vorzeichen, mit welcher Umsicht und Sorgfalt wir uns die ersten Steine zusammensuchen. Davon hängt ab, ob dieses Gebäude später einmal groß und stabil genug ist, um die Angriffe auszuhalten, denen es bestimmt ausgesetzt sein wird. Wenn diese Steine schlecht gesetzt sind, wird das Haus zusammenfallen. Wir haben viele Feinde, die das Ziel verfolgen, die Revolution abzuwürgen, dies Haus zu zerstören. Ähnlich müssen wir auch das Fundament für die Erziehung eingehend prüfen, bevor wir es zementieren und die einzelnen Steine gut miteinander verbinden.
Zu all unseren internen Schwierigkeiten kommt noch die Bedrohung durch den nordamerikanischen Imperialismus. Der Imperialismus ist nicht deshalb gegen die Revolution in Nicaragua, weil wir – wie er behauptet – den Revolutionären in San Salvador Waffen liefern; er ist gegen uns, weil wir eine Revolution gemacht haben. Er findet ein Volk unsympathisch, das – arm, bescheiden und klein

wie wir – sich aus fünfzig Jahren imperialistischer Herrschaft mit einem Schlag befreit hat. Darum haben sie beschlossen, uns eine ›entsprechende Lektion zu erteilen‹. Aber wir werden ihnen nicht die Antworten geben, die sie wünschen. Wir werden uns auch nicht von ihnen provozieren lassen, sondern ihren Tricks und Tücken unsere Kraft, die wir aus unserer Revolution schöpfen, so intelligent wie möglich entgegensetzen. Auf diese Kraft werden wir immer zurückgreifen müssen, ob im Bereich der Erziehung oder der Kultur, oder ob es um die Entwicklung des gesamten revolutionären Prozesses geht. Denn wir haben es mit einem historischen Projekt zu tun, das viele Erscheinungsformen hat und zahlreiche Komplikationen mit sich bringt, die mit Intelligenz und Phantasie angegangen werden müssen. Wenn wir diese beiden Eigenschaften voneinander trennen würden, würde jeder Fortschritt auf wackligen Füßen stehen.
Wir sollten nicht vergessen, daß revolutionäre Überzeugungen nicht dazu da sind, sie auf den Straßen auszurufen. Sie müssen vielmehr praktiziert werden, sie müssen in die Arbeitsmethoden und die tägliche Praxis eingehen, wenn Ergebnisse erzielt werden sollen, die der Revolution weiterhelfen. Das müssen wir uns einprägen; andernfalls laufen wir Gefahr, gegenüber der Reaktion verwundbar zu sein.
Niemand, der im Erziehungsministerium arbeitet, kann sagen, daß er nichts von dem Kampf um unterschiedliche Weltanschauungen in unserem Land wüßte; denn dieses Ministerium hat am stärksten mit Weltanschauung zu tun. Nicht einmal das Kulturministerium kann da mithalten. Das Erziehungsministerium hat den größten Einfluß auf die Verbreitung von Ideen, mehr als die Zeitungen und das Radio, mehr als jedes andere Kommunikationsmittel.
Diese Ideen sind, gerade was die Erziehung angeht, deutlich und unumwunden. Das ist ja auch der Grund dafür, daß die Erziehung angegriffen wird. Die Gegner wissen genau, wohin sie zielen. Es fällt ihnen nicht ein, das Ministerium für nationalen Wiederaufbau anzugreifen, weil es vielleicht schlechte Brücken baut, sondern sie richten ihre Kritik auf das Bildungswesen.
Die Philosophie, die hinter unserem Bildungskonzept steckt, ist Antiimperialismus und die Auffassung, daß Demokratie vom Volk getragen werden muß. Es ist weder eine traditionelle noch eine bürgerliche Philosophie. Was uns vorschwebt, ist, Bildung zu

einem Instrument für soziale Veränderung zu machen, zu einem Instrument der Revolution. Von unserem Standpunkt gehen wir nicht ab. Der sandinistische Standpunkt ist eine revolutionäre Überzeugung, keine bürgerliche und keine imperialistische. Weder wollen wir das alte Wirtschaftssystem noch ein traditionelles Sozialsystem wiederherstellen. Wir wollen verändern, das System auf eine höhere Entwicklungsstufe stellen. Wir müssen dies glaubwürdig und mit viel Einfallsreichtum tun. Wir müssen es tun wie echte Sandinisten.

Plakate des Erziehungsministeriums
Quelle: MED

ALFABETIZACION Y
PRODUCCION:
Dos metas en nuestro
proceso revolucionario
que forjarán al
hombre nuevo en
la patria
liberada.
CARTILLA
CRUZADA
NACIONAL
DE
ALFABETIZACION
MINISTERIO DE EDUCACION

ALFABETIZACION
Y PRODUCCION
dos metas
en la reactivación
MINISTERIO DE EDUCACION

Carlos Tünnermann Bernheim
Die Bildungspolitik der sandinistischen Volksrevolution

Ein Bildungswesen ist in seinem Charakter und seiner Funktion Teil der Gesellschaft und ihrer Geschichte. Die nicaraguanische Gesellschaft ist in Veränderung begriffen. Es wandeln sich die Strukturen, Einrichtungen, Gesetze und Klassen. Es verändert sich auch das Bildungswesen. Die neuen Lern- und Erfahrungsprozesse, die sich in Nicaragua seit dem revolutionären Triumph entwickelt haben, bewirken innerhalb des Bildungswesens weitreichende Transformationen. Die wiederum unterstützen und regen einen grundlegenden Wandel in anderen gesellschaftlichen Bereichen an.

Die Neubestimmung von Zielen, Inhalten und Methoden des Lernens, die Entwicklung neuer pädagogischer Konzepte und Verfahren, der Einbezug neuer Lernorte, die Öffnung des Bildungswesens gegenüber den unteren Klassen des Volkes, die Orientierung des Lernens an existentiellen Bedingungen: Dies alles hängt mit der tiefgreifenden Transformation einer revolutionären Gesellschaft zusammen.

Quantitativer Ausbau, Inhalt und Struktur des Bildungswesens stellen an die verfügbaren Kräfte erhebliche Anforderungen und schaffen Verpflichtungen. In dieser Situation werden Spannungen und Widersprüche besonders im Bereich menschlicher Ressourcen offenkundig. Wir brauchen neue Fähigkeiten und Werte, um die veränderten Aufgaben zu bewältigen und dem Bildungswesen einen nicht an der Tradition fixierten Weg zu weisen.

Die *Revolución Popular Sandinista,* dieser weitreichende und grundlegende Prozeß der Umwandlung, ist eben wegen ihres revolutionären und volksverbundenen Charakters auch ein wesentlicher Lernvorgang. Denn der revolutionäre Wandel vollzieht sich innerhalb der politischen, wirtschaftlichen, sozialen und kulturellen Strukturen, jener Strukturen, die auch den Bildungsprozeß bestimmen. Dieser Bildungsprozeß umfaßt die geistige und soziale Reproduktion sowie die Reproduktion der Arbeitskraft. Er schafft neues Wissen, neue Werte, neue Verhaltensweisen, neue Fähigkeiten, neue Gewohnheiten – sowohl bei einzelnen als auch

bei Gruppen. So entsteht eine andere Kultur mit einem anderen Menschen, eine Gesellschaft, die sich von der vorherigen unterscheidet.
Es liegt auf der Hand, das neue nicaraguanische Bildungswesen mit seinen Erfolgen, Einschränkungen und Perspektiven in den Zusammenhang mit der pädagogischen Kraft der sandinistischen Volksrevolution zu stellen. Denn inzwischen ist erkennbar geworden, daß die pädagogische Praxis in ungewöhnlich hohem Maß den Rahmen von Schule, den Rahmen üblicher Bildungsorganisation sprengt. Lernen wird zum sozialen, vom Volk getragenen, landesweiten Vorgang. Dieser von der Revolution geschaffene Lernprozeß führt wiederum zu Zielen und Inhalten, die für die Erziehungsphilosophie und Bildungspolitik bestimmend sind.
Alles innerhalb der Revolution trägt Kennzeichen eines Prozesses. Auch die Bildungspolitik ist in Entstehung begriffen. Obwohl sie Konturen angenommen hat, verändern sich Teile in ihr – innerhalb eines kreativen, vielfältigen, problematischen, komplexen Übergangs. In ihm wird auch die strategische Bedeutung der pädagogischen Praxis, der Lernvorgänge und Lernorte sichtbar. Denn die Aufgabe des Bildungswesens liegt darin, die Entwicklung einer neuen Gesellschaft, eines neuen Menschen voranzutreiben, auch wenn die Verwirklichung dieses Ziels angesichts der gegenwärtigen materiellen Basis noch in weiter Ferne liegt. Seine Verwirklichung hängt zum nicht geringen Teil von der Kraft und der Wirksamkeit ab, mit der sich das Bildungswesen entwickelt. Denn das Bildungswesen ist ein vorrangiges Terrain sowohl der Konfrontation gesellschaftlicher Kräfte als auch der Begründung von Volksmacht.
Besonders deutlich wird dies in der weltanschaulichen Dimension von Erziehung und Bildung, dort, wo es um die Entfaltung und Übertragung von Werten, Handlungsmustern, Perspektiven oder Denksystemen geht. Jener *Nuevo Hombre* mit seinen Einstellungen und Handlungen, jenes Produkt einer höheren als der geltenden Moral, findet im Bildungswesen eine der wichtigsten Grundlagen seiner Entwicklung. Sie geschieht innerhalb intensiver weltanschaulicher Auseinandersetzung – nicht nur zwischen unterschiedlichen und möglicherweise entgegengesetzten Wertsystemen, sondern auch zur substanziellen Bestimmung konfligierender Werte. Begriffe wie »Patriotismus«, »Solidarität«, »Koopera-

tion«, »Antiimperialismus« oder »Demokratie« haben bei den Klassen und Gruppierungen, die die soziale Dynamik vorantreiben, keinen fremden Klang. In ihrer weltanschaulichen Dimension bedeutet die Konfrontation gesellschaftliche Kräfte innerhalb des Bildungswesens auch eine Auseinandersetzung um die klassenspezifische Bestimmung von Inhalten, die mit diesen Begriffen verbunden werden sollen. So wird Bildung zum Mittel und zur Instanz der Gestaltung und Übertragung solcher Bedeutungsinhalte, je nachdem, welche gesellschaftlichen Kräfte die Nation anführen.

Das nicaraguanische Bildungswesen befindet sich im Übergang: Dies ist eine allgemeine Folgerung aus der Analyse gegenwärtiger Probleme. Wir lassen das Bildungskonzept des früheren Regimes hinter uns zugunsten der Entwicklung eines Bildungswesens, das auf dem politischen Programm des Sandinismus gründet. Bildung und Erziehung befinden sich dabei weder außerhalb gesellschaftlicher Wirklichkeit, noch können sie davon abgekoppelt werden; historisch entsprachen bekanntlich jeder gesellschaftlichen Formation bestimmte Bildungsvorstellungen.

Das Bildungswesen beeinflußt auf der Ebene des Überbaus einen Teil des gesellschaftlichen Umfeldes. Zwar spiegelt es dieses Umfeld wider, verfügt aber durch die ihm immanenten Widersprüche über eine relative Autonomie, um seinerseits darauf einzuwirken und die Transformation zu begünstigen. Zwar ist das Bildungswesen keine Insel, sondern mit dem sozialen Überbau eng verflochten und allen Einflüssen unterliegend, die von der produktiven Infrastruktur und der Gesamtgesellschaft ausgehen. Aber weil es sich nicht um eine mechanistische Bestimmung, sondern um eine dialektische Beziehung handelt, können Bildungsprozesse durch ihre inneren Widersprüche zum sozialen Fortschritt beitragen.

Funktionen des Bildungswesens

Im gesellschaftlichen Rahmen sind zunächst drei grundlegende Funktionen des Bildungswesens erkennbar. Zum ersten die technisch-ökonomische Funktion: Es dient hier der Ausbildung und Reproduktion von Arbeitskraft, der Qualifizierung notwendiger Kräfte für den Produktionsbereich. Zum zweiten die Klassenfunktion: Das Bildungswesen spiegelt die Interessen der herrschenden Klassen wider. Es wirkt als sozialer Auslesemechanismus, die Wahrnehmung von Bildungsangeboten wird damit abhängig von sozialer Herkunft. Dies schließt nicht aus, daß Auslese auch als Agent sozialer Mobilität wirken kann, denn sie ermöglicht es, aus den beherrschten Klassen die für die herrschenden Klassen notwendigen Talente herauszuziehen. Die dritte Funktion ist die der weltanschaulichen Konsensfindung und Legitimation: Das Bildungswesen trägt zur Übermittlung und Verinnerlichung von Werten und Verhaltensnormen bei, die auf der subjektiven Ebene die herrschende gesellschaftliche Formation konsolidieren und rechtfertigen. Das Wertsystem entspricht dabei dem der herrschenden Klasse, die als genuiner Vertreter gesamtgesellschaftlicher Werte auftritt. Angesichts ihrer relativen Autonomie können Bildungsprozesse jedoch auch Werte entwikkeln und verbreiten, die den herrschenden Kodex in Frage stellen oder ihm widersprechen. Hier kann Bildung möglicherweise als Agent von Veränderung wirken.

In der Vergangenheit stand das Bildungswesen im Dienst des somozistischen Systems und der herrschenden Klasse, die es stützte. Innerhalb eines solchen Regimes übermittelten Erziehung und Bildung Werte, die konsequent mit dem Programm eines abhängigen und die Unterentwicklung konstituierenden Kapitalismus verbunden waren. Ausgeprägt waren Persönlichkeitsmerkmale wie der Egoismus, der Individualismus, das Konkurrenz- und maßlose Gewinnstreben, der Konsumzwang und die Bereitschaft zur unkritischen Assimilation der Kultur hegemonistischer Zentren. Die Verteilung der Bildungsangebote entsprach dem Klassencharakter des Systems. Bildung blieb privilegierten Gruppen vorbehalten. Dem Volk wurde sie verwehrt, hier wurde Bildung allenfalls als Qualifizierung von Arbeitskräften vermittelt – in dem für die Reproduktion des Systems unumgänglich notwendigen Ausmaß.

Wir stehen vor der Herausforderung, ein Bildungswesen für die sandinistische Gesellschaft, für das sandinistische Nicaragua zu entwerfen. Es muß zum ersten qualifizierte Arbeitskräfte hervorbringen. Wir brauchen sie in unserem revolutionären Prozeß für die sozio-ökonomische Entwicklung und zur Umsetzung der sandinistischen Politik. Diese Arbeitskräfte sollen in hohem Maße

von revolutionärem Bewußtsein geprägt und auf die Teilhabe an politischer Entwicklung vorbereitet sein, sie sollen zum sozialen Kompromiß befähigt werden.
Es soll sich zum zweiten um Bildungsangebote handeln, die sich an alle Nicaraguaner, vorrangig aber an Arbeiter und *Campesinos* richten, an jene Klassen im Volk, die Motor des revolutionären Prozesses sind. Zum dritten geht es um eine Bildung, die die Werte der sandinistischen Volksrevolution und einer ihr entsprechenden Gesellschaft übermittelt und verbreitet. Es soll eine Gesellschaft sein, die auf den Prinzipien der Gerechtigkeit, Gleichheit, Brüderlichkeit und Menschlichkeit aufbaut, in der eine Ausbeutung von Menschen durch Menschen nicht mehr vorkommt. Ihr entspricht eine Politik, die demokratisch, volksverbunden, antiimperialistisch und international ausgerichtet ist.
Innerhalb dieses weitreichenden Vorhabens gehört es zu den ersten Aufgaben, die Ziele des neuen Lernens zu definieren, die Philosophie also, die Leitlinie und Kompaß bei der Entwicklung des Bildungswesens sein kann. Hier hat die große nationale Befragung, die *Consulta Nacional Educativa* einen sehr wichtigen, wenn auch nicht den einzigen Beitrag geliefert. Denn um neue Bildungsziele zu bestimmen, müssen der historische Zusammenhang, die Revolutionsziele, die Grundwerte der neuen Gesellschaft und die umfassenden Pläne der wirtschaftlichen und sozialen Entwicklung gleichermaßen berücksichtigt werden.

Das politische Programm des Sandinismus

Mit dem Fortgang der Revolution gewinnt das politische Programm des Sandinismus an Profil. Es wurde von *Commandante* Carlos Fonseca, dem Gründer der *Frente Sandinista de Liberación Nacional,* weitgehend vorformuliert und in zahlreichen Dokumenten, Verlautbarungen, auf Versammlungen und insbesondere im historischen Programm der FSLN übermittelt. Im Kern umfaßt dieses Programm die folgenden Punkte:

- die Verteidigung der Souveränität und Unabhängigkeit des Landes;
- die Abschaffung aller Formen von Ausbeutung, Unterdrückung und Rückständigkeit – mit dem Ziel, ein freies, fortschrittliches und unabhängiges Vaterland zu gründen;

- die Errichtung einer Volksdemokratie (»Die revolutionäre Macht wird so strukturiert sein, daß das ganze Volk – auf nationaler wie lokaler Ebene – uneingeschränkt mitbestimmen kann.«);
- den Antiimperialismus;
- die Überwindung aller Formen einer politischen, wirtschaftlichen, kulturellen, pädagogischen und wissenschaftlich-technologischen Abhängigkeit;
- den Kampf gegen die Oligarchie;
- den Pluralismus;
- den Internationalismus;
- die zentrale Planwirtschaft;
- die gemischte Wirtschaft mit dem Vorrang eines starken staatlichen Sektors und einer *Area Propiedad del Pueblo,* einem volkseigenen Bereich mit dazugehörigem Eigentum und entsprechender Verwaltung;
- die Enteignung der unrechtmäßig erworbenen Besitztümer der Familie Somoza und ihrer Komplizen;
- eine Agrarreform, die in zuverlässiger Weise den kapitalistischen Großgrundbesitz zerstört und den Boden denen übergibt, die ihn bearbeiten; die Gründung von Genossenschaften;
- die Verstaatlichung von Banken und Versicherungen;
- die Verteidigung des nationalen Reichtums und die Verwendung von Überschüssen zum Wohle des Volkes;
- den Schutz der kleinen und mittleren Eigentümer und Produzenten;
- die Verstaatlichung von Bergwerken und Waldbeständen;
- eine Steuerreform;
- die Rechtschaffenheit der Verwaltung;
- die Vorrangigkeit von Interessen der großen Mehrheit des Volkes, der Arbeiter und *Campesinos,* deren Organisation und politische Bewußtwerdung gefördert werden;
- die Gründung einer Volksarmee;
- die Nationalisierung großer Teile des Außenhandels;
- die Achtung der individuellen, sozialen, kulturellen, ökonomischen und politischen Menschenrechte;
- die Emanzipation der Frau; eine ökonomische, politische und kulturelle Gleichstellung von Mann und Frau;
- die Stärkung der nationalen Identität, die Bewahrung und

Entwicklung einer nationalen und vom Volk ausgehenden Kultur; den Abbau neokolonialer Einflüsse;

- die vernünftige Nutzung und Pflege natürlicher Ressourcen;
- den Schutz der Umwelt;
- die Abschaffung des Analphabetismus; die Gewährung von kostenlosem Unterricht; die Verbindung von Lernen mit produktiver Arbeit, die Reform der Hochschulen;
- die nationale Integration und vorrangige Beachtung von Problemen der *Costa Atlántica;*
- die Entwicklung eines einheitlichen Gesundheitssystems und die Durchführung intensiver Kampagnen zur Eindämmung endemischer Krankheiten;
- die Förderung von Bewegungserziehung und Sport;
- eine unabhängige Außenpolitik; die Beteiligung an der Bewegung blockfreier Staaten;
- durch koordinierte Anstrengungen die Einrichtung einer mittelamerikanischen Union – mit dem Ziel, die nationale Befreiung zu erreichen und ohne imperialistische Vorherrschaft ein neues soziales System zu schaffen;
- die Solidarität mit allen Völkern, die für ihre Befreiung kämpfen;
- die Förderung des Weltfriedens;
- die Respektierung der Religionen;
- den Dank an und eine immerwährende Verehrung für die Helden und Märtyrer der Befreiung Nicaraguas.

Die Übertragung dieses politischen Programms in das Bildungsprogramm der Revolution ist Aufgabe der sich entwickelnden Bildungspolitik. Der *Compañero* Sergio Ramirez hat in seinem Beitrag für dieses Buch den Kern dieser Politik so umschrieben: »Da es sich bei uns um eine Volksrevolution handelt, brauchen wir auch eine Volksbildung. Unsere Revolution ist antiimperialistisch, also ist unsere Entwicklungsperspektive und unser Erziehungskonzept auch antiimperialistisch. Ziel der Revolution ist der tiefgreifende Wandel in der sozialen Struktur des Landes, der radikale Bruch mit der bisherigen Geschichte und die wirtschaftliche und soziale Veränderung.«

Ziele des neuen Bildungswesens

In Nicaragua erlaubte die in ihrer Art beispiellose *Consulta Nacional* eine Mitwirkung von organisierten Teilen der Bevölkerung an der Bestimmung von Zielen und Fundamenten des Bildungswesens. Die Beiträge erwiesen sich als sehr realistisch und tragfähig. Der in Nicaragua neu gegründetete *Consejo Nacional Asesor de Educación,* ein nationaler Beirat für Fragen des Bildungswesens, bezog sich sowohl auf diese Beiträge als auch auf den allgemeineren theoretischen wie praktischen Bezugsrahmen der Volksrevolution, um fünf Ziele des neuen Bildungswesens zu bestimmen.

Zum ersten geht es um die umfassende Persönlichkeitsbildung des *Nuevo Hombre,* jenes sich ständig weiterentwickelnden Menschen. Er soll fähig sein, am Transformationsprozeß, durch den Tag für Tag die neue Gesellschaft geschaffen wird, mitzuwirken und ihn zu fördern. Dieser *Nuevo Hombre* entsteht seit dem Beginn der Befreiungsbewegung unseres Volkes, er entwickelt sich auf dem Boden unserer Wirklichkeit und unter den geschichtlichen Bedingungen, in denen wir leben.

Wenn die geistigen, intellektuellen, physischen, moralischen und ästhetischen Fähigkeiten des neuen Menschen durch Bildung entwickelt werden sollen, dann handelt es sich nach den Ergebnissen der *Consulta Nacional* um folgende Qualitäten und Werte: Er soll im politischen Bereich patriotisch, revolutionär und solidarisch handeln. Er soll die Interessen von Arbeitern und *Campesinos* vertreten können und allgemein mit den breiten, arbeitenden Schichten der Bevölkerung verbunden sein. Er soll antiimperialistisch und internationalistisch handeln. Er soll in Gegnerschaft zu Rassismus, zu Diskriminierung, zu Unterdrückung und zu allen Formen von Ausbeutung stehen, ob sie nun von innen oder außen hervorgerufen werden. Er soll im Hinblick auf die Interessen der großen Mehrheit die nationale Einheit fördern. Er soll für Gerechtigkeit, Freiheit, Entspannung, regionalen wie weltweiten Frieden und für sozialen Fortschritt eintreten.

Im persönlichen und sozialen Bereich soll er verantwortlich, diszipliniert, kreativ, kooperativ, fleißig und wirksam handeln. Er soll sich von hohen geistigen, moralischen und staatsbürgerlichen Prinzipien leiten lassen. Er braucht die Fähigkeit zu Kritik und

Selbstkritik, zur wissenschaftlichen Erfassung von Welt und Gesellschaft. Er soll zu ästhetischer Wertschätzung und zu künstlerischem Ausdruck befähigt sein. Er soll die Würde der manuellen und intellektuellen Arbeit anerkennen. Er soll sich der Bedeutung des Umweltschutzes und der damit zusammenhängenden Lebensqualität bewußt sein. Er soll sich respektvoll, humanitär, frei, ehrlich, wahrhaftig, brüderlich, bescheiden, hingebungsvoll und objektiv verhalten. Er soll bereit sein, individuelle Interessen gemeinschaftlichen Interessen unterzuordnen.

Zum zweiten sollen Lernende durch und für schöpferische Arbeit gebildet werden. Sie sollen als verantwortliche Träger ihres Bildungsprozesses anerkannt werden. Ihnen sollen Zugänge von hohem Niveau zu Naturwissenschaft, Technik, Geisteswissenschaft und Kunst ermöglicht werden. Der Lehr-/Lernprozeß wird dabei durch das Primat wissenschaftlicher und autodidaktischer Verfahren gekennzeichnet sein.

Zum dritten sollen Lernende ein Bewußtsein über den wirtschaftlichen, sozialen und kulturellen Wert produktiver Arbeit entwikkeln. Sie sollen den grundlegenden Beitrag arbeitender Gruppen für den Aufbau der neuen Gesellschaft erkennen und die pädagogische Bedeutung einer produktiven Arbeit erleben, mit deren Hilfe die Dichotomie von Theorie und Praxis, von intellektueller und manueller Arbeit überwunden werden kann. Dies Bewußtsein soll neue Verhaltensweisen gegenüber Arbeit und Arbeitsdisziplin ermöglichen, so wie es die Bedingungen der sandinistischen Volksrevolution erfordern.

Viertens sollen die revolutionären Werte und Grundsätze der neuen Generation übermittelt werden. Dazu gehört die Überzeugung, das Volk in organisierter Form, in volksdemokratischer Praxis an den Aufgaben und an der sozialen Fortführung der Revolution zu beteiligen. Dazu zählt die Ablehnung aller Formen imperialistischer Herrschaft. Dazu gehört schließlich auch die kämpferische Solidarität mit allen Völkern.

Fünftens: Die Erziehung und Bildung des neuen Menschen soll sich am Denken und am Beispiel der Helden und Märtyrer, an all jenen Personen orientieren, die während der Geschichte und des Befreiungskampfes das Wesen und Erscheinungsbild unseres Vaterlandes und unserer Revolution aufgebaut, bestimmt und inspiriert haben.

Allgemeine Bildungsziele

Daraus ergeben sich für die neuen Bildungsprozesse folgende allgemeine Ziele:

- die Entwicklung der Konzeption und die revolutionäre Bildung des *Nuevo Hombre* im neuen Nicaragua;
- die Stärkung von nationaler Unabhängigkeit, Selbstbestimmung, Souveränität und Identität, in dem ein Bewußtsein von der Beteiligung an einer notwendigen Verteidigung des Vaterlandes und der Revolution geschaffen wird;
- die Förderung freundschaftlicher Verbindungen mit allen Völkern und Regierungen – dies auf der Grundlage von Gleichheit und gegenseitiger Achtung;
- die Verbindung von Bildung und Wissenschaft mit der Wirklichkeit unseres Landes und den Interessen der Bevölkerung, die Anwendung entsprechender wissenschaftlicher Verfahren;
- die Verankerung unserer Kultur, deren Förderung und Verbreitung eng mit den Bildungsprogrammen verbunden sein wird;
- die Nutzung wissenschaftlicher und kultureller Beiträge, die sich an Kriterien der Humanität orientieren; die Abwehr von entfremdenden kulturellen Einflüssen;
- die Entwicklung und Vermittlung von konzeptionellem und instrumentellem Wissen, von entsprechenden Gewohnheiten und Fähigkeiten, die für den Fortgang unseres revolutionären Prozesses notwendig sind;
- die Förderung eines tiefen Respekts gegenüber den Menschenrechten;
- die Betonung des pädagogischen Werts der Arbeit, wobei die produktive Arbeit, das Zusammenspiel von Theorie und Praxis, die Verbindung von manueller und intellektueller Arbeit integraler Bestandteil pädagogischer Planung und Praxis sein werden;
- die Befähigung von Lernenden und Lehrenden zu kritischem, selbstkritischem, wissenschaftlichem, schöpferischem und an Partizipation orientiertem Denken, so daß Pädagogik zur befreienden Pädagogik wird;
- die Förderung einer humanistischen, wissenschaftlichen, technologischen, politisch-weltanschaulichen und moralischen Bildung, gemäß den Prinzipien und dem Programm der Revolution;

– die Ausbildung und Qualifizierung der für den Fortgang und die Festigung des revolutionären Prozesses erforderlichen Arbeitskräfte – in Abstimmung mit den weitreichenden Plänen der wirtschaftlichen und sozialen Entwicklung;
– eine garantierte Mitwirkung der Volksorganisationen in den verschiedenen Bereichen des Bildungswesens.

Bildungspolitische Maximen

Um diese Ziele umsetzen zu können, soll das neue Bildungswesen so strukturiert werden, daß die folgenden Grundsätze Beachtung finden:
– Bildung ist ein grundlegendes, ständiges und unverzichtbares Recht aller Nicaraguaner. Bildung wird deshalb in den Bereichen der Vorschul- und Grundschulerziehung zur Pflicht werden. Diese Bildungspflicht wird – mit dem quantitativen Ausbau von pädagogischen Einrichtungen einhergehend – schrittweise eingeführt. Die staatlichen Bildungsprogramme werden in allen Bereichen kostenlos, öffentlich und zum Teil in kombinierter öffentlich/privater Trägerschaft angeboten werden.
– Die Vermittlung von Bildung gehört zu den elementaren und unverzichtbaren Funktionen des Staates, wobei die Rechte und die Teilhabe von Eltern an der Erziehung und Bildung ihrer Kinder gewahrt werden sollen. Der Staat ist auf allen Ebenen und in allen Zusammenhängen für die Planung, Leitung und Förderung der Bildungsvorgänge zuständig – unter Wahrung der Freiheit von Lehre und Forschung, welche im Statut über Rechte und Garantien der Nicaraguaner verankert ist.
– Bildung ist ein einzigartiger, ständiger, sich wiederholender und lebenslanger Prozeß der Persönlichkeitsentwicklung. Aus diesem Grund steht sie jedem Menschen in jedem Moment seines Lebens unabhängig von Zeit und Alter zu.
– Das neue Bildungswesen wird verschiedene Bereiche enthalten. Es wird sich um ein System handeln, das als umfassendes Ganzes miteinander verbundene Elemente enthält, die gemeinsamen Zielen folgen und alle Ebenen und Formen des Lehr-/Lernprozesses verknüpfen, darunter auch die schulische und außerschulische Bildung. Es sollen notwendige horizontale und vertikale Durchlässe geschaffen werden, um unter anderem den Eintritt in die

Arbeitswelt und einen Wiedereintritt in Bildungsprozesse zu erleichtern.

– Der Staat wird die Beteiligung der Familien, der Gemeinden und Massenorganisationen an Bildungsprozessen fördern.

– Die Massenmedien werden als wichtiger Teil von Bildungsangeboten angesehen, deshalb wird der Staat ihren Einsatz innerhalb der Entwicklung des nationalen Bildungswesens fördern.

– Im neuen Bildungswesen werden die Aufgaben der Studien- und Berufsberatung akzentuiert und systematisiert. Die Nachfrage nach Arbeitskräften soll in Übereinstimmung mit dem Angebot an Schulabgängern gebracht werden. Dies liegt in gesamtgesellschaftlicher Verantwortung, nicht nur in der von Berufsberatern und anderen im Bildungswesen tätigen Menschen.

– Das Bildungswesen soll – besonders auf dem Land – zum wichtigen Faktor der Gemeindeentwicklung werden.

– Wir werden auf den Wetteifer setzen, wenn es um die Verbesserung des akademischen Niveaus und um die Wahrnehmung revolutionärer Aufgaben durch Schüler und Studenten geht.

– Das Bildungswesen wird von einem Prozeß der ständigen Evaluation begleitet werden. Dabei geht es nicht nur um seine Wirksamkeit, sondern auch um die Sicherung seiner Übereinstimmung mit den unmittelbaren Bedürfnissen der Bevölkerung, um den revolutionären Fortgang. Dazu ist Bildungsforschung notwendig und institutionell zu ermöglichen.

– Der Staat wird die ständige Aufsicht über alle Bildungseinrichtungen des Landes übernehmen, um die Umsetzung seiner Bildungspolitik, der nationalen Lehrpläne und Bildungsprogramme zu sichern.

– Die Freiheit von Eltern soll respektiert werden, für ihre Kinder Schulen in freier Trägerschaft auszuwählen. Dies ist an die Voraussetzung gebunden, daß diese Schulen staatlichen Minimalanforderungen genügen und sich an die Lehrpläne halten. Man wird damit und in diesem Rahmen das Recht von einzelnen oder Gruppen auf Gründung und Leitung von Bildungseinrichtungen respektieren.

Um diese Grundsätze einzulösen, werden die folgenden Schritte eingeleitet:

– Das Angebot an Bildungseinrichtungen wird so ausgeweitet, daß alle Teile der Bevölkerung sie nutzen können – also Einrichtungen der vorschulischen Erziehung, des Primarbereichs, der polytechnischen Ausbildung, der Erwachsenenbildung, Universitäten. Sie werden schrittweise geplant und gegründet, wobei ländliche und marginalisierte städtische Gebiete besonders berücksichtigt werden sollen.

– Der Bildungsetat wird als soziale Investition verstanden. In Konsequenz dieser Auffassung wird für Schul- und Hochschulabgänger ein sozialer Dienst eingerichtet, durch den sie einen Teil der erhaltenen Vergünstigungen in die Gesellschaft zurückführen können.

– Auf dem Land werden Verbundsysteme dezentraler Lernorte entwickelt, mit denen – durch die Beteiligung der Gemeinden – Kosten gespart und zugleich Bildungschancen erhöht werden können.

– Für Frauen sollen durch besondere Programme gleiche Bildungschancen durchgesetzt werden, um ihre allgemeine Gleichstellung gewährleisten zu können.

– Besondere bildungspolitische Anstrengungen werden der Aufwertung des Lehrerberufs und der Anhebung des Ausbildungsniveaus gelten. Dazu sind große Aus- und Fortbildungsprogramme für Lehrer und Bildungsverwalter vorgesehen.

– Die *Costa Atlántica* bedarf einer eigenen Bildungspolitik. Sie muß der doppelten Notwendigkeit genügen, einerseits ethnische Minderheiten mit eigenen Sprachen in die nationale Kultur und Sprache zu integrieren und andererseits die Sprachen und kulturellen Werte dieser Gruppen anzuerkennen und zu fördern.

– Der Sekundarbereich wird so differenziert, daß eine Ausbildung von Arbeitskräften für mittlere spezialisierte Berufe in den wichtigen Produktionsbereichen zugunsten unserer wirtschaftlichen und sozialen Entwicklung gewährleistet wird.

– Das quantitative und qualitative Angebot an Hochschulabsolventen wird unter der Zielsetzung gesteuert, daß die wissenschaftlich-technische Qualität gesteigert wird und somit eine angemessene Eingliederung in die verschiedenen Produktionsbereiche ermöglicht wird.

– Die Regionalisierung des Bildungswesens soll gefördert werden – nicht nur, um die Bildungsverwaltung zu dezentralisieren, sondern um die nationalen Programme auch auf die jeweilige regionale Wirklichkeit beziehen zu können. Diese Regionalisierung soll sich unter Wahrung der für das ganze Land geltenden bildungspolitischen Leitlinien und Normen vollziehen.

Maßnahmen

In Konsequenz einer Bildungspolitik, die sich an den bisher beschriebenen Grundsätzen und Schritten orientiert, sollen die folgenden Maßnahmen durchgeführt werden:

– Wenn es sich darum handelt, die Bildungsangebote zu erhöhen und das Recht auf Bildung im Hinblick auf Zugänge und Abschlüsse durchzusetzen, dann soll in Verfolgung dieses Ziels jeder Nicaraguaner das Recht auf eine neunjährige Grundbildung erhalten. Diese kostenlose und verpflichtende Bildung wird gegenwärtig mit sechs Jahren im Primarbereich und drei Jahren im Sekundarbereich *(Ciclo Básico)* angesiedelt; beide Bereiche sollen künftig jedoch zu einer neunjährigen Einheit umstrukturiert werden. Unter Demokratisierung verstehen wir in diesem Zusammenhang, daß die gesamte Bevölkerung freien Zugang zum Lerngeschehen bekommt und qualitativ gleichwertige Bildungsangebote erhält.

– Vor diesem Ziel liegen einige Etappen, die im Hinblick auf ihre Dauer und auf die finanziellen, materiellen und personellen Ressourcen in einem Bildungsgesamtplan, dem *Plan Nacional de Desarollo Educativo* projektiert sind. Vorrangig ist hier, allen Kindern Nicaraguas, in besonderer Weise den Kindern von *Campesinos* mindestens den Besuch der ersten vier vollen Schuljahre zu ermöglichen: Wir bezeichnen das als *»la batalla del 4. grado«*, als Kampf um die ersten vier Schuljahre. Dieser Kampf soll zur Alphabetisierung der Kinder führen und eine der Hauptursachen des Analphabetismus, den mangelnden Schulbesuch, beseitigen. Denn Tatsache ist es, daß 40 Prozent der Kinder von *Campesinos* nicht zur Schule gehen und 60 Prozent der Schüler die Schule während oder nach der ersten Klasse wieder verlassen. Danach sind die größten Anstrengungen in ländlichen

Gebieten erforderlich. Dort vor allem muß investiert, müssen Lehrer ausgebildet, neue Arbeitsplätze geschaffen, die Büchereien und die Schulaufsicht verbessert werden. Später kann man sich darauf konzentrieren, 100 Prozent der Schüler eine vollständige Grundschulerziehung zukommen zu lassen, um dann schließlich die neunjährige allgemeine Grundbildung *(Educación General Básica)* zu sichern. Das Projekt der *Nuclearización,* die Gründung von Verbundsystemen ländlicher Schulen wird diese Entwicklung unterstützen. Es wäre in diesem Zusammenhang unsinnig, landwirtschaftlichen Unterricht nicht in der Praxis anzusiedeln. Möglicherweise wird auch die Erwachsenenbildung neue pädagogische Zugänge zur ländlichen Umwelt erschließen, dort nämlich, wo das natürliche und soziale Umfeld zu einer Verbindung von Lernen und organisatorischer Entwicklung einlädt, von Lernen und der Entwicklung von Gemeinschaft, von Lernen auch innerhalb der lokalen Traditionen und der Entwicklung angepaßter Technologien.

– Der Staat verpflichtet sich zur Einführung der vorschulischen Erziehung. Sie soll in das Bildungswesen einbezogen und vor allem in unterversorgten Stadtteilen und ländlichen Gebieten kostenlos angeboten werden. Hervorzuheben ist dabei sowohl die soziale Funktion dieses Bildungsbereichs im Hinblick auf die Freisetzung der Produktivkräfte von Arbeiterinnen als auch der Einfluß der vorschulischen Erziehung auf die weiteren Bildungschancen und -wege von Kindern. Zweifellos brauchen wir dabei Einrichtungen, die kostensparend arbeiten: so zum Beispiel gemeindeeigene Kindergärten, Kindergärten, die in anderen als eigens dafür vorgesehenen Gebäuden unterkommen, Kindergärten schließlich, deren pädagogische Praxis im wesentlichen durch Eltern und andere Angehörige der Gemeinde getragen wird. Die Massenmedien können diese Vorhaben wesentlich mit unterstützen. Die Entwicklungsarbeiten werden durch Zentren der Kindesentwicklung koordiniert, die zur nicaraguanischen Anstalt für Sozialversicherung und sozialen Wohlstand gehören, außerdem durch den ländlichen Kinderdienst, den *Servicio Infantil Rural.* Kindergärten werden auch vom Landwirtschaftsministerium in den *Areas Propiedad del Pueblo,* in vergesellschafteten landwirtschaftlichen Betrieben gegründet. Kindergärten sollen vor allem in solchen volkseigenen Bereichen und Gebieten eingerichtet werden, die

eine hohe Konzentration von Produktivkräften der Industrie und – wie bei den Märkten – des Dienstleistungssektors aufweisen.
– Zur Verantwortung des Staates gehört auch die Erziehung und Bildung von Behinderten. In jeder Kreisstadt wird mindestens eine Modellschule für Behinderte gegründet. Wir werden die Aufgaben der Rehabilitierung und Wiedereingliederung Behinderter in den Produktionsprozeß vorantreiben und Programme entwickeln, die auf Lernschwierigkeiten Bezug nehmen und Eltern über die Notwendigkeit einer Behindertenpädagogik aufklären. In einigen Schulen gibt es Versuche mit einem besonderen Verbund von Klassen für normale Kinder mit Lernproblemen – nach Schätzungen sollen etwa 20 Prozent unserer Kinder solche Probleme haben.
– Die Anstrengungen vor allem im ländlichen Bereich werden sich darauf richten, den Anteil der im Schulsystem verbleibenden Kinder zu verbessern und schulische Fehlzeiten zu bekämpfen. Man schätzt, daß im Landesdurchschnitt nur 20 bis 25 von 100 in der ersten Klasse eingeschriebenen Schülern die sechste Klasse erreichen. In ländlichen Gebieten waren es in den Schuljahren 1973 bis 1978 nur 6,5 von 100 Schülern. Das Problem des hohen Prozentsatzes überalteter Schüler werden wir ebenfalls beachten, jener Schüler, die in einer niedrigeren Klasse eingeschrieben sind, als es ihrem Alter entspricht. Dies Problem verlangt rasches und angemessenes Handeln, da fast 70 Prozent der Grundschüler mindestens zwei Jahre zu alt für ihre Klasse sind.
– In ländlichen Gebieten wird das Projekt der *Nuclearización* vorangetrieben, wobei pädagogische Aufgaben und sozio-ökonomische Entwicklungen der Region integriert werden. Dies setzt die aktive Mitwirkung von Kommunen sowohl im Schulbau als auch in der schulischen und außerschulischen pädagogischen Arbeit voraus.
– Die Erwachsenenbildung wird im wesentlichen als eine Ausbildung für produktive Arbeit angelegt, die auch innerhalb der produktiven Arbeitsvollzüge stattfindet. Durch die *Educación Popular Básica,* die grundlegende Volksbildung, sollen Fähigkeiten zu autodidaktischem Lernen entwickelt werden; in vier Semestern – und in der Verbindung von Lernen und Arbeiten – sollen von Erwachsenen Ausbildungen für eine größere Anzahl von Berufen absolviert werden können. Dazu sollen alle Lernorte einer Gemeinde – Fabriken, Betriebe, Gewerkschaften, Einrich-

tungen im volkseigenen Bereich – genutzt werden. Schulisches und außerschulisches Lernen soll flexibel miteinander verbunden werden, so daß auch eine solche Ausbildung zu einem staatlich anerkannten Abschluß führen kann. Flankierend dazu sollen Fernkurse eingerichtet werden. Um dies alles leisten zu können, ist die enge Zusammenarbeit aller einschlägigen öffentlichen und privaten Organisationen und Einrichtungen erforderlich. Ziel ist es, mit diesem Ausbildungsprojekt innerhalb der nächsten fünf Jahre 350000 regulär teilnehmende Erwachsene zu erreichen.

– Die Bildungspolitik muß den Sachverhalt berücksichtigen, daß 20 Prozent der in der Erwachsenenbildung eingeschriebenen Schüler Kinder und Jugendliche im Alter von zehn bis fünfzehn Jahren sind. Angesichts fehlender Plätze im Primarbereich sind diese Schüler in einigen Orten des Landes Erwachsenengruppen, den *Colectivos de Educación Popular* zugeordnet. Für diese Schüler sollen besondere Angebote entwickelt werden, um ihnen gleiche Bildungschancen wie in der Schule zu bieten.

– Für die *Quinchos,* für Kinder, die in den Straßen Zeitungen, Kaugummis oder anderes verkaufen, sollen Lernmöglichkeiten verbessert werden. Als erster Schritt dazu wird in Managua ein Internat gegründet, um diese Kinder auf technische Berufe vorzubereiten.

– Der Sekundarbereich *(Educación Media)* soll so umgestaltet werden, daß aus der Sekundarstufe I *(Ciclo Básico)* und dem Primarbereich *(Educación Primaria)* ein einheitlicher Bereich der allgemeinen Grundbildung *(Educación General Básica)* entsteht. Zu den Zielen dieser Grundbildung gehören die Vermittlung einer soliden Allgemeinbildung in den wichtigsten Wissensbereichen; die Entwicklung von Einstellungen und Fähigkeiten für produktive Arbeit, indem Schüler mit der Produktionswelt in Berührung kommen; die Entwicklung von Interessen für und die Einführung in Arbeitslehre. Die Sekundarstufe II *(Ciclo Diversificado)* wird Möglichkeiten bieten, die Allgemeinbildung zu erweitern und Jugendliche zugleich auf mittlere technische Berufe vorzubereiten. Damit wird der Sekundarbereich nicht mehr nur Vorfeld der Hochschulbildung sein, sondern eigenständige Bildungsziele verfolgen. Gegenwärtig werden die in den verschiedenen Wirtschaftsbereichen benötigten Anforderungsprofile ermittelt, um die Inhalte der Sekundarstufe II am Bedarf dieser Bereiche orientieren zu können. Zur Finanzierung der hohen Kosten technischer Bildung im Sekundarbereich könnten von den Betrieben Beiträge erhoben werden. Zudem werden wir versuchen, die betrieblichen Einrichtungen als Lernorte zu nutzen.

– Ein neu zu gründender Bildungsbereich soll zwei- bis dreijährige außeruniversitäre Studien für Arbeitskräfte verschiedener Wirtschaftsbereiche ermöglichen. Die zur Qualifikation des höheren Technikers führenden Studien sollen in bereits bestehenden Einrichtungen des Sekundarbereichs angesiedelt werden. Diese Einrichtungen – darunter die Institute *Nacional Técnico Vocacional, Técnico La Salle* und *Cristóbal Colon* in Bluefields – sollen ein landesweites Netz bilden und in ihrer Arbeit für Abiturienten eine Alternative zum Universitätsstudium bieten.

– Die landwirtschaftliche Ausbildung wird auf allen Ebenen ausgebaut und umgestaltet. Dies geschieht in Orientierung an ermittelten Berufsprofilen, in denen die Nachfrage an qualifizierten Arbeitskräften deutlich wird. Dabei wird die Tendenz fortbestehen, daß sich die Ausbildungseinrichtungen auf die jeweilige regionale landwirtschaftliche Produktion konzentrieren.

– Die lehramtsbezogenen Studien werden einer tiefgreifenden Reform unterzogen – mit dem Ziel, einen bewußteren und mit dem revolutionären Prozeß stärker verbundenen Lehrer auszubilden. Er soll über die Fähigkeit verfügen, in der ihm zugewiesenen Gemeinde Entwicklungsaufgaben zu übernehmen. Durch seine vielfältige Ausbildung soll er sowohl Kinder und Erwachsene betreuen als auch Gemeinden auf dem Land in Problemen beraten können, die mit der landwirtschaftlichen Produktion, mit Gesundheit und Ernährung zusammenhängen. Hier ist bereits ein fundiertes Projekt angelaufen: In Juigalpa, Chinandega, Siuna und Bluefields sollen in integrierten Einrichtungen Lehrerbildung und technisch-landwirtschaftliche Ausbildung zugleich praktiziert werden. Ziel dabei ist es, Lehrer mit Fragen der landwirtschaftlichen Produktion vertraut zu machen, wobei die dort arbeitenden landwirtschaftlichen Fachleute die Lehrer professionalisieren sollen.

– Der Verbindung von Lernen und Arbeiten soll auch die Einrichtung von schulischen Anbauflächen dienen. Die Schüler sollen zeitweilig in die Produktion eingegliedert, Berufspraktika in den Betrieben gefördert werden. Auch die Gründung von *Ciclos*

Básicos de Producción, von *Escuelas Rurales de Educación-Trabajo* und *Escuelas Agrículas Campesinas* soll eine engere Verbindung von Unterricht und Landwirtschaft und die Selbstfinanzierung der Einrichtungen ermöglichen.

– Ein Programm der Gesundheitserziehung, das besonders auf komplementäre Ernährungsformen zielt, soll durch die Beteiligung von Gemeinden und Massenorganisationen ausgeweitet werden.

– Unter Mitwirkung aller Betroffenen soll die Gründung von Schulkooperativen gefördert werden.

- Die Bildungsprozesse sollen durch folgende Schritte qualitativ verbessert werden:

Erstens wird den neuen Bildungszielen durch eine tiefgreifende Curriculumreform entsprochen. Die dabei angewandten Verfahren sollen im Ergebnis dazu führen, daß die Curricula aufeinander abgestimmt und auf Bedürfnisse und Wirklichkeit des Landes bezogen sind. Nicht nur Angehörige des Erziehungsministeriums, sondern auch Mitglieder der Lehrergewerkschaft ANDEN sollen in dieser Reform mitarbeiten.

Zweitens: Von der ersten Grundschulklasse an werden entsprechende Lehrmittel entwickelt und in großer Auflage produziert. Anfangs sollen sie gegen geringen Preis verteilt werden, später umsonst erhältlich oder gegen eine kleine Gebühr ausleihbar sein. Zu den Lehrmitteln gehören Lesetexte, Lehreranweisungen und Übungshefte.

Drittens: Für die im Bildungsbereich arbeitenden Verwaltungsangehörigen und Lehrer werden in Form von Kursen und Fernkursen ständige Weiterbildungsangebote entwickelt. Für die Absolventen solcher Kurse wird es ökonomische Anreize geben.

Viertens: Die naturwissenschaftlichen Labors, die Werkstätten zur technischen Bildung und praktischen Berufsberatung sollen in ihrer Ausstattung verbessert werden.

Fünftens: Die Schulbibliotheken werden erheblich erweitert und systematisch aufgebaut. Dazu werden jährlich nationale Kampagnen durchgeführt. Hier wird auch internationale Hilfe gebraucht. Auf jeden Grundschüler sollen mindestens fünf und jeden Sekundarschüler mindestens zehn Bücher kommen.

Sechstens: Die Schulaufsicht und -beratung soll auf Landes-, Bezirks- und Gemeinde-Ebene zu einer Einrichtung weiterentwickelt werden, die die Praxis von Lehrern wirksam unterstützen kann.

Siebtens: Die soziale und finanzielle Situation von Lehrern soll durch Maßnahmen verbessert werden, die das Ansehen des Berufs heben, ihn attraktiver machen und zu einer gerechteren Bezahlung führen. Dies kann durch eine Verbesserung des Reallohnes und der sozialen Leistungen, durch Wohnungsbau auf dem Land, durch Stipendien, den Bau von Freizeit- und Erholungszentren oder die Gründung von Versorgungseinrichtungen geschehen.

– Die Struktur der Schulverwaltung, der innerhalb des Bildungswesens eine Schlüsselrolle zukommt, soll verstärkt regionalisiert und dezentralisiert werden.

– Es werden Investitionspläne für das Bildungswesen erarbeitet. Vorrang werden Investitionen in ländlichen Gebieten und zur Umgestaltung des Sekundarbereichs haben. Die Beteiligung von Gemeinden am Schulbau und an Instandhaltungsaufgaben wird dabei gefördert.

Das sind bis zum gegenwärtigen Zeitpunkt die bildungspolitischen Leitlinien. Die Entwicklung des Bildungswesens durch die sandinistische Volksrevolution geschieht für ein freies Nicaragua. Es ist das Nicaragua, welches das Volk – in der Nachfolge der Helden und Märtyrer, die seine Befreiung ermöglichten – geduldig aufbaut.

Juan B. Arrien
Erste Schritte zur Transformation des Bildungswesens

Die *Revolución Popular Sandinista* beinhaltet ihrer Natur nach ein pädagogisches Moment. Sie zeichnet sich durch viele neue Ideen aus, durch Erfahrungen, durch eine starke Notwendigkeit des gemeinsamen Handelns, durch die Verständigung über Aktionen zur Umwandlung der Verhältnisse, durch neue Fähigkeiten, Einstellungen und Verhaltensformen, durch eine größere Lernbereitschaft.

Die alte Gesellschaft funktionierte nach den Regeln des abhängigen und abgewirtschafteten Kapitalismus. In den Händen der Mächtigen bedeuteten solche Regeln die Unterdrückung des Landes. Sie waren der Grund für krasse Ungleichheiten in allen Bereichen des Lebens. Sie führten zu offenkundigen Mißständen, von denen der größte Teil unserer Bevölkerung betroffen war.

Die Regeln des kapitalistischen Systems in Nicaragua waren unter anderem

- das Wechselspiel von Angebot und Nachfrage,
- der freie Markt,
- die Akkumulation der Produktionsmittel und Produktivkräfte in den Händen von wenigen, die Macht einzelner, die Prinzipien des Kapitalismus durchzusetzen,
- die Möglichkeit einzelner, Nutznießer des Kapitalismus zu sein,
- die Vorherrschaft von Klassen je nach ihrer Teilhabe am Machtgefüge,
- die Ungleichheit von Menschen im Hinblick auf Rechte und soziale Dienstleistungen der Gesellschaft.

Die Volksrevolution arbeitet diesen Prinzipien entgegen und bedient sich radikaler Mittel, um das kapitalistische System zu ersetzen. Die besonderen Kennzeichen des neuen Wirtschaftsmodells sind die Nationalisierung der Geldwirtschaft, der natürlichen Ressourcen und des Außenhandels. Hinzu kommt die Gründung von vergesellschafteten Sektoren sowohl in der Landwirtschaft als auch in der Industrie *(Reforma Agraria, Corporación Industrial del Pueblo)*. Gegen extreme Formen des Kapitalismus – die Akkumulation der Produktionsmittel, die Herrschaft des Privatei-

gentums, den Wettbewerb und das Individualitätsprinzip – wird in aller Deutlichkeit angegangen.
Dadurch, daß die unteren Schichten, die Arbeiter und *Campesinos* in die Geschichte Nicaraguas eintreten und Herr ihrer eigenen Entwicklung werden, versetzen sie der bisher herrschenden Schicht einen schweren Schlag. Sie heben die enormen sozialen Unterschiede auf, unter denen ein großer Teil unserer Bevölkerung lange zu leiden hatte. Dies ist der Kern der Revolution. Er verweist auch auf einen revolutionären Lernprozeß, der sich seinen Weg in das Bewußtsein, in die Verhaltensweisen, die Handlungen, Ideale und Werte der nicaraguanischen Menschen bahnt.
Alle pädagogischen Veränderungen und neuen Ansätze stehen unter dem Einfluß der sandinistischen Revolution. Ein Volk in Revolution ist auch ein Volk in Erziehung.

Die Alphabetisierungskampagne

Der erste wesentliche Anstoß zu einer Veränderung des Lernens in Nicaragua war die *Cruzada Nacional de Alfabetización,* die Alphabetisierungskampagne. Auch sie war Ausdruck des pädagogischen Moments der Revolution.
Die Veränderungen, die die *Revolución Popular Sandinista* bei den Menschen bewirkt, hat weite Dimensionen: Sie betrifft unter anderem die Voraussetzungen, die vorhanden sein müssen, um am Fortgang der Revolution auch wirklich zu partizipieren, um selbst ein Teil des revolutionären Fortschrittes, der Transformation zu werden.
Vor diesem Hintergrund entstand die Alphabetisierungskampagne: 50 Prozent Analphabeten sollten alphabetisiert werden – ein eminent wichtiger Schritt für den gesamten Bildungsprozeß in Nicaragua. Diese Kampagne gilt inzwischen als die bedeutendste und klarste Aktion in der Geschichte der nicaraguanischen Erziehung. Sie sammelte und mobilisierte das ganze Volk. Sie verhalf der Mehrheit der Nicaraguaner – den Alphabetisatoren wie auch den Alphabetisierten – dazu, individualistische Haltungen und eingeschränkte Interessen abzulegen und kommunikative, offene und gemeinschaftliche Verhaltensweisen zu entwickeln.
Dabei schien es für einen Augenblick, als habe dasselbe Element,

das die Triebfeder des Aufstandes gewesen war, auch hier eine nationale Einheit geschaffen, als würde dies große Zusammengehörigkeitsgefühl die alte Gesellschaft endgültig beiseite drängen.
Die Alphabetisierungskampagne ermöglichte eine kritische und emanzipatorische, eine problematisierende und bewußtseinsbildende Bildung. Ich glaube sogar, daß diese Bildung eine noch größere Wirkung auf die Alphabetisatoren als auf die Alphabetisierten hatte – ein Sachverhalt, den ich mir damit erkläre, daß die kulturelle Basis bei den Alphabetisatoren bereits stärker entwikkelt war.
Die Alphabetisierungskampagne setzte den Grundstein für weitere soziale Entwicklungen: für Verbesserungen im Gesundheitswesen und im Schulbau, für Programme, die eine Verbindung von Lernen und Arbeiten fördern, für Brückenbau, für die Bildung von Arbeitskollektiven, für die gesellschaftliche Verankerung der Volksorganisationen.
Durch die Alphabetisierungskampagne wurde eine große soziale Kraft freigesetzt, deren Auswirkungen auf neue gesellschaftliche Entwicklungen – und damit auch auf neue Produktionsverhältnisse – noch gar nicht abzusehen sind. Diese Kampagne hat aus einer halben Million Nicaraguanern aktive Subjekte gemacht und sie in die Lage versetzt, die Rechte, die die Revolution geschaffen hat, zu nutzen. So kam der Teil der Bevölkerung endlich zur Vertretung seiner Interessen, der so lange Jahre von gesellschaftlicher Teilhabe ausgeschlossen war und als soziale Randgruppe galt.
Die Kampagne war ein durchgreifendes Mittel zur Neugestaltung des gesamten nationalen Bildungswesens. Verändert haben sich Konzeption, Wesen, Inhalt und Zielsetzung der Bildung ebenso wie ihr philosophischer Bezugsrahmen, geändert haben sich Planung, Verwaltung und pädagogische Praxis, nicht zuletzt auch das Bewußtsein der Lehrer.

Bildung auf dem Land

Früher waren Planung und Organisation des Bildungswesens auf das städtische Kind abgestimmt, wobei der Bildungsweg – und damit langfristig der Besuch einer Universität – vom Elternhaus dieses Kindes abhängig war. Heute ist das Bildungswesen so angelegt, daß es im städtischen Bereich vorrangig auf den

erwachsenen Menschen bezogen ist. Denn viele, die ihrem Alter nach noch als Kinder einzustufen wären, sind – gemessen beispielsweise an der Arbeit, die sie leisten – in Wirklichkeit schon Erwachsene. Dies Phänomen versuchen wir bei der Neugestaltung der pädagogischen Praxis unbedingt zu beachten.
Auch wird Bildung, anders als früher, als sie aus einem städtischen Umfeld heraus und für städtische Zentren konzipiert wurde, nun *allen* Nicaraguanern zugute kommen, also auch den 50 Prozent Landbevölkerung.
Dies bedeutet nicht, daß wir jetzt das Land mit städtischen Werten überschwemmen wollen, und auch nicht, daß die Alphabetisatoren nun gelegentlich am ländlichen Leben teilnehmen; sondern es geht darum, dem Leben auf dem Lande seine ursprüngliche, auch pädagogische Qualität und Bedeutung zurückzugeben.
In diesem Sinn ist ein Projekt der *Nuclearización* zu verstehen, das der Entwicklung des ländlichen Bildungswesens gilt und dort die Einrichtung dezentraler Lernorte vorantreibt.

Lernen und Arbeiten

Früher diente Erziehung dazu, die intellektuelle Bildung zu fördern; in dieser Absicht wurde das Bildungswesen angelegt. In unserer neuen Gesellschaft bildet die Arbeit in all ihren unterschiedlichen Formen einen pädagogischen Wert, sie ist wichtiger Bestandteil der Bildung. Unsere Bildungsprozesse sollen einerseits zur Arbeit hinleiten, andererseits aber auch auf die innere Verfassung von Arbeit einwirken.
Diesen doppelten Ansatz verfolgen mehrere Projekte, die zu Anfang zwar zögernd anliefen, inzwischen aber erheblich an Bedeutung gewonnen haben. Dazu gehören die Errichtung ländlicher Schulzentren zur Durchführung des *Estudio-Trabajo-Programms,* die *Escuelas Agrícolas Campesinas,* die *Ciclos Básicos de Produccion* und die *Estudio-Trabajo*-Programme selbst, die das Lernen und Arbeiten miteinander verbinden.

Abbau der Auslese

Früher war das Bildungswesen durch Selektion bestimmt, es diente dem Bildungsfortschritt einer privilegierten sozialen Schicht.

Heute ist dieses System durch das Volk aufgebrochen worden; auch die zuvor unterprivilegierten Schichten nehmen an Bildungsprozessen teil. Damit hat sich das Bildungswesen nicht nur quantitativ erweitert, indem nun mehr Menschen davon profitieren (was allein schon als eine wesentliche Verbesserung des bisherigen Systems anzusehen wäre), sondern es hat sich auch qualitativ verändert: Die Menschen bestimmen endlich selbst über ihre Bildung.

Die gegenwärtige Entwicklungsstufe hat zur Folge, daß das Bildungswesen in seiner variationsreichen und auch systematischen Gestaltung die Teilnahme aller Menschen erleichtert. Es ist offen für die Beteiligung der Massenorganisationen, für die Einrichtung von Lerngruppen, für die Beteiligung der Eltern.

Vom Erziehungsminister sind in diesem Zusammenhang unter anderem die Schulgeldfreiheit, eine einheitliche Schulkleidung, die Preiskontrolle von Schulbüchern und eine Gebührenordnung für private Sekundarschulen als flankierende Maßnahmen eingeleitet worden. Von Bedeutung ist hier auch die Einführung einer *Facultad Preparatoria,* die mit einem eigenen Programm der Weiterbildung von Arbeitern und *Campesinos* dient.

Die Erwachsenenbildung

Unter der Voraussetzung, daß die Bevölkerung über das Bildungswesen mitbestimmt, ist man dabei, ein Programm durchzusetzen, dem eine große revolutionäre Bedeutung zugemessen wird: die Erwachsenenbildung. Die Alphabetisierungskampagne verlief innerhalb dieses Programms, wies aber auch darüber hinaus. Die Erwachsenenbildung hat viele Impulse, die durch die Kampagne freigesetzt und entwickelt wurden, vertieft und systematisiert. Sie ist mit einer permanenten Volksversammlung vergleichbar, in der die Menschen ihre Kraft für neue soziale Lernschritte und die Konsolidierung des revolutionären Prozesses entfalten.

Die 27000 *Colectivos de Educación Popular* (CEP), die Volksbildungs-Kollektive, sind ein Ausdruck dafür, daß Bildung zu einem Massenphänomen werden kann. Sie sind zugleich Ausdruck von Kreativität und Handlungswillen im nicaraguanischen Volk. Die Koordinatoren und Förderer der Kollektive, insgesamt ebenfalls 27000 Lehrkräfte, bringen Erfahrungen mit, die von denen

traditioneller Lehrer weit entfernt sind. Die Rolle des Volkslehrers ist von großer Wichtigkeit, denn er ist es, der an Lebenssituationen in den Gemeinden unmittelbar anknüpfen kann.
Die Philosophie und die Methode der Erwachsenenbildung führen zu alternativen Formen des Lernens in diesem Land; das gilt für das dafür entwickelte Schriftmaterial ebenso wie für die Einbeziehung des Hörfunks oder für die Gestaltung von Wochenendkursen.
Eines Tages wird sich dies alles in der Entwicklung der Arbeitskraft und in der Herausbildung des *Nuevo Hombre* niederschlagen.
Die Alphabetisierungskampagne hat den Boden für die Erwachsenenbildung bereitet. Die Erwachsenenbildung wiederum setzt Maßstäbe für das gesamte Bildungswesen: Auch in den übrigen Bildungsprozessen sollen Kommunikationsmöglichkeiten geschaffen werden und – wenn nötig – bisherige Regelungen formaler Bildung entfallen können. Wir halten dies nicht für utopisch, bereits im Bereich der vorschulischen Erziehung kann man entsprechende Phänomene entdecken.

Die nationale Befragung zum Bildungswesen

Die Aufgabe, ein Bildungswesen im Sinne der *Revolución Popular Sandinista* zu entwickeln, ist nicht das Monopol eines einzelnen, sondern Sache des ganzen nicaraguanischen Volkes. Denn alle Erfolge der Revolution sind das Verdienst dieses Volkes. Von daher ist es nur natürlich, daß Vertreter aus allen Gruppen, die uns geholfen haben, die Ziele der neuen nicaraguanischen Bildung zu ermitteln, nun auch so weit wie möglich an der Festlegung von Strategien der konkreten Umsetzung dieser Ziele teilnehmen.
Dies Vorhaben wurde durch die *Consulta Nacional Educativa,* die nationale Befragung zum Bildungswesen verwirklicht, eine Befragung, die auf Initiative des Erziehungsministers eingeleitet wurde. Das Ergebnis der *Consulta,* an der sich viele Menschen beteiligt haben, erbrachte fundierte Angaben zu künftig erwünschten Formen und Inhalten des Bildungswesens. Wie schon die früher erwähnten Beispiele einer aktiven Beteiligung der Bevölkerung an der Gestaltung von Lernprozessen dokumentiert auch die *Consulta* einen Prozeß des selbstgesteuerten Lernens.
Die Ausarbeitung von Diskussionsleitfäden und Erhebungsinstru-

menten erlaubte es, Bildungsprobleme auch dadurch zu analysieren, daß Vergleiche zwischen dem somozistischen Bildungswesen und gegenwärtigen revolutionären Prozessen angestellt werden konnten. Die *Consulta* erwies sich als ein ausgezeichnetes Mittel, um die Erfahrungen und neuen Lernformen, die aus dem Zusammenhang und der Kreativität des nicaraguanischen Volkes entstanden sind, zu erfassen. Sie war die Möglichkeit schlechthin, die freie und unverfälschte Volksmeinung über praktisch alle Elemente des Bildungswesens zu ermitteln. Dabei entwickelten die verschiedenen gesellschaftlichen Gruppen zugleich eine bewußtere Haltung gegenüber Problemen dieses Bildungswesens.
Bildung wurde zu einem nationalen Unterrichtsfach, an dem alle mit großem Interesse teilnahmen. Zusätzlich setzte die *Consulta* Organisations- und Mobilisierungskräfte frei, die der Stärkung und dem Zusammenschluß von Gruppen dienlich waren.
So hat die *Consulta* einen in seiner inneren Dynamik grundlegend demokratischen Prozeß eingeleitet. Sie hat ein fundamentales Revolutionsprinzip in die Praxis umgesetzt, nämlich das der Teilhabe der Bevölkerung an der Verwirklichung revolutionärer Vorsätze.

Wege einer neuen Bildung

Den Maßnahmen zur Erneuerung des Bildungswesens gemeinsam ist der spürbare Bezug zur sandinistischen Revolution. Durch diesen Zusammenhang sind sie lebensnah und sinnvoll. Besonders authentische Formen des Lernens sind die Alphabetisierungskampagne, die Erwachsenenbildung und die *Consulta.*
Im Hinblick auf die quantitative Verbreitung von Bildungsangeboten haben wir unter anderem Projekte im Bereich der technischen und landwirtschaftlichen Erziehung geschaffen; es werden 3000 neue Lehrer eingestellt, die ein besonderes Gewicht auf die landwirtschaftliche Ausbildung legen; ältere Kinder, die noch keinerlei Schulbildung genossen haben, werden durch ein Programm der *Educacion Especial* in Bildungsprozesse einbezogen.
Bei all diesen Aktionen und Plänen kann es sich nicht darum handeln, Länder nachzuahmen, die durch eine quantitative Erweiterung des Bildungsbereichs von sozialen Strukturproblemen ablenken wollen, deren Politik ein Bildungswesen fördert, das von sozialen Kontexten abgespalten ist.

Der quantitative Ausbau des Bildungswesens in Nicaragua ist Ausdruck des revolutionären Fortschritts und gilt als die unmittelbare Umsetzung des Anspruchs, daß Erziehung für *alle* da sein soll. Wenn es zum anderen darum geht, Bildung inhaltlich zu verbessern, lassen sich gegenwärtig folgende Prioritäten erkennen: Neben der Entwicklung von Curricula wollen wir ein in seinen Zielen weitgestecktes Programm zur Fortbildung der Lehrer schaffen – dies auch im Sinne der Herausbildung eines neuen Typs von Lehrern. Weiterhin wollen wir stärker dezentrale Formen der schulischen Verwaltung einrichten.
Wir entwickeln ein System der Überprüfung von Maßnahmen im Bildungswesen und der Professionalisierung Beteiligter *(Sistema Nacional de Evaluación y Capacitación)* und führen zu diesem Zweck entsprechende Seminare durch *(Talleres de Evaluación, Programación y Capacitación Educativa)*. Wir versuchen, dafür Sorge zu tragen, daß die Schulbibliotheken an gut erreichbaren Stellen eingerichtet werden, denn sie sind Wegweiser in den neuen Lernorten. Im Erziehungsministerium versucht man zu einer vernünftigen administrativen Neuordnung zu gelangen. Ein Programm zur gemeinwesenorientierten Erziehung und eines zur Ernährungserziehung sind in der Entwicklung.
Es geht uns nicht darum, dem quantitativen Ausbau des Bildungswesens die qualitative Komponente einfach nur anzufügen. Nach diesem Muster sind viele lateinamerikanische Staaten vorgegangen, die in den letzten zehn Jahren Bildungsreformen eingeleitet haben. Sie führten zwar unbestritten zu einer erhöhten Funktionalität und setzten Bildungsprozesse auch in Bezug zu einigen gesellschaftlichen Teilbereichen, doch waren all diese Reformen nie das Resultat einer wirklichen Veränderung, die sich in der ökonomischen und sozialen Struktur der Länder hätte ablesen lassen.
In Nicaragua bedeutet die Verbesserung des Bildungswesens auch die Weiterentwicklung der Revolution und damit verbunden wiederum auch die Geburt eines neuen Lernens. Die politischen, ökonomischen und sozialen Entwicklungen der Revolution bewirken qualitative Sprünge in der Geschichte dieses Landes, und es ist nur natürlich, daß sich dies auch in der Qualität von Bildungsprozessen niederschlägt. Eine qualitativ schlechte Bildung entspräche nicht der Qualität einer Volksrevolution; dies würde zu großen

inneren Widersprüchen führen. Der Boden für eine fundiertere Bildung auch in technischen und wissenschaftlichen Bereichen war – bedingt durch die Geschichte unseres Landes – lange Zeit verschüttet; erst jetzt beginnen Pflanzen darauf zu wachsen, die eines Tages reiche Früchte tragen können.
Wenn es darum geht, das Bildungswesen und alles, was in ihm in Bewegung geraten ist, zu transformieren, so geschieht dies in der Absicht, das neue Lernen in einen Bezug zu dem radikalen und tiefen Umschwung zu setzen, der im politischen, ökonomischen und sozialen Bereich des Landes stattgefunden hat. Die *Revolución Popular Sandinista* findet auch im Bereich des Bildungswesens statt. Sie bereitet einem neuen Lernen den Weg. Wäre dies nicht so, würde es sich um keine wirkliche Volksrevolution handeln. Unsere Aufgabe ist es, dafür zu sorgen, daß sich durch das neue Lernen die Revolution unverfälscht und volksnah weiterentwickeln kann.

Lernen in Kampagnen und Massenorganisationen

Juan B. Arrien
Lernen in Kampagnen

Die Überschrift dieses Beitrages verweist auf Lernformen, die im Kontrast zur traditionellen Praxis stehen, Lehren und Lernen ins Schulzimmer zu sperren.

Natürlich ist es so, daß sich Gesellschaften Bildungssysteme schaffen und legalisieren, die der Reproduktion von Arbeitskraft, von Sozialstrukturen und gesellschaftlichen Werten dienen. Doch eigentlich ist es ja die Gesellschaft in ihrer Gesamtheit, die erzieht. Es sind nicht nur Bildungswesen und Gesellschaft miteinander verbunden, sondern es gibt auch jenseits der institutionalisierten Bildung gesellschaftliche Bereiche, die in latenter Weise pädagogische Funktionen ausüben. Hier liegen pädagogische Reserven in einem weit größeren Rahmen, als er durch das Bildungswesen abgesteckt wird.

In entscheidenden historischen Momenten kann eine Gesellschaft bewußt auch jenseits ihrer Bildungseinrichtungen und damit in direkter Weise ihre pädagogische Rolle aufnehmen. Sie wird dann nicht nur selbst zur pädagogischen Praxis, sondern befindet sich auch selbst in einem Lernprozeß. Ein solcher Vorgang geht in der Regel mit tiefgreifenden sozialen Veränderungen einher. Die strukturelle gesellschaftliche Transformation wird zum Lernprozeß, das Volk wird sowohl zum handelnden Subjekt als auch zum Nutznießer dieses Prozesses.

Kampagnen entsprechen in ihrer Dynamik und Veränderungskraft der Revolution selbst. Sie sind ein Mittel, um die Revolution fortzuführen und zugleich ihr soziales Produkt. Vor allem in den Kampagnen schafft sich eine authentische Volksrevolution ihre

eigene Pädagogik, sie gibt den bisher besitzlosen Klassen nun auch die Instrumente des Lehr-Lern-Prozesses in die Hand. Kampagnen, Projekte und Mobilisierungen aller Art haben gemeinsam, daß sich die gesamte Bevölkerung oder zumindest ein großer Teil von ihr in einer einheitlich getragenen Aktion sammelt, um eine soziale Antwort auf die eigene Notlage zu geben.
Dabei umfaßt der Begriff der Kampagne nur einen Teil dessen, was die sandinistische Revolution an Lernmöglichkeiten insgesamt freigesetzt hat. Die Etappe vor dem Aufstand, der Aufstand und der Befreiungskampf, die Phase der Not und des nationalen Wiederaufbaus: Dies alles ist ja auch ein authentischer, vom Volk ausgehender Lernprozeß.
Wie die Revolution selbst leiten auch die Kampagnen einen Demokratisierungsprozeß ein, sie setzen auf die verantwortliche Mitwirkung und Solidarität der Bevölkerung. In ihnen verbinden sich Basisaktionen im pädagogischen Bereich mit solchen in anderen sozialen Bereichen. So führen Kampagnen nicht nur zu pädagogischem Fortschritt, sondern auch zu neuen sozialen Entwicklungen.
Lernen in Kampagnen ist politische Bildung und schafft den Konsens der Basis. Es gibt in diesem Zusammenhang wohl kein Lehr-Lern-Konzept, das dieser politischen Dynamik an der Basis überlegen sein könnte. Dabei konsolidieren sich auch die beteiligten Volksorganisationen, denn das Lernen in Kampagnen entfaltet die Bildungsqualitäten solcher Organisationen.
Alle Kampagnen bauen auf dem wechselseitigen Lehr-Lern-Verhältnis auf, darauf also, daß Volkslehrer auch Schüler und Schüler auch Volkslehrer sein können. Gelernt werden dabei weniger Inhalte im herkömmlichen Sinn, gelernt wird vielmehr, Praxis zu bewältigen, Organisationen zu schaffen und zu nutzen, politische und soziale Entwicklungen voranzutreiben, Klassenverhältnisse zu ändern und Schwierigkeiten gemeinsam und solidarisch zu überwinden. Gelernt haben dabei auch viele unserer Jugendlichen – als Hauptträger der Kampagnen –, mit marginalen Schichten in den Städten und mit der Landbevölkerung gemeinsam zu arbeiten und voranzukommen.
Hier die wichtigsten Kampagnen, die nach dem Revolutionssieg in den Bereichen von Bildung, Gesundheit und nationaler Verteidigung durchgeführt wurden:

Im Bildungsbereich
- die Alphabetisierungskampagne, die *Cruzada Nacional de Alfabetización;*
- die nationale Meinungsumfrage, die *Consulta Nacional Educativa;*
- die kurzen Kampagnen zur Verbindung von Lernen und Arbeiten mit Einsätzen etwa im Bereich der Baumpflanzung, der Baumwoll- und Kaffee-Ernte;
- die Einrichtung von Arbeitsgruppen, die die Entwicklung von Bildungsinhalten überprüfen und vorantreiben;
- die Einführung von Volksbildungs-Kollektiven und damit einer Grundbildung für Erwachsene.

Im Bereich des Gesundheitswesens
- die Durchführung eines Programms zur Gesundheitserziehung;
- kurze Kampagnen, die *Jornadas Populares de Salud* zu Impfungen, Umwelthygiene und anderem;
- die Kampagnen gegen Malaria und das Dengue-Fieber.

Im Bereich der nationalen Verteidigung
- die Bildung von Volksmilizen und die kurzen Mobilisierungskampagnen, die *Jornadas de la Defensa Nacional;*
- die anti-interventionistischen Kurzkampagnen anläßlich der Nationalfeiertage im September 1981;
- die anti-interventionistische Kampagne »Benjamin Zeledon« anläßlich der Zusammenziehung militärischer Kräfte der USA und Honduras' unter dem Namen »Halcón Vista« im Oktober 1981.

Maria Theresia Albert
Die Alphabetisierungskampagne als Prozeß der Bewußtwerdung

Ein Interview mit Roland Arranda Quiroz

Die Alphabetisierungskampagne, die *Cruzada Nacional de Alfabetización,* wurde in Nicaragua vom 24. März bis zum 23. August 1980 durchgeführt. Sie ist neben der *Consulta Nacional Educativa* die spektakulärste Maßnahme im Bildungsbereich. Im internationalen Vergleich ist es die erfolgreichste Alphabetisierungskampagne überhaupt. Bereits auf dem ersten Alphabetisierungskongreß im Juni 1980 zeichnete sich dieser unglaubliche Erfolg ab. Der Kongreß trug den Namen des ersten Märtyrers der *Cruzada,* Georgino Andrade.

Georgino war einer der *Muchachos,* die die nicaraguanische Revolution mitgetragen hatten. Er war in den ersten Wochen der *Cruzada* von einer im Norden des Landes operierenden konterrevolutionären Gruppe erschossen worden. Auch dieses Mal ließen sich die *Muchachos,* die erfolgreich gegen Somoza gekämpft hatten, von ihrer Aufgabe, dem »Analphabetismus den Krieg zu erklären« und das Land von der »Ignoranz zu befreien«, nicht abhalten.

In kurzer Zeit wurde das *Ejército Popular de la Alfabetización,* das Volksheer der Alphabetisierung rekrutiert. Es bestand aus 95 000 Jugendlichen, die nach dem Schneeballsystem in einwöchigen Kursen ausgebildet wurden. Sie wiederum alphabetisierten über 400 000 Menschen.

Nicaragua ist heute neben Kuba in Latein- und Mittelamerika das Land mit der niedrigsten Analphabetenrate; sie wurde von 50,3 auf 12,9 Prozent gesenkt. Der überwältigende Erfolg stellte sich ein, weil die nicaraguanische Regierung das entscheidende Kräftepotential im Volk erkannt und mobilisiert hatte. Es bestand dort wie in anderen Ländern der Dritten Welt aus Kindern und Jugendlichen, die mehr als die Hälfte der Gesamtbevölkerung dieser Länder ausmachen. Träger der Kampagne war die Jugend. Ein Ziel war die politische Bewußtwerdung von Alphabetisatoren und Alphabetisierten. Beide sollten befähigt werden, für die Aufgaben und Ziele des revolutionären Prozesses einzutreten.

Dieser Prozeß der Bewußtseinsbildung sollte an Erfahrungen aus dem Befreiungskampf anknüpfen.

In Nicaragua wurde deshalb auch nicht von einer Kampagne, sondern von einem Kreuzzug gesprochen. Er wurde nicht als pädagogische Maßnahme deklariert, sondern als Krieg gegen die Unwissenheit. Es waren *Guerilleros,* die in die Berge gingen, um diesen Krieg zu gewinnen. Ihre Waffen waren das Heft und der Bleistift. Das Volksheer verteilte sich nicht auf Gruppen, sondern operierte in Trupps, die Kolonnen zugeordnet waren. Die wiederum waren Brigaden an entsprechenden Frontabschnitten unterstellt. Die Alphabetisatoren kämpften an fünf Fronten, an denen auch die sandinistische Befreiungsarmee gesiegt hatte. Mit der *Cruzada* sollten die *Muchachos*

- ihr städtisch elitäres Bewußtsein revidieren und die Lebensbedingungen der Landbevölkerung kennenlernen;
- der bisher marginalisierten Landbevölkerung zu neuem Selbstwertgefühl und Selbstbewußtsein verhelfen;

Graffiti zur Alphabetisierungskampagne an einer Stadionwand in Puerto Cabezas
Foto: Angelika Krüger

- in einem neuen Lehr- und Lernprozeß Vorurteile und Privilegien abbauen;
- und Multiplikatoren im Bewußtwerdungsprozeß des ganzen Volkes werden.

Wie haben nicaraguanische Jugendliche diese Aufgabe bewältigt? *Muchachos,* die mir von ihren Erlebnissen aus der *Cruzada* erzählten, meinten, es sei für sie bisher die schönste und wertvollste Erfahrung gewesen. Mit einem von ihnen, mit Roland Arranda Quiroz, machte ich ein Interview.

Roland ist Student an der *Universidad Nacional Autónoma.* Er ist der Älteste unter zehn Geschwistern. Sein Privileg gegenüber den *Campesinos* ist sein Leben in der Stadt Managua. Auch seine Familie ist arm, aber die Armut der Landbevölkerung hat ihn entsetzt und gleichzeitig beflügelt, seine Aufgabe zu erfüllen. Von den zehn Kindern der Familie Arranda nahmen vier an der *Cruzada* teil. Alle vier alphabetisierten auf dem Land. Roland und sein Bruder wurden nach Zelaya Norte geschickt. Zelaya ist bis heute die Region mit der größten Unterentwicklung. Die Mühen, die die Alphabetisatoren dort auf sich zu nehmen hatten, waren besonders groß.

*

Die Muchachos alphabetisierten auf dem Land

Albert: Von März bis August 1980 wurde in Städten und auf dem Land zugleich alphabetisiert. Das *Ejército Popular de la Alfabetización* bestand aus Schülern und Studenten, die ausschließlich in die ländlichen Regionen geschickt wurden. Wer alphabetisierte in den Städten?

Arranda: In den Städten alphabetisierte das Heer der *Alfabetizadores Populares,* rekrutiert aus Arbeitern und Frauen der Masseorganisationen.

Albert: Lernerfolg hängt auch von der Autoriät des Lehrenden ab, insbesondere bei Menschen, die in ihrem ganzen Leben autoritätsgläubig waren. Wäre es nicht besser gewesen, erfahrene Leute auch in die ländlichen Regionen zu schicken? Ein Arbeiter hätte es sicher leichter gehabt, die Familie eines *Campesino* zur Teilnahme an der *Cruzada* zu gewinnen.

Arranda: Es gab mehrere Gründe für die Entscheidung, Jugendliche in den ländlichen Regionen einzusetzen. Die *Cruzada* dauerte sechs Monate. Schulen und Universitäten konnten während dieser Zeit geschlossen werden, aber die Produktion mußte weiterlaufen. Auch die Frauen sollten ihre Familien nicht so lange alleine lassen.

Ein anderer Grund war, daß das Ziel der *Cruzada* nicht allein darin bestand, die Menschen lesen und schreiben zu lehren, vielmehr sollten auch wir Alphabetisatoren in einen Lernprozeß eintreten. Wir sollten das Leben der Landbevölkerung kennenlernen.

Plakat des Erziehungsministeriums
Quelle: MED

Albert: Die Lebensbedingungen der Bevölkerung lassen sich nicht nur nach einem Stadt-/Land-Gefälle unterscheiden. Man kann innerhalb der ländlichen Lebensräume große Unterschiede finden. Es gibt Gebiete, die einigermaßen entwickelt sind, aber auch Gebiete, insbesondere in der *Montaña,* wo es weder Wege, noch Schulen oder Krankenhäuser gibt. Nach welchen Kriterien wurden die jugendlichen Alphabetisatoren auf die einzelnen Regionen verteilt?
Arranda: Alle sollten über fundamentales politisches Bewußtsein verfügen. In Schulen und Universitäten lagen Teilnahmelisten aus. Wir trugen uns dort ein. Nach Alter und Reife wurden wir dann den Regionen zugeordnet. Zum Beispiel alphabetisierten im besonders schwierigen Zelaya nur Studenten.
Albert: Was verstehst Du unter fundamentalem politischem Bewußtsein?
Arranda: Viele Studenten hatten den Befreiungskampf aktiv unterstützt. Ihre politischen Informationen waren umfassender als die mancher Sekundarschüler. Außerdem waren sie älter und hatten einfach mehr Erfahrung.

In der Region Zelaya

Albert: Zelaya umfaßt etwa die Hälfte des gesamten nicaraguanischen Territoriums. Die Region unterteilt sich in Zelaya Norte, Zelaya Central und Zelaya Sur. Die Verwaltung erfolgt wie in den anderen Regionen über Gemeinden und Bezirke. Welche besonderen Schwierigkeiten gab es in dieser Region im Vergleich zu anderen Regionen?
Arranda: In Zelaya hat nie eine infrastrukturelle Entwicklung stattgefunden. In der *Montaña* sind die Menschen von der Außenwelt abgeschnitten. Nur über Transistorradios erfahren sie, was im Land los ist. Sie haben auch keine Erfahrungen im Befreiungskampf gemacht, er hat dort nicht stattgefunden.
Albert: Was heißt das konkret: keine infrastrukturelle Entwicklung?
Arranda: Die Menschen wohnen in Siedlungen. Die Häuser der einzelnen Familien, die zu einer solchen Siedlung gehören, liegen ziemlich weit auseinander. Zwischen den Häusern gibt es manchmal Pfade, die meist nur für eine Person begehbar sind. Oft muß

man sich den Pfad mit der *Machete* freihauen. Zu Fuß unterwegs zu sein ist beschwerlich und dauert lange. Man kann sich leicht verlaufen, wenn man nicht genau Bescheid weiß.
Albert: Wovon leben die Menschen dort? Haben die Männer die Möglichkeit, auf Höfen zu arbeiten?
Arranda: Dort, wo ich war, betreiben die Menschen ausschließlich Subsistenzwirtschaft. Es gab dort keine Höfe. Die Leute sind unvorstellbar arm. Sie kultivieren das Land, um zu essen. Mais und Bohnen sind die Hauptnahrungsmittel. Einige wenige Familien besitzen ein Schwein oder eine Kuh.
Albert: Ist das Land, das sie bewirtschaften, ihr Eigentum?
Arranda: Sie besitzen es, weil sie die ersten waren, die es kultiviert haben. Einen Eigentumstitel haben sie nicht. Den *Campesinos* werden im Zuge der Agrarreform nach und nach Eigentumstitel auf das von ihnen bewirtschaftete Land ausgestellt. Die meisten dort lebten früher im zentralen Teil Nicaraguas. Mit der Ausweitung nordamerikanischer Firmen, die landwirtschaftliche Produkte für den Export erzeugten, mußten diese Familien ihre bebauten Ländereien verlassen.
Albert: Welche Krankheiten kommen dort vor und wie werden sie behandelt?
Arranda: Die Menschen leiden häufig an parasitären Darmerkrankungen, die sie sich durch das verseuchte Wasser zuziehen. Sie holen Trinkwasser aus dem Fluß, in dem sie auch baden und ihre Wäsche waschen. Dann gibt es viele Fälle von Malaria. Ich habe sie dort auch bekommen. In einigen Gebieten kommt Lepra vor. Unterernährung fällt als Krankheit schon nicht mehr auf.
Meistens werden die Krankheiten nicht behandelt, manchmal kurieren die Menschen sie mit Heilkräutern. Aber was nützt das, wenn am nächsten Tag wieder verseuchtes Wasser getrunken wird.
Albert: Worin bestanden denn Deine größten Probleme?
Arranda: Wenn ich allein unterwegs war, hatte ich Angst, von giftigen Schlangen gebissen zu werden. Stell Dir mal vor, so etwas wäre passiert. In dieser Umgebung hätte mich keiner gefunden. Ich wäre einsam gestorben. Wir mußten alle immer ungeheuer aufpassen.
Albert: Wie schützen sich die *Campesinos* vor den Schlangen?
Arranda: Schützen können sie sich nicht. Sie müssen aufpassen wie wir. Wenn sie mal gebissen werden, kurieren sie sich mit einem

Naturheilmittel. Sie stellen es aus Pflanzen her, die sie dort finden. Bevor ich zu meiner Gastfamilie kam, war gerade ein Kind gebissen und wieder geheilt worden.

Hindernisse

Albert: In Zelaya hat kein Befreiungskampf stattgefunden. Die Menschen haben keine revolutionären politischen Erfahrungen sammeln können. In der Abgeschiedenheit haben sie sich traditionelle Verhaltensweisen bewahrt. Was hast Du unternommen, um die Menschen für die Teilnahme an den Kursen zu motivieren?
Arranda: Am Anfang war das schwierig. Die Familien waren sehr verunsichert. Viele hatten Angst vor uns. Die *Señora* meiner Gastfamilie glaubte, ich sei Kubaner und wolle ihr die Kinder wegnehmen.
Albert: Wer verbreitete solche Geschichten?
Arranda: Einige Geistliche hatten in der Gegend gegen die *Cruzada* und gegen die Revolution polemisiert.
Albert: Aber die Kirchen haben den Aufstand doch mitgetragen?
Arranda: Teile der Kirche haben den Befreiungskampf unterstützt, andere haben dagegen opponiert.
Albert: Hattet Ihr auch Schwierigkeiten der Integration in die Familien, die ihr zunächst ja nicht kanntet?
Arranda: Ich hatte Glück, aber viele *Compañeros* hatten Probleme. Nicht wenige Familien in der Region akzeptierten die *Muchachos* nicht.
Albert: Wie verhielt sich Deine Gastfamilie? Was sagten der *Señor* und die Kinder?
Arranda: Der *Señor* stammte aus Matagalpa. Er war nicht mehr so traditionell eingestellt. Als ich ankam, begrüßte er mich und stellte mich der Familie vor.
Albert: In patriarchalischen Gesellschaften gilt das, was der Herr des Hauses anordnet. War das auch in Deiner Gastfamilie so?
Arranda: Das kann man so sagen. Trotzdem liefen zwei der kleinen Kinder weg, als ich auftauchte. Erst nach zwei Stunden kamen sie zurück.
Albert: Wenn die Menschen Euch für Kubaner hielten und die *Cruzada* für einen Versuch kommunistischer Unterwanderung: Gibt es Schätzungen über den Anteil an Menschen, die nicht alphabetisiert werden wollten?

Arranda: Zahlen kenne ich nicht, aber es gab einige Familien in meinem Gebiet, die nicht teilnehmen wollten. Eine Familie ist mir persönlich bekannt. Die ganze Familie war mit der Produktion von Alkohol aus Mais beschäftigt, eigentlich um ihn zu verkaufen. Leider waren sie alle Alkoholiker, auch die Kinder. Versuche, sie zur Teilnahme zu gewinnen, waren zwecklos.
Ein anderer *Compa* wurde von seiner Gastfamilie nicht akzeptiert. Der Aufenthalt in der Familie drohte zu einer persönlichen Gefahr für ihn zu werden. Zu seiner Sicherheit zog man ihn nach vier Wochen ab.

Die Struktur des Volksheeres

Albert: Die *Cruzada* sollte den Erfolg des Befreiungskampfes vergegenwärtigen. Die Mobilisierung zur Teilnahme an der *Cruzada* fand unter Verwendung eines Vokabulars statt, das an Krieg erinnert. Sie sollte analog zur Strategie der FSLN während des Befreiungskampfes durchgeführt werden. Es wurde von *Escuadras* oder *Columnas* gesprochen. Was bedeutete das für Eure Arbeit, und welchen Entscheidungsinstanzen wart ihr unterstellt?
Arranda: Die *Brigadistas* waren die Alphabetisatoren der *Cruzada*. Sie gehörten dem *Ejército Popular de la Alfabetización* an. Die kleinste Gruppe bildete die *Escuadra* (Trupp). Sie war die wichtigste, da die Mitglieder einer *Escuadra* an der Basis alphabetisierten. Die *Escuadras* eines Gemeindegebietes waren in einer *Columna* (Kolonne) organisiert. Mehrere *Columnas* gehörten einer *Brigada* an. Die *Brigadas* waren einer *Frente Occidental,* einer *Frente Central,* einer *Frente Nortoriental* und einer *Frente Norte* zugeordnet.
Albert: Eine Alphabetisierungskampagne mit militärischem Vokabular und mit militärischer Strategie durchzuführen, ist ziemlich ungewöhnlich. Gaben Euch die Verantwortlichen eine Erklärung dafür?
Arranda: Während des Befreiungskampfes hatte die dezentrale Entscheidungs- und Operationsform die beste Schlagkraft besessen. Regionale Besonderheiten konnten damit am besten berücksichtigt werden. Dieser Befreiungskampf hat unserem Volk sehr viel abverlangt. Wir haben gesiegt. Die in der *Cruzada* verwendeten Begriffe waren nicht neu, sie sind Teil unseres Sprachge-

brauchs. Sie formulieren Jahre unserer Wirklichkeit. Heute sind sie positiv besetzt. Warum sollten wir sie nicht verwenden?
Albert: Welcher *Frente* gehörtest Du an?
Arranda: Der *Frente Nortoriental.* Sie reichte von Matagalpa über Jinotega bis nach Zelaya Norte. Die Siedlung, in der ich alphabetisierte, umfaßte etwa dreißig Quadratkilometer. In unserer *Escuadra* waren zwanzig Alphabetisatoren und zwei pädagogische Berater, der *Responsable* der *Escuadra* und sein Stellvertreter. Wir hatten insgesamt 25 Familien zu alphabetisieren.

Ausbildung der Alphabetisatoren

Albert: Nach Erfahrungen mit Pilotprojekten fand die Ausbildung der Kerngruppe von Alphabetisatoren statt. Anschließend wurden im Schneeballsystem 95 000 *Compañeras* und *Compañeros* ausgebildet. Eure Vorbereitung auf die schwere Aufgabe dauerte nicht länger als eine Woche. Was waren die Inhalte?
Arranda: Die Vorbereitung konzentrierte sich auf das Kennenlernen der *Cartilla* (Fibel), auf ihre Anwendung, auf didaktische Hinweise, auf Empfehlungen. Darüber hinaus diskutierten wir unsere Position in den Familien, und wie wir uns dort verhalten sollten. Wir wollten die anfallenden Arbeiten wie die Familienmitglieder erledigen.
Albert: Es wäre wichtig, Sinn und Zweck der *Cruzada* über ihre pädagogische Bedeutung hinaus zu diskutieren. Gab es eine politische Einführung?
Arranda: Wir diskutierten die Bedeutung der *Cruzada* für unseren revolutionären Prozeß. Auf dem Hintergrund fehlender politischer Erfahrungen der Landbevölkerung definierten wir eine entsprechende politische Strategie. Für uns war und ist es wichtig, daß der Befreiungskampf nicht mit dem Sieg über Somoza endet, sondern daß ein gesellschaftlicher Wandel eingeleitet wird, der den Sieg über den Analphabetismus einschließt.

Der Lernprozeß der Alphabetisatoren

Albert: Die *Cruzada* sollte dazu beitragen, das Stadt-/Land-Gefälle zu egalisieren. Ihr solltet die Sitten und Gebräuche der Landbevölkerung kennen- und schätzen lernen, sie mit Euren Wertvorstel-

lungen vergleichen und diese revidieren. In einem wechselseitigen Lehr- und Lernvorgang sollten Alphabetisierte und Alphabetisatoren neue Werte entwickeln. Wie verlief dieser Prozeß?
Arranda: Anfangs erschien mir das ganze gar nicht prozeßhaft. Ich stand vor der Aufgabe, mit einer mir fremden Familie in einer fremden Umgebung allein zurechtzukommen. Mein erster Schritt bestand darin, das Vertrauen dieser Familie zu gewinnen.
Albert: Wie geschah das?
Arranda: Zunächst versuchte ich, den Mitgliedern der Familie meine Aufgabe zu erklären. Ich sagte ihnen, daß ich nicht nur gekommen sei, um zu alphabetisieren, sondern daß ich bei der Arbeit helfen und mit ihnen leben wolle.
Albert: Diese Familien haben eine traditionelle Rollenaufteilung. Die Arbeit der Frau ist auf die Erziehung der Kinder und die Versorgung der Familie ausgerichtet. Sie leistet körperliche Schwerarbeit, da sie nicht einmal über einfache Hilfsmittel im Haushalt verfügt und beispielsweise das Wasser oft aus nahe- oder auch abgelegenen Flüssen holen muß. Sie hätte Hilfe gebraucht, aber Du als Mann mußtest dem *Señor* helfen. Was waren Deine Aufgaben?
Arranda: Ich sollte dem *Señor* bei der Feldarbeit helfen. Der Mais wurde gerade eingebracht. Bevor das möglich ist, muß er trocken sein. Dazu bindet man die abgeschnittenen Kolben zu Garben zusammen und stellt sie gegeneinander. Wochenlang war ich damit beschäftigt.
Albert: Die Arbeit der *Campesinos* ist nicht technisiert. Sie haben nur eine *Machete* und eine Egge. Alles wird mit der Hand oder diesen beiden Arbeitsmitteln gemacht. Auch viele Jugendliche aus der Stadt müssen bereits als Kinder arbeiten, trotzdem ist für Euch körperliche Arbeit in dieser Form unbekannt. Wie ging es Dir dabei?
Arranda: Am Anfang war es grauenhaft. Mein ganzer Körper schmerzte. Wir arbeiteten von morgens bis abends auf dem Feld. Ich bückte mich ständig, um den Mais aufzuheben. Es war heiß, und der Schweiß lief mir in Bächen den Rücken herunter. Die Maishülsen klebten an der Haut. Es gab keine Stelle, die nicht juckte.
Albert: Ging Dir technisch alles von der Hand, oder passierten auch Mißgeschicke?

Arranda: Claro, wenn ich ein Pferd mit Mais beladen sollte, machte das Pferd mit mir, was es wollte und nicht, was ich vorhatte. Es lief weg. Der *Señor* lachte dann und meinte, ich hätte keine Ahnung. Er zeigte es mir immer wieder.

Albert: Ernesto Cardenal sagte, daß die *Cruzada* den Prozeß der kulturellen Wiedergeburt des Volkes einleiten solle. Sitten und Gebräuche sollten entdeckt und aufgeschrieben werden. Wie war es damit? Gibt es Geschichten, die ein Stück Vergangenheit dieser Region behandeln?

Arranda: Ja, die Menschen erzählen viel von ihrem Leben. Ich habe aus ihren Erzählungen viel gelernt. Meistens sind es Familiengeschichten mit Hinweisen auf Anbaumethoden oder Naturheilmittel.

Albert: Wie sieht es mit der Geschichte Nicaraguas aus? Kennen sie Sandino oder Carlos Fonseca?

Arranda: Nein, weder Sandino noch Fonseca sind bekannt. Vom Sieg der Revolution hatte meine Gastfamilie aus dem Radio erfahren.

Albert: Worin bestand Dein Lernprozeß? Welche Erfahrungen außerhalb der konkreten Alphabetisierung waren für Dich besonders wichtig?

Arranda: Das ist ganz einfach. Vorher habe ich Mais gegessen, jetzt wußte ich, unter welchen Mühen er angebaut wird. Vorher habe ich mich an kultivierten Feldern erfreut, jetzt wußte ich, wieviel Arbeit da drin steckt. Ich kannte die *Machete,* jetzt wußte ich, wie die Blasen an den Händen schmerzen, wenn man am nächsten Tag weiterarbeiten muß. Ich wußte, daß die Menschen in der *Montaña* arm sind, jetzt weiß ich, wie sich diese Armut auswirkt.

Die Methode

Albert: Nach der Methode Paulo Freires zur Alphabetisierung werden Schlüsselbegriffe aus der sozio-ökonomischen Umwelt der Betroffenen zum Ausgangspunkt des Lernens. In der nicaraguanischen Alphabetisierungsfibel *El Amanecer del Pueblo* wurden Schlüsselsätze aus der historisch-politischen Realität der Betroffenen genommen. Siehst Du darin eine Adaptation von Freires Ansatz?

Arranda: Unsere *Cartilla* ist das Ergebnis gemeinsamer Anstrengungen nationaler und internationaler Experten. Ihrer Erarbeitung lagen Empfehlungen Freires zugrunde. Erfahrungswerte aus Alphabetisierungskampagnen in anderen Ländern wurden einbezogen. Ein Team von Nicaraguanern brachte unsere nationalen Besonderheiten zur Sprache ein. Wenn man die Methode Freires nicht statisch, sondern prozeßhaft begreift, dann wurde auf der Grundlage der Methode die nicaraguanische Wirklichkeit auf die Ziele der Revolution bezogen.
Albert: Welche Elemente von Freires Konzept habt Ihr übernommen?
Arranda: Alle Elemente, die dem Bewußtwerdungsprozeß der Betroffenen gelten, und die die technischen Fertigkeiten des Lese- und Schreiblernprozesses betreffen. Jede Lektion begann mit der Diskussion eines vorangestellten Fotos. Ein Schlüsselsatz skizzierte die zentrale Aussage des Bildes. Der Erkenntnisprozeß aller

Arbeit mit der Alphabetisierungsfibel
Foto: Informationsbüro Nicaragua

Beteiligten sollte auf diesen Schlüsselsatz bezogen werden. Jeder Satz enthielt einen Schlüsselbegriff, der die Silbenbildung erlaubte. Der Silbenbildung folgte die Wortbildung. Neue Wörter wurden zunächst vorgegeben, später sollten die Alphabetisierten sie selbst formulieren.

Ich bemühte mich, alle Silben oder Begriffe an die Tafel zu schreiben damit die Gruppe sie leichter nachvollziehen konnte.

Albert: In der ersten Lektion der Fibel erscheint ein Foto von Sandino. Der zentrale Satz nennt Sandino den Führer der Revolution. Vorhin hast Du gesagt, konkrete nicaraguanische Geschichte sei nicht bekannt. Wie sollten die Leute über jemand diskutieren, von dem sie keine Ahnung hatten?

Arranda: Bei den ersten Lektionen war noch keine Diskussion möglich. Ich fragte sie: Was seht ihr auf dem Bild? Zuerst traute sich keiner zu antworten. Sie hatten Hemmungen. Ich ermutigte sie. Ich erinnerte sie an meine Mißgeschicke mit dem Pferd, das ich mit Mais beladen sollte.

Der erste, der sich traute, etwas zu sagen, meinte, auf dem Bild erkenne er einen Mann mit *Sombrero* und Stiefeln. Ich fragte, ob sie wüßten, wer dieser Mann sei? Dann erzählte ich von Sandino. Ich sagte Sandino sei der erste Nicaraguaner gewesen, der gegen den Imperialismus gekämpft habe.

Albert: Gebrauchtest Du den Begriff Imperialismus?

Arranda: Claro.

Albert: Ich kann mir nicht vorstellen, daß die Gruppe ihn verstanden hat.

Arranda: Hat sie auch nicht. Für mich war das eine Schwierigkeit. Tatsächlich verwende ich diesen und andere Begriffe in der Universität, wenn wir beispielsweise über die Rolle der USA reden.

Als ich meiner Gruppe von Sandino erzählte, dachte ich nicht weiter nach. Ich merkte natürlich sofort, daß sie nichts verstanden hatte. Ich mußte erst lernen, meinen Sprachgebrauch den Erfahrungen der Gruppe anzupassen. Ich lernte dabei, den Inhalt meiner Worte zu reflektieren.

Albert: Wie gingst Du nach solchen Erklärungen methodisch weiter vor?

Arranda: Ich muß vorwegnehmen, daß wir in der ersten Lektion Vokale lernten. In der zweiten Lektion begannen wir mit der

Silbenbildung. Dort heißt es: *Carlos Fonseca dijo: Sandino vive.* In der *Cartilla* war im Wort Fonseca die Silbe *se* unterstrichen. Jetzt begannen wir, den Konsonanten *s* mit Vokalen zu verbinden. Am Ende dieser Lektion versuchten wir bereits, kleine Wörter zu formulieren.

Der Lernprozeß der Alphabetisierten

Albert: Die Senkung der Analphabetenrate ist unbestritten. Ein übergreifendes Ziel war das der politischen Bewußtwerdung der Alphabetisierten. Wurde nach Deinen Erfahrungen etwas davon erreicht?
Arranda: Ich denke, viel. Man muß allerdings zwischen Kindern und Erwachsenen unterscheiden. Insbesondere die Kinder haben mich in ihrer Wißbegierde fasziniert. Für uns war die Schule immer eine lästige Pflicht. Diese Kinder bestaunten zunächst mal die Hefte und die Bleistifte. Sie waren so interessiert, daß sie Extrastunden wollten.
Albert: Welche Lernerfolge hatten die Erwachsenen?
Arranda: Der Prozeß des Lesen- und Schreibenlernens dauerte länger. Etwa nach zehn Lektionen schrieben sie selbständig einen Satz. Trotzdem wuchs ihre Motivation von Tag zu Tag. Das Interesse an ihrer Umwelt erweiterte sich. Die *Señora* beispielsweise war anfangs verängstigt und mißtrauisch. Später interessierte sie sich für die Fortbildung ihrer Kinder und damit für Entwicklungen im Bildungswesen. Sie wollte, daß ihre Kinder die Sekundarschule besuchen.
Albert: Als sie Dich danach fragte, hast Du keine roten Ohren bekommen?
Arranda: Doch, aber ganz ausgeschlossen ist das nicht. Die *Cruzada* ist nur der Anfang einer umfassenden Entwicklung von Lernchancen.

Der neue Mensch

Albert: Zur Reform des Bildungswesens gehört die Erziehung des *Nuevo Hombre.* Die Alphabetisierungskampagne war ein Schritt dahin. Was waren die Elemente der Kampagne, die sich auf die Erziehung dieses *Nuevo Hombre* bezogen?

Arranda: Wichtigstes Element war das Vertrauen der Regierung in unsere Fähigkeiten. Eine solche Aufgabe war uns Jugendlichen bisher nicht gestellt worden. Dieses Vertrauen wiederum löste Begeisterung bei den Teilnehmern aus. So wurde die gemeinsame Lösung einer nationalen Aufgabe bereits ein Schritt in der Entwicklung dieses neuen Menschen. Individuelles Konkurrenzverhalten wurde zugunsten einer gemeinschaftlichen Lösung von Problemen abgebaut. Wir lernten, aus unserer Gemeinschaft neue Kraft zu schöpfen.
Albert: Kannst Du das verdeutlichen?
Arranda: Jedes Wochenende trafen wir uns mit den anderen *Compas* unserer *Escuadra,* um unsere Erfahrungen und Erlebnisse auszutauschen. Das war das Großartigste überhaupt. Wir redeten manchmal die ganze Nacht. Der keinste Fortschritt jedes einzelnen ging uns alle an. Wir entwickelten ein Zusammengehörigkeitsgefühl wie in der Familie. Das, was wir machten, war unsere Sache. Manchmal war es in der Woche nicht so gut gelaufen, die *Señora* hatte Schwierigkeiten gemacht, oder der *Señor* war nicht zufrieden, oder man hatte mit den Kindern nicht genügend Geduld gehabt. Am Wochenende tauschten wir uns aus und stellten fest: Es war auch anderen so ergangen.
Unsere Erfolgserlebnisse motivierten dazu, die Anstrengungen zu verstärken. Ein solches Erlebnis war beispielsweise, wenn wir nach der Gesundheitserziehung feststellten, daß die Familien jetzt Latrinen bauten.
Albert: Habt Ihr mit den *Campesinos* auch über Euch selbst gesprochen?
Arranda: Ja, normalerweise gehen die Leute um 18.00 Uhr ins Bett, weil es dann dunkel wird. Während der *Cruzada* saßen wir viele Abende und erzählten uns über unsere unterschiedlichen Lebensbedingungen. Meine Gastfamilie wollte alles über mich und meine Familie in Managua wissen. Ich merkte, wie sich ihr Interesse von Tag zu Tag erweiterte. Ich glaube, mich hat das Leben in der Montaña sehr verändert.
Albert: Wie war das bei Deinen *Compañeros*?
Arranda: Die meisten erlebten einen sichtbaren Wechsel ihrer Einstellung. Wir alle lernten, daß die Revolution nicht Sache eines einzelnen oder der *Frente,* sondern unsere gemeinsame Sache ist.
Albert: Die nicaraguanische Alphabetisierungskampagne ist – in-

ternational gesehen – ein enormer Erfolg. Kannst Du Dir die Gründe dafür vorstellen?
Arranda: Ein wichtiger Grund ist der, daß diese *Cruzada* das ganze Volk einbezog. Sie konnte das, weil jeder seine Interessen vertreten sah. Alle lernten, ihre Aufgabe im revolutionären Prozeß zu begreifen. Vorher hatten die *Campesinos* von der Stadt die Vorstellung, daß dort alles leichter sei. Die große Landflucht der Bevölkerung in Lateinamerika ist ja bekannt. Wir konnten dem entgegenwirken. Heute wollen sie ihr Land entwickeln, heute wissen viele der *Campesinos,* daß sich ihr Leben in der Stadt verschlechtern würde.
Albert: Aus der kubanischen Alphabetisierungskampagne weiß ich, daß die Menschen später Briefe schrieben. Schrieb Deine Familie auch?
Arranda: Ja, sie schrieben Briefe und verfaßten Gedichte.
Albert: Dann stimmt die Geschichte vom Volk der Dichter?
Arranda: Ja, so unglaublich es klingen mag. Sie dichteten über ihr Leben in der *Montaña,* über ihre Tiere, über eine schöne *Muchacha* oder über die Natur, in der sie leben. Manchmal erfanden und sangen sie auch Lieder darüber.

Adolfo Lopez Campos
Dialog mit den Massen: Die nationale Meinungserhebung zur Neugestaltung des Bildungswesens

Die sandinistische Revolution hat eine zweite, innere Revolution in den Bereichen von Kultur und Bildung ausgelöst. Das Regierungsprogramm der *Junta de Gobierno de Reconstrucción Nacional* verweist darauf, »daß man eine tiefgreifende Reform der Bildungsziele durchführen wird, um der Bildung eine Schlüsselrolle innerhalb des humanistischen Transformationsprozesses zuzuweisen und ihr eine kritische und freiheitliche Ausrichtung zu geben«. Die Junta und unsere Avantgarde, die FSLN, kamen zu der Auffassung, daß sich eine solche Reform nicht ohne einen vorherigen, breit angelegten Willensbildungsprozeß verwirklichen lassen würde. Stellungnahmen aus allen sozialen Handlungsfeldern, von allen mit übergreifenden Aufgaben betrauten Gruppen sollten zuvor eingeholt werden.

So kam es zur großen *Consulta Nacional Educativa,* zu jenem Diskurs in und mit der Bevölkerung, der zusammen mit ergänzenden Studien und Analysen die Bestimmung von Konturen des neuen Bildungswesens beschleunigte.

Für die mit der Planung der *Consulta* befaßten Mitarbeiter handelte es sich um eine völlig neue Aufgabe. Uns lag aus anderen Ländern nichts Vergleichbares vor, in der erziehungswissenschaftlichen Literatur fanden wir keinen Bericht über ein ähnliches Vorhaben. So bieten wir heute unsere Erfahrungen mit der *Consulta* den lateinamerikanischen Bruderstaaten an, möglicherweise können sie Nutzen daraus ziehen.

Die *Consulta* trug einerseits dazu bei, Kriterien zu finden, um Ziele und Aufgaben des nicaraguanischen Bildungswesens bestimmen zu können, andererseits löste sie einen Bildungsprozeß, einen Prozeß der Selbsterziehung bei allen Beteiligten aus. Der Diskurs verlief in doppelter Richtung: Die Leitfragen fanden über die nationale, regionale und lokale Ebene den Weg zur Basis; die an der Basis entwickelten Aussagen wurden wiederum der Regierung zugetragen. Die *Consulta* leitete einen Demokratisierungsprozeß im Bereich des Bildungswesens ein, indem sie in ihrer Struktur und

Dynamik ganz auf die Beteiligung der in den Volksorganisationen vertretenen Bevölkerung angelegt war.

Die *Consulta* hatte die folgenden konkreten Ziele:

- Organisationen und Kollektive sollten Auskunft über ihre Bildungsvorstellungen geben. Sie sollten sagen, über welche Charakteristika die junge nicaraguanische Generation verfügen solle.
- Der Lernprozeß, der Prozeß der Selbsterziehung in den an der *Consulta* beteiligten Gruppen sollte als instrumenteller Zugang dienen, um Bildungsprobleme analysieren und erörtern zu können. Dies sollte auch durch den Vergleich zwischen dem früheren somozistischen System und gegenwärtigen revolutionären Entwicklungen geschehen.
- Es sollten Hinweise über die in den beteiligten Organisationen und Gruppen entwickelten Lernformen, über ihre Strategien der Informationsgewinnung, über ihr Verhältnis zum Bildungswesen ermittelt werden.

So diskutierte man die Rolle des Bildungswesens in der Vergangenheit ebenso wie seine Bedeutung im revolutionären Prozeß, man debattierte über Aufgaben von Lehrenden, über Lernformen, über Ansprüche und Anregungen aus der Bevölkerung.

Das Verfahren

In einer ersten Phase wurden die für die *Consulta* entwickelten Fragen auf kommunaler Ebene in Seminaren geprüft und erörtert. Man veranstaltete solche Seminare in den Räumen der verschiedenen beteiligten Organisationen, immer in Form kleinerer Versammlungen. Es wurden dabei Gruppen von nicht mehr als zehn Personen gebildet. Sie hatten jeweils einen Schriftführer und einen Moderator. Der Moderator leitete die Diskussionen, er half bei der Beantwortung von Fragebögen und der Zusammenfassung von Aussagen. Er tat dies auch in Plenarveranstaltungen, in denen Untergruppen ihre Ergebnisse zusammentrugen.

Im Anschluß daran wurden Seminare auf Bezirksebene durchgeführt. Ihnen dienten die Ergebnisse aus dem kommunalen Bereich als Arbeitsunterlagen. So entwickelte sich in jeder Organisation auch auf der Bezirksebene ein Meinungsbild.

Als weiterer Schritt wurde auf nationaler Ebene ein Seminar

abgehalten. Dort sammelte man alle Informationen, die entwickelten Meinungsbilder wurden diskutiert und zu Kernaussagen verdichtet. Bei der Herstellung dieser nationalen Synthese wirkte jede der zuvor schon beteiligten Organisationen mit.
Die auf nationaler Ebene zusammengefaßten Aussagen wurden dem Erziehungsministerium vorgelegt. Dort wurden die Daten analysiert, interpretiert und als konkrete Endergebnisse formuliert*. Die Ergebnisse wurden an die Verantwortlichen im Ministerium selbst, an die Junta und an die Führung der FSLN weitergeleitet. Außerdem wurden alle für die Entwicklung des Bildungswesens wichtigen Organisationen und Kollektive über die Ergebnisse der *Consulta* informiert, um sie auf weitere Schritte in ihrem eigenen Konsolidierungsprozeß hinzuweisen.

Erfahrungen und Schwierigkeiten

Anläßlich der *Consulta* zeigte sich die uneingeschränkte Einsatzbereitschaft der teilnehmenden Massenorganisationen. In ihnen, in den sandinistischen Verteidigungskomitees, den *Comités de Defensa Sandinista* (CDS), in der Lehrergewerkschaft, der *Asociación Nacional de Educadores Nicaraguenses* (ANDEN), in der Frauenorganisation, der *Asociación de Mujeres Nicaragüenses »Luisa Amanda Espinosa«* (AMNLAE) und in der sandinistischen Jugendorganisation, den *Juventud Sandinista 19 de Julio* (JS19J) existiert bereits eine starke Basis. Dies war die Gewähr dafür, daß diese Organisationen auch in der *Consulta* den Großteil der Bevölkerung repräsentierten. Die *Consulta* bedeutete einen außerordentlich wichtigen Selbsterfahrungs- und Lernprozeß gerade auch für diese Organisationen. Für die Mehrheit ihrer Mitglieder ergab sich zum ersten Mal die Gelegenheit einer offenen und freien Diskussion über Bildungsfragen, die zuvor eher als organisationstechnische Probleme oder als irrelevant angesehen worden waren.
Es waren jedoch nicht nur die Massenorganisationen, die in der *Consulta* mit einer unbekannten und ungewohnten Thematik konfrontiert waren. Die Analyse der Antworten zeigte, daß dies auch anderen Organisationen – nämlich politischen Parteien und

* Die Ergebnisse der Consulta sind in diesem Band im Beitrag von Carlos Tünnermann Bernheim verarbeitet worden.

Gewerkschaften mit zum Teil langjähriger kämpferischer Tradition – so erging, Organisationen, denen man eigentlich einen leichteren Zugang zur Thematik der *Consulta* zugetraut hätte. Da wurde dann nicht selten ein Mangel an konkreten Aussagen mit doktrinären Schlagworten oder philosophisch-politischen Erklärungsversuchen überdeckt – ein Mangel, der eine noch fehlende politische Bildung bei den Mitgliedern verdeutlicht. Sicher gibt es eine Reihe von Erklärungen für dieses Phänomen, an dieser Stelle soll auf diesen Mangel ohne Bewertung lediglich hingewiesen werden.

Methodischer Stellenwert

Die *Consulta* hat die Entwicklung einer Forschungsmethode gefördert, die auf dem Land anwendbar ist und mit niedrigen Kosten eine große Bevölkerungsgruppe erreicht. Die Umfrage mußte nicht an einzelne Menschen herangetragen werden, sondern konnte sich an Diskussionsgruppen richten.
Im Gegensatz zu traditionell empirischen Methoden, die das Individuum in der Regel nicht in seinem konkreten Kontext erfassen, erfolgte hier die Teilnahme von Personen direkt aus ihrem sozialen Milieu und aus ihrem organisatorischen Umfeld heraus. Die Antworten waren das Ergebnis von langen und anstrengenden Debatten. Wenn mechanische oder unbedachte Antworten kamen, wurden die Betreffenden angeregt, ihre Antworten noch mehr zu begründen. So arbeiteten die Gruppen als authentische Diskussionseinheiten.
Die Methode machte es möglich, die Massen in Forschungsvorhaben einzubeziehen, ohne dabei die Fragestellung so zu verengen, wie dies bei anderen Befragungen oft der Fall ist. Die ermittelten regionalen und nationalen Meinungsbilder zeigen ein breites Bewußtsein der Bevölkerung über alle möglichen Aspekte des sozialen Lebens und des Bildungswesens – ein Bewußtsein, das früher nicht in dem nötigen Maß entwickelt worden war.
Angesichts dieser breiten Basis sind die Ergebnisse der *Consulta* nicht einmal besonders spektakulär, und es gibt kaum etwas, was uns nicht – zumindest als vage Idee – vom Erziehungsministerium her schon bekannt gewesen wäre. Damit ist der Wert der *Consulta* keineswegs geschmälert. Denn es bestätigte sich, daß sie bereits

sensibel im Hinblick auf die Erfassung von Forderungen, leitenden Interessen, Anregungen und Kritiken angelegt worden war. Zudem orientierten sich eine Reihe von Aussagen an den Forderungen einiger aktiver Gruppen, die sich innerhalb des neuen Bildungswesens entwickelten und ihre Funktion im gemeinsamen Willensbildungsprozeß von Bevölkerung und Regierung entsprechend wahrnahmen.

Die Bedeutung der Massenorganisationen

Bei der Analyse der Ergebnisse ließ sich eine beachtliche Übereinstimmung zwischen den teilnehmenden Organisationen feststellen. In der Mehrzahl der Fälle wurden die wichtigsten Antworten von wenigstens der Hälfte aller erfaßten Organisationen getragen, oft auch von mehr als zwei Dritteln.
Die Mehrheit der Antworten zeigt, daß sich in ihnen auf eine fast systematische Weise Auffassungen der Massenorganisationen widerspiegeln. Dies liegt nicht daran, daß diese Massenorganisationen durch die Befragung quantitativ stark repräsentiert worden wären, im Gegenteil: Von den dreißig teilnehmenden Organisationen machten die Massenorganisationen - ANDEN, die Vereinigung der Landarbeiter (ATC), die sandinistische Gewerkschaft (CST), AMNLAE, JS19J und CDS – nur 20 Prozent aus. In den Auswertungstabellen wurden alle teilnehmenden Organisationen unabhängig von ihrer jeweiligen Größe gleichgesetzt: Jede Organisation hatte genau das gleiche Gewicht. Diese Form der Ergebnisanalyse, die eher Organisationen favorisiert, welche nur über geringere Möglichkeiten der Mobilisierung verfügen, verdeutlicht einmal mehr das Gewicht der Massenorganisationen, wenn man die wichtigsten Antworten in ihrer Gesamtheit übersieht: Die Auffassungen der sechs Massenorganisationen bestimmen die Antworten zwar nicht quantitativ, drücken sich aber inhaltlich fast überall aus. Man kann von Kernaussagen der Massenorganisationen sprechen, um die herum sich speziellere Konstellationen der übrigen Organisationen gruppieren. Neben den Kernaussagen, die bei Großveranstaltungen für Aufregung sorgten, gab es somit speziellere Aussagen von Organisationen in unterschiedlichen Praxisfeldern. Hier wurden auch unterschied-

liche Auffassungen deutlich, etwa im Zusammenhang mit höherer Bildung und privaten Grundschulen.
Ein wichtiger Teil der Fragen in der *Consulta* bezog sich auf die Rolle der Massenorganisationen in der politischen Bildung. Dies ließ sich vor allem auf kommunaler Ebene untersuchen, durch die Debatten der Basisgruppen. Die Bevölkerung fordert eine stärkere Beteiligung der Massenorganisationen an den neuen Bildungsprozessen. Sie kritisiert die bisher geringe Beteiligung und mangelnde Mitbestimmungsmöglichkeit der Organisationen und fordert ihren direkten Einbezug und ihre Verankerung.
All diese Antworten zeigen die Konturen eines Bildungswesens, das der Bevölkerung einen breiten Handlungsspielraum läßt und dessen Entwicklung und Konsolidierung eng mit der Beteiligung der Massenorganisationen verbunden ist. Hier erinnern die Aussagen an Erfahrungen, wie wir sie mit der Alphabetisierungskampagne gemacht haben. In beiden Fällen verweisen die Ergebnisse auf ein kraftvolles, einfallsreiches und zugleich systematisches Zusammenspiel zwischen der Bevölkerung und ihren Organisationen.
So zeichnet sich gegenüber der traditionellen pädagogischen Trias Lehrer/Schüler/Eltern eine neue Form des Lernens ab, in der die Volksorganisationen eine tragende und kreative Rolle übernehmen.

Marta Vargas Molina
Die Verbindung von Schule mit produktiver Arbeit

Die Alphabetisierungskampagne vermittelte uns die ersten Erfahrungen darüber, wie man Lernen und Arbeiten miteinander verbinden kann. Denn innerhalb dieser Kampagne gab es viele Situationen, in denen Alphabetisatoren und Alphabetisierte Lehrer und Schüler im Wechsel waren, in denen Kopf- und Handarbeit zugleich vorkamen. Dazu Miguel de Castilla, in dieser Zeit Vizeminister für Erziehung, auf der ersten lateinamerikanischen Erziehungskonferenz 1981 in Costa Rica: »Die meisten Alphabetisatoren gerieten zum ersten Mal in direkten und kontinuierlichen Kontakt mit einem der klassischen Produkte der Unterentwicklung und des abhängigen Kapitalismus: dem Analphabeten und seinen Existenzbedingungen, mit seinem Leben, seiner Hütte, seinen Kindern, seinem Alltag, seiner Weltanschauung, seiner materiellen Lage, seiner Ernährung, seinem Umgang mit Eigentum... Nach und nach wurde der Alphabetisator in dieses Leben und den dazugehörigen Reproduktionsprozeß einbezogen – in Feldarbeit, Handwerk oder landwirtschaftliche Technik; um zu säen, Bäume zu stutzen, zu flechten, zu roden, Schlingen zu legen, zu schneiden oder den Boden zu kultivieren.«

Die Jugendlichen konnten während der Kampagne erkennen, wie wichtig die produktiven Tätigkeiten von *Campesinos* und Arbeitern sind. Sie erfuhren dies nicht aus der Perspektive von Zuschauern, sondern in der Teilhabe an produktiver Arbeit. Die Verbindung von Lernen und Arbeiten war in der Alphabetisierungskampagne zeitlich begrenzt. Weil wir diese Verbindung jedoch für wichtig halten und ihr einen kontinuierlichen Rahmen geben wollen, entwickelten wir das *Estudio-Trabajo*-Programm, in dem schulisches Lernen und produktive Arbeit miteinander verbunden werden.

Was wir damit wollen

Die FSLN versteht die Verbindung von Lernen und Arbeiten als notwendige Grundlage für den Bewußtwerdungsprozeß der neuen Generation. Im Kontrast dazu stand die frühere Praxis der unterdrückenden Klassen in Nicaragua, die mit ihrem Bildungskonzept eine am Konsum orientierte Einstellung Privilegierter förderten: Für wenige, die sich den gesellschaftlichen Reichtum aneigneten und sich dem Müßiggang widmeten, sollten viele die Arbeit verrichten, oft unwürdige manuelle Zuarbeit für »Intellektuelle«. In einer neuen Gesellschaft, die sich am Wohlergehen der Mehrheit orientiert, kann ein solcher Zustand nicht länger andauern.

Commandante Bayardo Arce während der Alphabetisierungskampagne: »Wir brauchen Schüler und Studenten, die mit der Wirklichkeit in Berührung kommen, die den Anspruch erheben, Ökonomie nicht nur aus Büchern zu lernen, die vielmehr zu den landwirtschaftlichen Produktionseinheiten und in die Fabriken und Stadtviertel gehen, die mit den Arbeitern und *Campesinos* leben, um aus ihrem Munde die besten Lektionen zu hören, die ein Mensch erlernen kann. Sie müssen, wenn sie *Nuevo Hombre* werden wollen, die wirtschaftlichen Probleme des Haushaltens und damit die Mikro-Ökonomie kennen, welche die Grundlage für die – die meisten faszinierende – Makro-Ökonomie darstellt.«

Im *Estudio-Trabajo*-Programm sollen sich Schüler darüber bewußt werden, daß es in Nicaragua keine Höherstellung der geistigen über die manuelle Arbeit mehr geben kann, daß sich wissenschaftliche Erkenntnis und praktische Arbeit im Rahmen unserer wirtschaftlichen und sozialen Wirklichkeit verstärken. Das Programm dient gleichzeitig dazu, die Arbeitskraft Tausender von Lernenden auch an produktive Arbeiten zu binden und dadurch einen Beitrag zur Lösung unserer wirtschaftlichen Probleme zu leisten.

Arbeitsbereiche

Die Teilnahme am *Estudio-Trabajo*-Programm ist freiwillig. Sie ist möglich für Schüler der vierten bis sechsten Grundschulklassen und für alle Schüler des Sekundarbereichs. Der Arbeitszeitraum umfaßt bisher jeweils zwanzig Tage. Das Programm wird in den drei Bereichen Schule, Gemeinde und Landwirtschaft angeboten.

Schule/Schule: Hier geht es darum, Schulgebäude zu reparieren und instandzusetzen, saubere und hygienische Verhältnisse zu schaffen, Mobiliar herzustellen oder auszubessern, didaktisches

Material zusammenzustellen und auszuarbeiten oder Spielzeug für die Kinder in der Gemeinde zu basteln.
Schule/Gemeinde: Der Schwerpunkt liegt auf Entwicklungsarbeiten in Gemeinden, die im Umfeld der Schulen liegen. In diesen Bereich fallen beispielsweise Sanierungsarbeiten, Baumpflanzungen, Verschönerungen, das Aufstellen von Verkehrszeichen besonders in der Umgebung der Schulen, die Pflasterung von Straßen, Tätigkeiten im Gesundheitsbereich (Impfungen, Beratungen, Gespräche über Gesundheitsvorsorge), Verteilung von Spielzeug.
Schule/Landwirtschaft: In der einen Variante arbeiten die Schüler tagsüber in der landwirtschaftlichen Produktion und kommen in den Abendstunden jeweils nach Hause. In der anderen Variante bleiben die Schüler während der zwanzig Tage im landwirtschaftlichen Betrieb, auf dessen Feldern sie arbeiten.
Flankierend dazu gibt es ein Austauschprogramm, das sich sowohl an die Schüler des *Estudio-Trabajo*-Programms als auch an jüngere Schüler wendet. Die Schüler lernen dabei einerseits etwas von den regionalen Kulturen der drei geographischen Zonen (Pazifikküste, Landesinnere, Atlantikküste) kennen – die Sitten, die Eßkultur, das Handwerk. Andererseits wird in Kernfächern (Mathematik, Landessprache) in überregional zusammengesetzten Gruppen unterrichtet, um regionale Defizite auszugleichen.

Politischer Einspruch

Militante Antikommunisten, die immer noch in der Erinnerung an die guten Zeiten unter Somoza leben, griffen die theoretischen Fundamente des Programms an, indem sie es in den Massenmedien als ein Beispiel für die Praxis kommunistischer Länder anprangerten. Sie behaupteten außerdem, daß das Programm die Institution Familie zerstöre, weil es 1981/82 auch für den Zeitraum zwischen dem 10. Dezember und dem 4. Januar vorgesehen war, also Weihnachten einschloß.
Das Erziehungsministerium antwortete mit einer Erklärung über die Grundsätze und Ziele des Programms und mit einer Festlegung der Arbeitstage für die Zeit zwischen dem 10. und 20. Dezember. Die Massenorganisationen äußerten ihre Unterstützung durch Aufrufe und Demonstrationen. In der Praxis zeigte sich, daß die

Einheit der Familien – wie auch schon während der Alphabetisierungskampagne - eher gestärkt wurde: Die Unterstützung durch die Eltern war auch für das *Estudio-Trabajo*-Programm lebenswichtig.

Organisatorische Schwierigkeiten

Den beteiligten Lehrern und Organisatoren fehlten für das Programm zunächst qualifikatorische Voraussetzungen in philosophischer, pädagogischer und psychischer Hinsicht, denn in der Regel war die Ausbildung der *Compañeros* von ganz anderen Konzepten geprägt gewesen. So veranstalteten wir Seminare und Arbeitsgruppen, in denen sich die Teilnehmer die nötigen Kenntnisse und Fähigkeiten von Grund auf aneignen konnten.

Da das Programm einheitlich für das ganze Land geplant wurde, waren die Termine zunächst nicht zureichend mit den regionalen Erntezeiten abgestimmt – dies führte zu Schwierigkeiten in der Baumwoll- und der Kaffee-Ernte.

Die freiwillige Teilnahme verhinderte, daß das *Estudio-Trabajo*-Programm zur Erfahrung für alle Schüler wurde. Einige Lehrer zeigten einen nur mangelhaften Einsatz, vor allem in den Bereichen Schule/Gemeinde und Schule/Landwirtschaft. Immerhin: Von allen in Frage kommenden Schülern beteiligten sich bisher 75 Prozent am Programm, bei den Lehrern waren es 77 Prozent.

Probleme der Koordination mit staatlichen Einrichtungen und anderen Organisationen auf regionaler und lokaler Ebene konnten mit der Zeit gelöst werden. Für die Durchführung einiger der dort vorgeschlagenen Projekte fehlten allerdings die notwendigen Materialien und finanziellen Mittel.

Einschätzung

Dem *Estudio-Trabajo*-Programm stand bisher nur eine kurze Zeitspanne zur Verfügung. Sein Ziel war und ist es, ein Bewußtsein und praktische Erfahrungen im Zusammenhang mit der Aufhebung von Prinzipien zu schaffen, die bislang eine Trennung von Kopf- und Handarbeit bedeuten. Einem solchen Bildungsziel kann man nur in einem langfristig und systematisch angelegten Vorhaben näherkommen: So müssen beispielsweise die praktischen

Tätigkeiten in den Lehrplan eingebunden und die Fortschritte der Schüler nachvollziehbar werden.
Eines der Ziele, durch die Integration von Schülern in die Produktion das Land wirtschaftlich zu unterstützen, erbrachte einen Gewinn von über zehn Millionen Cordobas; bei besserer Planung könnte dieser Gewinn erheblich höher ausfallen. Dabei ist jedoch kritisch zu vermerken, daß das eine Ziel, Arbeitskräfte einzusetzen, mit dem anderen pädagogischen Ziel der Verbindung von Theorie und Praxis nicht immer in geglückter Weise korrespondierte. Denn die Projekte waren von den Regierungsstellen oft zu ausschließlich am Einsatz von Arbeitskräften orientiert.
Von den drei Arbeitsbereichen erwies sich Schule/Schule am ergiebigsten. Warum? Die Schulen genügten oft nicht den Mindestansprüchen an Instandhaltung, Sauberkeit und Ausstattung. So bot das Programm eine gute Gelegenheit, unverzüglich auf diese Mängel zu reagieren. Das Programm war in diesem Bereich am leichtesten durchzuführen: Man benötigte weniger Zubehör und war von staatlichen Stellen weniger abhängig als in anderen Fällen.
Zwar arbeitete eine große Anzahl von Schülern aus den Sekundarschulen im Bereich Schule/Gemeinde, das Problem bestand hier jedoch darin, daß viele wünschenswerte Projekte angesichts der begrenzten materiellen Resourcen nicht verwirklicht werden konnten.
Im Bereich Schule/Landwirtschaft kam es aus den folgenden Gründen zu weniger Einsätzen als in den beiden anderen Bereichen: Es gab nicht genügend Transport- und Unterbringungsmöglichkeiten. Nach der Wiederherstellung verwahrloster Kaffeeplantagen in staatlicher Trägerschaft kam es zu einem Überangebot an Arbeitskräften, so daß für die Schüler wenig Platz blieb. Die privaten *Haciendas* wiederum wollten die Schüler wegen ihrer mangelnden Erfahrungen in der Kaffee-Ernte nicht einsetzen. Zudem stimmte die Haupterntezeit nicht mit dem Zeitraum des Programms überein.
Trotz solcher Fehler, Einschränkungen und Schwierigkeiten glauben wir, daß das *Estudio-Trabajo*-Programm in der Erziehung der nicaraguanischen Kinder und Jugendlichen einen hohen Stellenwert einnehmen wird. Für uns alle war es bisher schon eine sehr bereichernde Erfahrung.

Dieter Mohaupt
Lernen in der Gesundheitskampagne I: Der Bericht eines Arztes

Seit dem Sieg der Sandinisten über Somoza werden in der Mobilisierung großer Bevölkerungsgruppen Anstrengungen unternommen, die bedrohliche Rückständigkeit gesellschaftlicher Teilbereiche zu überwinden. Am bekanntesten ist die Alphabetisierungskampagne geworden. Aber auch zur Einbringung der Kaffee- und Baumwollernten wurde national mobilisiert. Angesichts der offenen Interventionsabsichten der USA in Mittelamerika wird viel getan, die Wachsamkeit gegenüber dem Imperialismus lebendig zu halten. Hunderttausende von Nicaraguanern haben sich in der *Milicia Popular Sandinista* organisiert. Ein kleines, aber dennoch provokatives Landemanöver, »*Halcón Vista*« (im Oktober 81 gemeinsam von nordamerikanischen und honduranischen Verbänden an der Atlantikküste von Honduras durchgeführt), wurde mit einem Alarmzustand in Nicaragua beantwortet; die Bataillone der *Milicias* waren Tag und Nacht mobilisiert.
Auch im Gesundheitssektor gilt es, die Bevölkerung langfristig zu mobilisieren:

- Die Sterblichkeit von Kindern bis zum Alter von einem Jahr betrug in ländlichen Gebieten bis zu 20%. Unter den zehn häufigsten Krankheiten, die für den Tod von Kleinkindern verantwortlich zu machen sind, finden sich Durchfallerkrankungen, Meningitis, Grippe, Malaria, Tetanus, Masern und Keuchhusten, wobei die letzten durch Impfung zu beherrschen sind. Die Unterernährung, an der gut die Hälfte aller Kinder leidet, ist als Mit-Todesursache in Rechnung zu stellen.
- Unhygienische Lebensbedingungen in den Städten und auf dem Land verursachen einen Großteil der Erkrankungen. Es fehlt in den meisten Siedlungen an Trinkwasser; Abwässer werden nicht abgeleitet, sondern vor die Tür geschüttet. Noch nicht einmal Latrinen sind überall verbreitet.
- Das Wohnungsproblem ist erdrückend. Die armseligen engen Hütten, in denen die Mehrzahl der Nicaraguaner lebt, bieten oft nicht genügend Schutz vor Wind, Staub und Regen. Die offene

Feuerstelle hat keinen ordentlichen Abzug. Hier liegen die Ursachen der häufigen Atemwegserkrankungen.

- Für die Mehrzahl der Menschen gab es bisher keine ärztliche Versorgung.
- Das Wissen um Krankheit und Heilung setzt sich oft aus irrationalen Komponenten zusammen. Der Zusammenhang zwischen unhygienischen Lebensbedingungen und Krankheiten wird nicht gesehen. Aberglaube, Gerüchte und eine dysfunktionale Arzneimittelwerbung tragen zur allgemeinen Verwirrung bei.

Es wird Jahre, vielleicht Jahrzehnte dauern, bis dieses Erbe der Somoza-Zeit überwunden ist. Heute stellt die Seuchenbekämpfung kein chemisches Problem mehr da. Auch die Frage des Geldes – in einem Land der Dritten Welt gibt es davon natürlich immer zu wenig – ist zweitrangig; denn ohne die Zusammenarbeit aller wären Chemie und Geld sinnlos. So jedenfalls sehen es die Sandinisten. Das Wissen um Entstehung und Verbreitung von Krankheiten, um deren individuelle und gesellschaftliche Auswirkungen sowie um eine sinnvolle präventive Bekämpfung muß Allgemeingut werden. Die Vermittlung dieses Wissens ist notwendiger und unverzichtbarer Bestandteil jeder Gesundheitskampagne.

Diese Kampagnen werden als Teil der präventiven Medizin von den Massenorganisationen mit technischer Unterstützung des Gesundheitsministeriums durchgeführt.

Neben der Verbreitung des Wissens über Hygiene und gesunde Umweltbedingungen ist es erklärtes Ziel der *Jornadas Populares de Salud,* die Menschen zu motivieren, in ihren *Barrios* und Dörfern Aufgaben für die Gemeinschaft zu übernehmen. Um es hier schon vorweg zu nehmen: In dieser Hinsicht, nämlich in der Heranführung vieler Menschen an politisch-praktische Basisarbeit, sind die *Jornadas* 1981 ein Erfolg gewesen.

Die Brigadisten

Anfang des Jahres 1981 gab das Gesundheitsministerium bekannt, daß für das laufende Jahr eine Anzahl von Gesundheitskampagnen geplant seien:

– Impfungen gegen Poliomyelitis;
– Impfungen gegen Poliomyelitis und Masern;

- die Verbesserung der Umwelthygiene;
- eine Kampagne gegen die Malaria;
- Impfungen gegen Diphterie, Keuchhusten und Wundstarrkrampf.

Zu ihrer Durchführung wurde die Rolle des *Brigadista de Salud* geschaffen, der die Kampagnen in den letzten Winkel des dünn besiedelten und unwegsamen Landes tragen sollte.

Wer ist, wer wird *Brigadista? Brigadistas de Salud* sind medizinische Laien. Jeder kann es werden. Wer sich als *Brigadista* meldet, verpflichtet sich nicht, alle Kampagnen aktiv mitzutragen. Die Ausbildung geschieht immer nur ganz konkret für eine bestimmte Kampagne. Bei der Kampagne gegen die Malaria hatten sich 85 000 *Brigadistas* (Bevölkerung Nicaraguas: 2,6 Mio.) gemeldet und an den Kursen teilgenommen. In der Schlußphase der Kampagne integrierten sich dann noch viele, für die zusätzliche Kurse nachgeschoben wurden. In der Statistik wurde dieser Teil der Brigadisten aber nicht mehr erfaßt, so daß man nur sagen kann, daß weit mehr als 85 000 *Brigadistas* unterwegs waren.

Die *Brigadistas* werden in Brigaden von acht bis fünfzehn Personen zusammengefaßt. Dazu kommt ein Verantwortlicher. Jeweils vier Brigaden werden wieder einem Verantwortlichen zur Supervision anvertraut. Die Verantwortlichen werden von den *Brigadistas* gewählt.

In solchen Prozessen praktischer Demokratie können einfache *Brigadistas* zum ersten Mal erkennen, daß das Zusammenwirken mit den staatlichen Einrichtungen wie z. B. dem Gesundheitsministerium kein geheimnisvolles Buch mit sieben Siegeln darstellt. Man konnte auch beobachten, daß die politische Emanzipation einzelner *Brigadistas* über das Sich-Behaupten gegenüber dem alteingesessenen CDS-Funktionär lief.

Die Frauen, die stets die überwältigende Mehrheit stellen, sind bei den Verantwortlichen in der Minderzahl. Dies wird als Widerspruch empfunden, kann aber nicht geändert werden, weil während der Kampagnen Versammlungen oft am späten Abend stattfinden. Lange Fußwege sind für Frauen in der Dunkelheit einstweilen noch zu gefährlich.

Die Vorbereitung

Das Gesundheitsministerium hat das Land in Gesundheitszonen eingeteilt, die sich nicht mit Verwaltungsbezirken decken. Ihre Grenzen sind bestimmt durch Bevölkerungsdichte und Verkehrswege. Je nachdem, welchen personellen Aufwand eine Kampagne erfordert, wird vom Gesundheitsministerium die Zahl der pro Zone benötigten *Brigadistas* festgelegt. Die großen Organisationen (Gewerkschaften, CDS, Frauenorganisation, Jugendorganisation) rufen als Träger der *Jornadas Populares de Salud* zur Unterstützung der Kampagnen auf.

Wenn die Kurse für die *Brigadistas* beginnen, ist schon viel Arbeit vom Gesundheitsministerium geleistet worden. Als erste erhalten die *Educadores* ihre Ausbildung in Seminaren. Sie sind früher meist Lehrer gewesen. Die hauptamtlichen *Educadores* sind Vertrauensleute der FSLN. Auf jede Zone wird ein *Educador* gerechnet. Managua beispielsweise ist in zehn Zonen eingeteilt und hat daher zehn *Educadores*. Sie lernen, wie man Grunddiskussionen leitet, wie Berichte abgefaßt werden, wie man die für eine Kampagne vorbereitete Broschüre verwendet. Diese Broschüren werden vom Gesundheitsministerium erstellt. Häufig werden sie als Comic in Umgangssprache abgefaßt.

Die *Educadores* unterrichten dann mit nahezu den gleichen Inhalten die sogenannten *Multiplicadores*. Die werden von den Massenorganisationen gesandt, sind aber nicht mehr so ausgesuchte Leute wie die *Educadores*. Sie kommen aus allen Schichten des Volkes, die meisten nur mit geringer Ausbildung. Etwa 80 Prozent sind Frauen, viele davon Hausfrauen und Marktfrauen. Andere *Multiplicadores* sind Handwerker, Schüler, Arbeiter, *Campesinos*.

Der Unterricht hält sich eng an die Broschüre. Nach kurzen Textabsätzen kommen kräftig umrandete Fragen, die sich auf den vorangegangenen Text beziehen. Die Fragen sind einfach zu beantworten, so daß möglichst alle zur Antwort animiert werden. Die Broschüren beschränken sich auf das allernotwendigste an Theorie. Man will vor allem an persönlichen Erfahrungen einzelner Seminarteilnehmern anknüpfen. Wenn sie Erlebnisse aus der Familie oder der Nachbarschaft mit den Lehrinhalten der Broschüre in Übereinklang bringen können, haftet das neue Wissen sicherer.

Zur Illustration Fragen aus der Broschüre zur Poli-Impfung:

- Wie viele Kinder starben im vergangenen Jahr in deinem *Barrio?*
- An welchen Krankheiten starben sie?
- Welche der Krankheiten sind durch Impfung vermeidbar?
- Waren die Kinder unterernährt?

Bei der Malariakampagne, in der eine vollständige Malariabehandlung innerhalb von drei Tagen an alle Menschen verabreicht wurde, wurden zuvor die Besorgnis um mögliche Nebenwirkungen besprochen:

- Ist hier unter uns eine Frau, die als Schwangere Malaria hatte? Wurde sie behandelt? Hatte die Behandlung Nebenwirkungen?
- Wer kennt einen Herzkranken, der gegen Malaria behandelt werden mußte?
- Wer kennt einen Diabetiker?

Die Kampagne zur Verbesserung der Umwelthygiene

Einige Wochen vor dem 2. Jahrestag des Sieges der Sandinisten, am 19. 7. 81, begann die Mobilisierung zur *Limpieza Ambiental,* der Kampagne zur Verbesserung der Umwelthygiene. Die *Barrios* sollten von Müll und Abfällen gesäubert werden. Fliegen vermehren sich dort besonders gut, wo es Abfälle und Exkremente gibt. Moskitos brauchen für ihren Entwicklungszyklus während einiger Tage stehendes Wasser, was sie in leeren Konservendosen, Flaschen oder alten Autoreifen finden. Fliegen und Mücken übertragen die Krankheitserreger für Durchfallerkrankungen, übertragen Parasiten, das *Dengue*-Fieber und die Malariaerreger. Nicht nur die engste persönliche Umgebung sollte wieder sauber sein, auch Straßen, Wege, öffentliche Plätze, heimliche Mülldeponien, Brunnen und Quellen standen im Aufgabenkatalog der »Reinigungskampagne«. Im *Census* sollten alle Tümpel und großen Pfützen ebenso erfaßt werden, wie die Anzahl der Latrinen.

Soweit die Inhalte und Ziele der Kampagne. Wie alle anderen Kampagnen auch, verfolgt sie natürlich ebenfalls den Zweck, dem Volk zu zeigen, was es als organisiertes Volk vermag und wer es organisiert. Das ist die FSLN. Die *Limpieza* wurde auf die Feierlichkeiten des 2. Jahrestages des Sieges und den 20. Jahrestag der Gründung der FSLN ausgerichtet. Zur Feier des Tages sollte

Nicaragua sauber und geschmückt sein. In den Vorbereitungsseminaren nimmt der politische Unterricht über die FSLN etwa ein Drittel der Zeit ein.

Die Kampagne im Barrio Ciudad Sandino

Während die Kampagne *Limpieza* schon einige Wochen lief, wurden *Dengue*-Epidemien in Kuba und Honduras bekannt. Von einem gewissen Zeitpunkt an wurde daher schwerpunktmäßig die Säuberungskampagne als notwendig zur Verhinderung eines Übergreifens des *Dengue*-Fiebers auf Nicaragua propagiert.
Da die *Dengue*-Epidemie 1981 auf Kuba wahrscheinlich aus dem biologischen Waffenarsenal der USA stammte und aus Honduras Nicaragua nicht nur das *Dengue*-Fieber drohte, sondern auch die Invasion von somozistischen Ex-*Guardias* und honduranischen Truppen, wurde die *Dengue*-Kampagne anschaulich auch zum Kampf gegen die *Contras (Contrarevolucionarios)* erklärt: »Wachsamkeit gegenüber den *Contras*!« – »Tod den *Contras* und der Mücke *Aedes Aegyptii*!« – »Nicaraguas Soldaten dürfen nicht an *Dengue* erkranken, damit die Verteidigung des Vaterlandes gegen den US-Imperialismus nicht geschwächt wird!« In diesem Zeitraum verstärkte das Gesundheitszentrum, in dem ich arbeite, mit seinen über vierzig Beschäftigten die *Brigadistas de Salud*. Das Zentrum liegt in der *Ciudad Sandino,* einem marginalen *Barrio,* in dem 50 000 Menschen leben. Einzeln oder zu zweit gingen wir von Haus zu Haus und baten, eine Inspektion vornehmen zu dürfen. Vor allem interessierte uns der Garten und die Waschstelle. Bei unseren kleinen Rundgängen auf dem Grundstück erklärten wir, was alles der Überträgermücke als Brutstätte dienen kann: alte Reifen, Töpfe, Flaschen, in denen sich Wasser ansammelt. Wir erläuterten, daß der Unrat auf dem Grundstück genauso wie der jenseits des Gartenzaunes eine Krankheitsquelle darstellt, weil die Fliegen, die den Erreger des Durchfalls übertragen, keine Grundstücksgrenzen kennen. Wir inspizierten die Latrinen, ob sie sauber und zugedeckt waren. In einem *Census* hielten wir fest, welche und wieviel Brutstätten auf jedem Grundstück angetroffen wurden. Wir gaben eine Beurteilung der Verunreinigung der nächsten Umgebung. Wie in allen Kampagnen zuvor fungierte auch dieser *Census* als wichtigste, weil direkte Mobilisierungsmaßnahme.

In der folgenden Woche wiederholten wir die Hausbesuche und beseitigten, wo es rasch möglich war, zusammen mit den Bewohnern Brutstätten der Mücken. An den letzten beiden Wochenenden der Kampagne, der *Ofensiva final,* bekam jeder Brigadist eine bestimmte Zahl von Häusern zugeteilt, die er dann zusammen mit den Bewohnern endgültig von Unrat und Sperrmüll befreien mußte. In den meisten Häusern war der Garten schon gut aufgeräumt, aber es gab doch immer wieder ein Eckchen, wo man Flaschen oder Kanister hortete: »Wer weiß, ob man's noch mal gebrauchen kann?« In der Welt der Armen haben die Objekte der Wegwerfgesellschaft auch noch ihren Wert.

Nicht einmal habe ich mich als Eindringling fühlen müssen. Die Leute zeigten Einsicht in die Wichtigkeit der Kampagne, was daran zu erkennen war, daß die Gärten von Besuch zu Besuch aufgeräumter und sauberer aussahen. Bei den Wiederholungsbesuchen geschah es häufig, daß wir lachend eingelassen wurden und man uns andeutete, alle Gefäße seien jetzt mit der Öffnung nach unten aufgestellt, damit sich kein Regenwasser sammeln könne. Man versicherte zugleich, daß man die Trinknäpfe für Hühner und andere Haustiere täglich säubere.

Am Sonntag fuhr dann ein LKW die Straßen ab, an deren Rand tags zuvor die Brigadisten den Müll gestapelt hatten. Mit Hilfe der Brigadisten und der Bewohner wurde der Müll aufgeladen und abtransportiert.

Bei den beiden letzten Besuchsgängen haben wir in jedes Trinkwasserfaß oder sonstige Nutzwasserbehälter ein Säckchen mit einigen Gramm *Abate,* einer Chemikalie, die die Mückenlarven abtötet, deponiert. Millionen dieser Säckchen sind zuvor meist von Beschäftigten des öffentlichen Dienstes in zusätzlichen Arbeitsstunden abgefüllt worden. Auch in meinem Gesundheitszentrum haben wir von der *Compañera* Reinemachefrau bis zum *Compañero* Verantwortlicher *Abate* abgefüllt.

Die drei *Barrios* von Managua, die die größten Müllberge abtransportierten, die sich am saubersten und zum 19. Juli am schönsten geschmückt zeigten, wurden von einer Jury mit Geldpreisen prämiert. Über Zeitungsartikel, Fotos vom Müllabtransport mit Angabe der Tonnage sowie durch Rundfunk- und Fernsehreportagen wurde der Wettbewerb realisiert.

In Nicaragua gab es im Jahr 1981 keine *Dengue*-Epidemie.

Sissi Karnehm
Lernen in der Gesundheitskampagne II: Der Bericht einer Krankenschwester

Eines Nachmittags im März, der Wind wehte friedlich durch die Bananenstauden, kam der Leiter unseres Gesundheitszentrums *Hospital Fidel Ventura* ganz aufgeregt aus Matagalpa zurück. Er berief eine Versammlung mit allen Mitarbeitern des Krankenhauses ein und verkündete den Bescheid der Regionalstelle, daß in drei Wochen die Impfungen für die nationale Impfkampagne beginnen sollten und bis dahin alle Vorbereitungen getroffen sein müßten. Gelungen. Da sagten sie uns ja früh Bescheid.
Es galt vor allem, Daten über alle Kinder unter fünf Jahren in über 80 entlegenen Bergdörfern zu erfassen, die gegen Polio, Masern und DPT (Diphterie, Keuchhusten und Tetanus) geimpft werden sollten. Die Bevölkerung mußte von der Kampagne informiert werden, in allen Gemeinden sollten *Campesinos* als Gesundheitsbrigadisten ausgebildet werden, die die Impfungen selber durchführen. War dies zu schaffen?
Wir beschlossen, »uns die Batterien ›reinzuschrauben‹, wie die Nicaraguaner sagen, und gingen an die Arbeit, um das Unmögliche zu versuchen. Als Grundlage verwendeten wir die Daten der Alphabetisierungskampagne. Im »Büro« des Erziehungsministeriums und der Erwachsenenbildung von Waslala bekamen wir ein Verzeichnis der 82 Orte, die unser Impfgebiet umfaßte – Sofana, Buenos Aires, Dipina, Zinica, Yaosca ... bis zu zwei Tagesmärsche zu Fuß und zu Pferd von Waslala entfernt. Es existierten keine Landkarten, die genauere Auskunft geben konnten. »Und wie komme ich dann von Zinica nach Kubali?« – »*Siempre recto* – immer geradeaus. Na ja, mußt du halt die *Campesinos* am Weg fragen, die sagen dir dann schon, wo's hingeht«. Ich fragte die *Compañeros,* die in diesen Orten alphabetisieren waren, fragte die *Compañeros* von INRA (Nationales Agrarreforminstitut) und die *Compas* von der Sandinistischen Armee, die die Gegend noch von der *Guerilla* kannten. So teilten wir unsere Arbeitsgebiete in Zonen auf, verteilten auch die Freiwilligen aus dem Gesundheitszentrum auf die verschiedenen Orte. Jeder hatte ungefähr vier bis fünf abgelegene Bergdörfer zu besuchen, Kontakt mit den

dortigen Massenorganisationen aufzunehmen und jeweils eine Impftruppe aus dem Dorf auszubilden.
Ich schnürte mein Bündel, packte Seife und Handtuch und das Propagandamaterial für die Impfbrigadisten ein. Schulhefte und Bleistifte, vorgefertigte Listen für die Zählung der Kinder. Die Köchin vom Krankenhaus packte mir Reis und Nudeln in Tüten und gab mir Zucker, Büchsenmilch und Maggisuppen. Der Regenumhang und der Schlafsack durften nicht fehlen. Hängematte nahm ich keine mit. Mir wird schwindlig, wenn ich im Schaukeln schlafe. Der Rucksack war furchtbar schwer, so daß ich alles wieder auspackte und das Essen da ließ. Bei der Hitze kann ich nicht solche Gewichte mit mir herumschleppen.
Am nächsten Morgen um fünf Uhr ging es endlich los. Ein Straßenbaulaster nahm mich und meinen nicaraguanischen Begleiter, einen *Muchacho* von INRA, bis zum Beginn des Weges mit. Eine dreiviertel Stunde rumpelten wir mit dem schweren Laster über die neu angelegte Schotterstraße weiter ins Landesinnere. Diese Schotterstraße von Matagalpa über Waslala, Siuna (Minengebiet) nach Puerto Cabezas ist der einzige Verbindungsweg über Land zwischen Atlantik- und Pazifikküste. Bis heute fehlen Teilstücke, die vor allem ab Mai in der Regenzeit nur noch zu Fuß oder mit Mulis zurückgelegt werden können. Jedes Fahrzeug bleibt in der etwa einen Meter tiefen Schlammdecke stecken und kann erst im November/Dezember, wenn es langsam wieder trocken wird, weiterfahren. Von den Brücken ragten nur die Pfeiler aus dem Wasser. Die Trassen sind bisher über den Yas, einem Hauptfluß, fertiggestellt. Durch die ständigen Regenfälle, die heuer schon vorzeitig einsetzten, werden die Bauarbeiten stark behindert. Manchmal schwemmt ein nächtlicher Regenguß das Werk eines ganzen Tages wieder fort. Augenblicklich waren die Flüsse aber nach Angaben der *Campesinos »medio seco«*, halbtrocken. Das *Mula* (Maultier), das wir uns von einem Bauern ausleihen konnten, der seine Bambushütte am Straßenrand bei Zinica stehen hatte, transportierte unsere Rucksäcke unbeschädigt durch den Fluß. Wir zogen die Stiefel aus. Das Wasser stieg bis eine Handbreite über die Knie. Wirklich trocken, der Fluß.
Ein verschlammter Trampelpfad zieht sich hinter dem Flußtal den Steilhang hoch, das Maultier kämpfte sich durch die Schlammlöcher. Die hohen, dichtbelaubten Bäume lassen kaum einen

Sonnenstrahl durch, die Wege trocknen nur langsam. Hügel auf – Hügel ab liefen wir durch den subtropischen Regenwald. Die Vögel pfiffen, handtellergroße, leuchtendblaue Schmetterlinge flatterten vorbei. Eduardo erklärte mir die zum Teil indianischen Namen der Pflanzen, die da am Wegrand standen. Viele davon kamen mir sehr bekannt vor, als Topfpflanzen vom Blumenladen an der Ecke zu Hause. Eduardo wollte mir nicht glauben, wieviel Geld die Leute bei uns für dieses Grünzeug bezahlen, um es sich ans Wohnzimmerfenster zu stellen. Die *Kongos* (Halbaffenart) brüllten. Die Eidechsen huschten ins Gebüsch. Das Maultier trottete mit den Rucksäcken bepackt hinter uns drein.
Wir kamen auf unserem Weg gut voran. Als wir auf der halben Strecke bei einer *Campesino*-Hütte Rast machten, um nach einem Glas Wasser zu fragen, kam ein *Miliciano* (Angehöriger der Volksmiliz) aus Sofana vorbei, der zur Maisernte nach Hause ging. Er hatte dasselbe Wegziel, und so zogen wir gemeinsam weiter, besprachen, wie am schnellsten die Dorfbewohner von unserer Ankunft informiert werden könnten. Die einzelnen Hütten liegen sehr weit auseinander. Wir würden spät nachmittags ankommen, und dann müßten die Milizen und die CDS die Verständigung der Nachbarn übernehmen, damit wir am kommenden Morgen die Versammlung mit den Bewohnern abhalten könnten.
Das letzte Stück des Weges konnten wir uns nochmals ein *Mula* ausleihen und reiten. Das war nach mehreren Stunden Fußmarsch ganz erholsam. Als wir, etwas müde schon, nachmittags unser Ziel Sofana erreichten, wurden wir sehr herzlich empfangen. Der *Miliciano* erklärte der Frau des CDS-Verantwortlichen unser Anliegen, und sie lud uns erst einmal zu einem Glas Milch und ein paar Bananen ein. Scheu betrachtete sie mich, denn sie hatte noch nie eine weiße Frau hier in den Bergen gesehen. Als ich ihr half, Bohnen zu schälen, war das Eis gebrochen. Sie holte Santos, einen weisen alten Mann aus dem Nachbarhaus, der seit zehn Jahren als Gesundheitsverantwortlicher für Sofana gearbeitet hat. Der Ehemann kam vom Feld, brachte grüne Bananen mit, setzte sich zu uns, nahm seinen kleinsten Sohn auf den Schoß und half mit beim Bohnenzupfen. Wir besprachen das Gesundheitsprogramm der Revolutionsregierung.
Ich erklärte die geplante Impfkampagne, und sie waren begeistert von der Idee. Santos, der schon lange im Gesundheitsbereich

freiwillig arbeitet, gute Ratschläge gibt und gegen Unkosten Medizin verteilt, hat vor vielen Jahren eine Grundausbildung als Gesundheitsarbeiter bei katholischen Mönchen an der Atlantikküste gemacht. Er erzählte uns, daß es früher keine Ärzte oder Krankenschwestern in den Bergen gegeben hätte. In diesem unwegsamen Gelände wurde nicht geimpft. »Ja, das ist ein Fortschritt der Revolution. Jetzt kommt die Revolution bis zu uns.«

Santos war unter Somoza starken Repressionen von der *Guardia Nacional* ausgesetzt. Er wurde mehrere Male bei der Feldarbeit verhaftet, ihm wurden Folter und seine Ermordung angedroht, wenn er die Unterstützung der *Guerilla* mit Medikamenten und seinem Wissen über Heilkräuter nicht einstellen würde. Sie nahmen ihm seine Bücher über Erste Hilfe und Heilkräuter weg, zerrissen sie wütend und verbrannten sie. Nur eines hatte er retten können. Er hatte es in einer Plastiktüte vergraben, bevor er aus Sofana in die Stadt Matagalpa geflohen war. Nach dem Septemberaufstand 1978 ist er zurückgekehrt. Die *Guardia* hatte ihre Posten in den Bergen verlassen, um alle ihre Kräfte auf die Bekämpfung der Volksbewegung in den Städten, Dörfern und auf dem flachen Land zu konzentrieren. In Sofana sind ganze Familien auf den bloßen Verdacht oder auf Denunziationen hin wegen Unterstützung der *Guerilla* brutal ermordet worden. Ihre Felder wurden zerstört, die Hütten verbrannt. Panikartig verließen die übrigen Bewohner das Gebiet, flüchteten sich in die Städte, wo man sie nicht so unbemerkt verschwinden lassen konnte, wo es eine Öffentlichkeit gab. Erst als die *Guardia Nacional* weg war, kamen die Bewohner zu ihren verlassenen Hütten und Feldern zurück.

Das politische Bewußtsein der Bevölkerung ist höher als in anderen Gebieten, die von diesem Grauen, blinder Folter und willkürlichen Morden verschont geblieben waren. Diese *Campesinos* verstehen vielleicht nicht viel von Revolutionstheorien, Ökonomie oder theoretischem Sozialismus, aber diese Revolution ist ihre, sie sind Sandinisten aus tiefstem Herzen; eine gute Grundlage für die Programme der *Jornadas Populares de Salud.* Die Bevölkerung hat Vertrauen zu den Maßnahmen der Regierung, sie ist bereit, mitzuarbeiten.

Etwas später nahm Santos mich auf die Seite und meinte, es wäre gut, daß sie die Impfung selber machen würden, daß wir nur kämen, um zu helfen. Es wäre nämlich früher schon einmal geimpft worden, von amerikanischen Mitarbeitern des *Peace-Corps*. Dabei wären so viele Frauen ohne ihr Wissen sterilisiert worden. Er beruhigt mich: »Mach' dir keine Sorgen, wir werden unseren Leuten schon erklären, daß man zu der Impfung von der Revolutionsregierung Vertrauen haben kann. Es gibt auch viele evangelische Brüder hier, die werden sagen, daß es eine Sünde gegen den Willen Gottes ist, der alleine über Leben und Tod zu entscheiden hat. Verantwortungslos gegen die Kinder, aber wir werden es ihnen erklären.« Versonnen sah der alte Mann vor sich hin: »Weißt du, *Compita,* es gibt auch Leute, die sagen, daß ihr kommt, um den Kindern den Kommunismus zu impfen oder daß ihr sie jetzt, wenn sie klein sind, impft, damit ihr sie ihnen wegnehmen könnt, wenn sie größer sind, um sie in die Städte, in andere Länder zu bringen. Aber das ist doch Unsinn, Unwissenheit, das müssen wir überwinden, da müssen wir alle zusammen helfen. Mit der Alphabetisierungskampagne ist vieles schon besser geworden, da haben die Leute Vertrauen gefaßt, haben gesehen, daß die Revolution gut für sie ist und bis zu ihnen kommt. Es ist nicht nur, daß wir hier jetzt Frieden und keine Angst mehr haben. Wir haben mit den Krediten der Bank auch Mulis gekauft und eine Kooperative gegründet. Zucker, Seife, Batterien, Medizin kaufen wir gemeinsam in der *Tienda popular* (Volksladen mit Preisbindung). Jetzt muß nicht mehr jeder einzeln nach Waslala laufen, jetzt sind wir organisiert, im CDS, in den Milizen, in der AMNLAE. Jetzt halten wir zusammen und werden nicht mehr verfolgt dafür. Die *Guardia* war schrecklich, nur Tote.«

Als ich in dieser Nacht meinen Schlafsack auf dem Holzbrett ausbreitete, dachte ich noch lange über die Worte des alten Mannes nach. Mir wurde die Notwendigkeit solcher *Jornadas Populares de Salud* nochmals sehr deutlich, *revolución es salud ...* Revolution ist Gesundheit, und das muß in den letzten Winkel, in die letzte Hütte dieses Landes gebracht werden.

Am nächsten Morgen versammelten sich in der Schule über fünfzig *Campesinos,* die nach dem Schneeballsystem über die Milizen und das CDS von der Versammlung verständigt worden waren. Ich erklärte gemeinsam mit Eduardo den *Campesinos,* was das Anliegen der *Jornadas Populares de Salud* wäre. Als erstes müßte die Zählung aller zu impfenden Kinder durchgeführt werden. Das war die Aufgabe der sechs Brigadisten, die wir am selben Tag noch ausbildeten. Die *Brigadistas,* einige von ihnen hatten während der Alphabetisierungskampagne Lesen und Schreiben gelernt, teilten sich ihre Gemeinde in sechs Zonen auf, in denen sie von Hütte zu Hütte zogen, um Namen und Alter der betroffenen Kinder in Listen festzuhalten. Gleichzeitig sollten die Eltern noch einmal über die Wichtigkeit und Bedeutung der Schutzimpfung für ihre Kinder informiert werden. Die Versammlung dauerte ein paar Stunden, alle Bedenken und Zweifel sollten in Ruhe besprochen und ausgeräumt, Vertrauen geschaffen werden. Dürfen Kinder mit Durchfall oder Husten oder Schnupfen geimpft werden? Ist es schlimm, wenn Kinder nach der Impfung Fieber bekommen? Das Impfen selber übten wir anschließend an ein paar Orangen. Als ich nach anderthalb Wochen zur eigentlich Impfung nach Sofana zurückkam, hatte Santos mit seiner Brigade die Gemeinde so gut vorbereitet, daß 95 Prozent der gezählten Kinder geimpft werden konnten.

Die zweite und dritte Impfung wurde von der Brigade dann alleine durchgeführt. Ein Gesundheitsbrigadist kam jeweils zum vereinbarten Datum an die Straße, um den Impfstoff in Thermosbehältern, die Einmalspritzen und die Karteikarten abzuholen. Nach zwei Tagen kam der Thermosbehälter mit den ausgefüllten Karteikarten und einem schriftlichen Bericht über den Verlauf und die Zahl der geimpften Kinder nach Waslala zurück. In Sofana erhielten knapp 80 Prozent der gemeldeten Kinder den kompletten Impfschutz mit drei Dosen. Das ist ein sehr hoher Anteil, wenn man die Schwierigkeiten und die Unwegsamkeit des Geländes, die schlammigen Wege und die Flüsse berücksichtigt.

Sofana, ein erfolgreiches Beispiel für das Gelingen der *Jornadas Populares de Salud.* Nicht überall sind die Ergebnisse ähnlich befriedigend, auch in vielen städtischen Gebieten nicht. Doch es zeigt die Richtung an, in der weitergegangen werden muß. Das organisierte Volk nimmt seine Angelegenheiten selber in die Hand. Präventivmedizin schafft Bewußtsein. *Revolución es salud . . .*

Gisela Burckhardt
Über das Lernen von Frauen nach der Revolution

Die Situation

»Heute leben wir ganz anders. Wir kommen aus unseren vier Wänden heraus und reden miteinander. Früher kannte ich viele Frauen meines Straßenzuges gar nicht. Da konnte der Ehemann seine Frau verprügeln, und niemand unternahm etwas. Das gibt es manchmal auch heute noch, leider, aber wir leben nicht mehr so eingesperrt in unseren Häusern wie früher.« Das sagte mir Magda, organisiert in AMNLAE (*Asociación de Mujeres Nicaragüenses »Luisa Amanda Espinosa«,* die nicaraguanische Frauenorganisation, benannt nach der ersten im Befreiungskampf gefallenen Frau) im Viertel *Máximo Jeréz* von Managua.
Vor der Revolution gab es nur einige Frauen, die sich - meistens aus dem Bürgertum kommend - in der damaligen Frauenorganisation AMPRONAC zusammenfanden und später am Befreiungskampf beteiligten.
Seit der Revolution organisieren sich Frauen vor allem aus den ärmeren Schichten nicht nur in der AMNLAE, sondern auch in den Gewerkschaften, in den CDS, in der *Juventud Sandinista 19 de Julio,* wo sie an der Basis oft die Mehrheit stellen.
Im Vergleich zu anderen lateinamerikanischen Ländern ist der Prozentsatz der ökonomisch aktiven Frauen in Nicaragua hoch. In Managua arbeiten 45 Prozent aller über zehn Jahre alten Mädchen und Frauen, in den Städten an der Pazifikküste sind es 47 Prozent, in den wenigen Städten der Atlantikküste 38 Prozent. 35 Prozent der Haushalte Managuas werden nur von Frauen geführt, in der Regel, weil die Männer Frauen und Kinder verlassen haben. Diese Frauen sind gezwungen, Geld zum Unterhalt ihrer Kinder zu verdienen.
In Nicaragua gibt es für die Mehrheit der Frauen kaum eine andere Arbeit als die der Straßenverkäuferin (von selbst hergestellten Gerichten und Getränken), der Näherin, Wäscherin oder Hausangestellten. Über 70 Prozent der Frauen sind deshalb im Handel- und Dienstleistungsbereich beschäftigt. Einige Frauen arbeiten auch in der wenig entwickelten Industrie, vor allem in Textilfabri-

ken. Die Sozialleistungen sind gering und existieren für die Frauen nicht, die »für sich selbst« arbeiten.
Drei Viertel aller Frauen erreichen höchstens das Niveau der Grundschule *(Primaria),* und nur 2 Prozent besitzen einen Hochschulabschluß. Unter den Frauen, die keine Schulbildung haben, ist etwa die Hälfte ökonomisch aktiv. Frauen wurden bisher geringer entlohnt als Männer, da ihr Einkommen immer noch eher als zusätzliche Einnahmequelle zu der des Mannes oder eines anderen männlichen Familienangehörigen angesehen wurde.
Vor diesem Hintergrund ist zu fragen, was AMNLAE tut, um die Lage der Frauen zu verbessern.

Lernen in der Frauenorganisation

Wer sich unter AMNLAE eine feministische Organisation vorstellt, irrt. Über die Orientierung von AMNLAE gibt ihr oberstes Ziel Auskunft: »Verteidigung der sandinistischen Volksrevolution – politische Garantie für das Erreichen der Emanzipation der Frau«. Dies heißt, daß die Verteidigung der Revolution Priorität hat, denn nur ein freies Nicaragua ermöglicht die Emanzipation der Frau. Die Frauen haben deshalb unter anderem die Aufgabe, den nationalen Wiederaufbau durch ihre Präsenz in den Massenorganisationen zu stärken. Frauenspezifische Forderungen werden bis zur Konsolidierung der Revolution zurückgestellt. Magda Enriquez, für internationale Beziehungen bei AMNLAE zuständig, meint: »Die Ziele der Frau sind die des Volkes. Es gibt keine befreiten Frauen ohne befreite Männer.« Und die Generalsekretärin des nationalen Exekutivkomitees von AMNLAE, Glenda Monterrey, betont einen anderen wichtigen Aspekt: »Wir können nicht eine Reihe von Forderungen aufstellen, ohne eine bewußte Basis unter unseren Frauen zu haben.«
AMNLAE versucht, Frauen in allen gesellschaftlichen Bereichen zu organisieren: sei es als Gewerkschaftlerinnen oder als aktive Mitglieder in einer der anderen Massenorganisationen. Dies erscheint ein hohes Ziel, wenn man bedenkt, daß die Mehrheit der Frauen vor der Revolution keine Gelegenheit hatte, mehr als ihren engsten Umkreis kennenzulernen (auch heute kommt es noch vor, daß Männer ihren Frauen die Beteiligung an Versammlungen von AMNLAE, CDS und anderen Organisationen verbieten).

Welche Lerninhalte will AMNLAE vermitteln, und mit welchen Methoden versucht sie dies? Es ist in sich schon ein großer Schritt nach vorn, wenn Frauen ihre Vereinzelung aufgeben und sich organisieren. Das Ziel der aktiven Beteiligung von Frauen an den gesellschaftlichen Entwicklungen setzt voraus, daß Frauen eine bessere Bildung und Ausbildung erhalten. Es beinhaltet, daß Frauen sich mehr Wissen über politische und ökonomische Zusammenhänge aneignen müssen. Frauen, die Preissteigerungen oder den Mangel an Nahrungsmitteln unmittelbar spüren, müssen Kenntnisse über die Ursachen dieser Probleme erhalten. Nur wenn – so AMNLAE – Frauen zumindest grundsätzliche wirtschaftliche Zusammenhänge erkennen, können sie nicht mehr Opfer einer konterrevolutionären Kampagne werden.
Politische Ökonomie ist deshalb einer der Lernbereiche. Das Sozialministerium hat zum Beispiel ein Comic-Heft mit dem Titel »Populäre Einführung in die politische Ökonomie« herausgegeben. Dort werden Begriffe wie Produktionsmittel, Kapital und Arbeit sowie Mehrwert erklärt. Zu finden sind diese Hefte unter anderem in den Wartezimmern von Ärzten.
Politische Bildung ist auch im Hinblick auf internationale Angelegenheiten wichtig. Auf den örtlichen Versammlungen von AMNLAE, die je nach Einzugsbereich zehn bis fünfundzwanzig Personen umfassen, werden deshalb auch Probleme wie beispielsweise der Bau von Neutronenbomben diskutiert.
Durch die Frauenorganisation werden darüber hinaus grundlegende Dinge gelernt wie sprachlicher Ausdruck und öffentliche Rede. Gewöhnlich spricht in Versammlungen der Mann, dies ist auch heute noch oft der Fall, selbst wenn Frauen in der Mehrheit sind. In zunehmenden Maße lernen aber auch Frauen, ihre Angst zu verlieren und sich zu artikulieren, sie lernen durch Vorbilder wie die der weiblichen *Commandantes,* gewinnen mehr Vertrauen zu sich selbst.
Die Diskussion zur Vorbereitung politischer Entscheidungen ist ein weiterer wichtiger Teil des Lernens von Frauen in der AMNLAE. Allerdings darf man sich Diskussionen nicht immer wie einen regen Austausch von Meinungen oder gar wie »Strategiekämpfe« vorstellen, oft bleibt es noch bei Fragen und Antworten. Immerhin organisierte AMNLAE zahlreiche öffentliche Diskussionen über ein Gesetz, das die rechtliche Lage zwischen

Mann, Frau und Kind regeln soll (Vormundschaft, Unterhaltsgeld u. a.). Gesetze dieser Art würden wenig bekannt und durchsetzungsfähig sein, wenn sie nur der Staatsrat verabschiedete. Durch die öffentliche Diskussion erarbeitet die Bevölkerung künftige Gesetze mit, sie kann Impulse zu ihrer Gestaltung und Verbesserung einbringen.

Lernschwierigkeiten und andere Barrieren

Die Regierung benutzt zur Übermittlung von Inhalten in Kampagnen oder Massenorganisationen das Schneeballsystem, eine sinnvolle Methode, wenn man in kurzer Zeit große Teile der Bevölkerung erreichen will. Nach diesem System bilden wenige Fachkräfte kleine Gruppen aus, deren Teilnehmer ihrerseits wieder zu Ausbildern von weiteren Gruppen werden. Eine Übermittlung in anschaulicher Weise ist oft schwierig, weil diejenigen, die etwas weitervermitteln sollen, es selbst gerade erst gelernt haben. Dies kann auf Kosten der Qualität gehen: Themen werden dann oberflächlich abgehandelt, kritische Auseinandersetzungen bleiben ausgeblendet. Lernen vollzieht sich dann eher von oben nach unten. So stellt sich die Aufgabe, Eigeninitiativen zu fördern und Entscheidungen zunehmend zu dezentralisieren.
Andere Probleme, die die Emanzipation von Frauen behindern, liegen in den für sie geringen Arbeitsmöglichkeiten. Es fehlt für Frauen in noch stärkerem Maße als für Männer an Arbeitsplätzen. Darüber hinaus bedeutet die Integration von Frauen in den Produktionsprozeß solange eine doppelte Belastung für sie, solange nicht mehr Kindergärten und öffentliche Dienstleistungseinrichtungen (wie Waschautomaten und Volksküchen) geschaffen werden.
Gleichzeitig müßte eine Erziehung der Männer mit Hinblick darauf vorangetrieben werden, daß sie auch im Haushalt Pflichten übernehmen, damit diese Lasten nicht allein auf der Frau liegen. Eine solche Erziehung hat im heutigen Nicaragua noch kaum begonnen. Theoretisch wird die Notwendigkeit der Teilung von Hausarbeit und Kinderpflege zwischen Mann und Frau zwar anerkannt, doch ist die Regierung der Ansicht, daß dies keine prioritäre Aufgabe sei und zunächst zurückgestellt werden müsse. Im heutigen Nicaragua haben viele Männer zunächst noch zu

lernen, daß sie überhaupt eine Verpflichtung gegenüber der Familie besitzen, denn bisher verlassen sie Frau und Kinder, wenn es ihnen paßt. Mit dem Gesetz über die Neuregelung der Rechtsverhältnisse innerhalb der Familie werden Männer in Zukunft zu Unterhaltsgeld verpflichtet; allerdings setzt dies voraus, daß sie über ein geregeltes Einkommen verfügen.

Ein Projekt mit Prostituierten

Auch wenn sich AMNLAE nicht als eine Organisation versteht, die ausschließlich frauenspezifische Probleme aufgreift, gibt es in Nicaragua dennoch einige frauenspezifische Projekte, die zwar nicht von AMNLAE initiert wurden, aber von ihr unterstützt werden. Eines dieser Projekte ist das *Hogar de Capacitación y Comunicación Social*, ein Zentrum der Ausbildung und sozialen Kommunikation für Prostituierte in der Hafenstadt Corinto. Das Projekt hat zum Ziel, Prostituierten mit Hilfe von Ausbildungsgängen andere Arbeitsmöglichkeiten zu verschaffen und sie in ihre Ortsgemeinschaft zu reintegrieren.
Seit dem Sieg der Revolution ist die Prostitution in Nicaragua verboten, Bordelle wurden geschlossen. Dennoch wird die Prostitution heimlich und meistens aus ökonomischer Notwendigkeit fortgesetzt. Eine Frau berichtet: »Ich war eine verheiratete Frau mit sieben Kindern, als mein Mann mich verließ. Um die Kinder zu ernähren, ging ich in den Park. Dort ließ ich mich mit einem Mann ein, dessen Frau mir mit dem Taschenmesser aus Wut das Gesicht zerkratzte. Wir wurden beide festgenommen, sie kam frei und ich blieb sitzen. Eine Zuhälterin kaufte mich für 1000 Cordobas frei, aber nie schaffte ich es, diese Schuld abzuzahlen. Sie wollte, daß ich ihr meine zehnjährige Tochter verkaufe.«
Nach einer Befragung einiger für ein paar Tage im Gefängnis einsitzenden Prostituierten – vor allem 1980 versuchte die Polizei durch Festnahmen dem Übel der Prostitution zu begegnen – stammten Dreiviertel von ihnen aus einer vaterlosen Familie und versuchten, durch eine Verbindung in jungen Jahren (15 bis 18 Jahre) dem »Mutterhaus« zu entfliehen. Diese Beziehung scheiterte in der Regel im Laufe von zwei Jahren und ließ die Frau, meistens mit einem Kind, emotional geschädigt und ohne ökonomische Basis zurück.

Zu 45 Prozent waren diese Frauen Analphabeten, weitere 45 Prozent hatten höchstens die sechste Schulklasse erreicht. Bevor sie sich zum ersten Mal prostituierten, verdienten 90 Prozent von ihnen nicht mehr als 600 Cordobas monatlich, ein Drittel der Frauen war arbeitslos.

Das Projekt in Corinto begann im März 1980, finanziell für drei Jahre von Misereor unterstützt. Gladys und Jorge, ein chilenisches Ehepaar, sind die Initiatoren und Hauptverantwortlichen. Sie arbeiten eng mit den Massenorganisationen CDS, *Juventud Sandinista* und AMNLAE sowie der *Policia Sandinista* in Corinto zusammen, da es Ziel ist, auch die Bevölkerung der Stadt anzusprechen und sie in den Rehabilitationsprozeß der Frauen einzubeziehen. Wöchentlich finden Treffen statt, auf denen der Fortgang des Projektes und Probleme besprochen werden.

Die etwa 100 Prostituierten, die ins Zentrum kommen, haben dort die Möglichkeit, in einem der Kurse Schneiderei, Kunsthandwerk (aus Muscheln hergestellte Gegenstände wie Blumen, Figuren und Bilder) oder Maschinenschreiben zu erlernen.

Da jede Prostituierte im Durchschnitt zwei Kinder hat, wurde ein Kindergarten eingerichtet, in dem die Kinder bleiben können, wenn ihre Mütter Unterricht erhalten. Diejenigen Prostituierten, denen die Beschäftigung mit Kindern Freude macht, wechseln sich mit der Betreuung der etwa 25 Kinder im Alter von eineinhalb bis sechs Jahren ab. Sie werden von einer Erzieherin (finanziert von Diensten in Übersee) in ihrer Arbeit angeleitet und von den Einnahmen aus den Arbeiten der anderen Frauen bezahlt.

Die Frauen erhalten kostenlose ärztliche Betreuung von einem der ansässigen Ärzte, die Medikamente müssen gekauft werden. Nach langem Suchen ist ein Psychologe gefunden worden, der einmal pro Woche für ein paar Stunden ins Zentrum kommt.

Um den integrativen Charakter der Kurse zu verdeutlichen, stehen sie auch der übrigen Bevölkerung von Corinto offen. Am Schreibmaschinenkurs mit 50 Personen nehmen so unter anderem auch Söhne von Fischern teil.

Neben der Ausbildung besteht für diejenigen, die nicht lesen und schreiben können, ein Alphabetisierungskurs, für die Fortgeschrittenen gibt es Weiterbildungskurse. Eine ehemalige Prostituierte unterrichtet heute die Bevölkerung eines Stadtteils von Corinto.

Die Ausübung der Prostitution hat das Weltbild der Frauen, ihr soziales Verhalten, ihre Sprache geprägt. Mit der Prostitution gehen oft Drogen- und Alkoholkonsum einher, auch Diebstahl ist nicht ungewöhnlich. Deshalb ist neben der fachlichen Ausbildung eine Art soziale Therapie nötig, die das Zentrum, soweit möglich, in die Kurse zu integrieren versucht. Die Frauen sollen in gemeinsamen Gesprächsrunden ihre Situation verarbeiten lernen. Sie sollen Vertrauen zu sich gewinnen und sich als verantwortliche Mitglieder der Gesellschaft begreifen lernen. Jorge erzählt, daß es viele Monate dauert, bis die Frauen Vertrauen zeigen und ihm und Gladys Glauben schenken. Die Familien werden dabei – oft über Hausbesuche – mit angesprochen. Aber auch ganz alltägliche Dinge wie Pünktlichkeit, Zuverlässigkeit und Sauberkeit müssen gelernt werden.

Als ein Ergebnis dieser Gespräche sind Broschüren entstanden, die die Frauen selbst geschrieben haben, und die in Versammlungen von CDS, *Juventud Sandinista* und AMNLAE von der Bevölkerung in Corinto diskutiert werden. So vollzieht sich ein Bewußtwerdungsprozeß auch außerhalb des Zentrums. Viele ehemalige Prostituierte nehmen zudem aktiv an den Sitzungen von CDS und AMNLAE teil, eine Frau ist sogar in das Exekutivkomitee von AMNLAE in Corinto gewählt worden. Diese aktiven und mutigen Frauen bleiben natürlich noch in der Minderheit. Mit klopfendem Herzen gingen die Frauen - anfangs von Gladys begleitet – zu den Versammlungen. Je mehr Aufklärungsarbeit über die Ursachen der Prostitution in der Bevölkerung geleistet worden war, desto besser wurden die Frauen aufgenommen. Die meisten der Frauen leben in der Stadt und kommen täglich zu den Kursen ins Zentrum, so daß sie sich in ihren Vierteln in die Massenorganisationen integrieren können. Nur etwa acht Frauen wohnen im Zentrum, weil sie keine andere Bleibe haben.

Ein großes Problem für das Zentrum stellt der Mangel an Arbeitsplätzen für die ausgebildeten Frauen dar. Erst drei Frauen haben zum Zeitpunkt dieses Berichts eine Arbeit gefunden: zwei als Erzieherinnen, eine als Sekretärin. Die Mehrheit aber ist ohne feste Anstellung und kann sich und ihre Familie nur durch einen Zuschuß des Sozialministeriums ernähren. Der Erlös aus dem im Zentrum Produzierten reicht bislang nicht für ein stabiles Gehalt aus. Diese Situation stellt eine große Gefahr dar, da sie viele Frauen vorübergehend zurück in die Prostitution treibt. Die

Versuchung ist groß, wenn man bedenkt, daß die Frauen in einer Nacht mehr einnehmen können als sonst in einer Woche. Die Nachfrage in der Hafenstadt Corinto bleibt, da ständig Schiffe anlegen und Matrosen an Land gehen, die reichlich Dollar mitbringen.
Dieser Problematik sind sich auch Gladys und Jorge bewußt: »In der Gemeinde muß ein Bewußtsein über dieses soziale Problem geschaffen werden. Wir können die Prostitution nicht auf einen Schlag ausrotten; dies wird nur möglich sein, wenn die Gesellschaft, die wir heute in Nicaragua zu entwickeln versuchen, Realität wird, wenn es keinen *Machismo* mehr gibt, wenn Mann und Frau sich als gleichberechtigte Partner verstehen.«
Das Projekt in Corinto macht Schule. Inzwischen wurde ein weiteres Zentrum in León errichtet, für Managua ist eines geplant.

Ein Projekt gegen Unterernährung

Eine andere Initiative, die Frauen als Zielgruppe anspricht, ist ein vom Agrarministerium (MIDINRA) in Zusammenarbeit mit AMNLAE und den CDS getragenes Projekt. Um gegen die chronische Unterernährung vieler Kinder vorzugehen und insgesamt eine bessere Ernährung der Bevölkerung zu erreichen, beschloß man, Sojagerichte zu propagieren.
In Managua und anderen Teilen Nicaraguas – vor allem dort, wo Sojaanbau möglich oder geplant ist – werden Frauen über AMNLAE zu einem Kurs eingeladen, auf dem sie Grundlegendes über Ernährung, über Sojaanbau und Sojamahlzeiten erfahren. Zwei Zielgruppen von Frauen werden angesprochen: Hausfrauen, die sich eine Woche lang für täglich zwei bis drei Stunden treffen und dabei vier bis fünf praktische Kochversuche mit Soja in ihren Häusern durchführen; und Multiplikatorinnen, die eine Woche lang den ganzen Tag hindurch lernen. Die Multiplikatorinnen sind in der Regel der AMNLAE zugehörige Frauen, die keine festen Aufgaben in der Organisation übernommen haben; so besitzen sie Zeit, andere Frauen über Sojagerichte aufzuklären. Bis September 1981 wurden etwa 14000 Hausfrauen und 430 Multiplikatorinnen in den Gebrauch von Soja eingewiesen. Es wird Wert darauf gelegt, nicht reine Sojamahlzeiten herzustellen, sondern Soja den ortsüblichen Maisgerichten beizumischen. Die Gerichte verändern

sich dadurch kaum, und auch der Geschmack bleibt gleich, so daß die Mahlzeiten eher akzeptiert werden. Erfahrungen zeigten, daß reine Sojagerichte oft abgelehnt wurden, weil sie anders schmeckten und die Essensgewohnheiten änderten. Mit der Soja versuchen die Sozialarbeiterinnen, die die Kurse durchführen, auch gleichzeitig Gemüsebeilagen einzuführen, um einen höheren Konsum an Vitaminen zu erreichen.
Da Soja nur in geringem Maße vorhanden ist, haben einige Frauengruppen begonnen, Soja selbst anzupflanzen. Für den Kauf von Saatgut, Dünge- und Schädlingsbekämpfungsmitteln erhalten sie einen Kredit der nationalen Entwicklungsbank, so wie er auch anderen Kooperativen (die sich allerdings in der Regel aus Männern zusammensetzen) ausbezahlt wird. Unter Anleitung säen und ernten die Frauen Soja. Den Teil, den sie nicht für den Eigenkonsum nutzen, können sie an das Agrarministerium verkaufen.
Neben der Förderung einer protein- und vitamreichen Ernährung bewirkt das Projekt, daß sich die Frauen eine eigene Einnahmequelle schaffen. Der damit erreichte Standard macht sie selbständiger und stärkt ihr Selbstbewußtsein.
MIDINRA plant, in verschiedenen Teilen des Landes Sojaverarbeitungsstellen zu schaffen. Dort sollen verschiedene Sojaprodukte hergestellt werden, die anschließend in Verkaufsstellen als Gerichte angeboten werden. Auf einigen staatlichen Farmen geschieht dies schon heute, da die Frauen, die die Mahlzeiten zubereiten, in den Gebrauch der Soja eingewiesen wurden. 263 Köchinnen auf staatlichen Farmen bildete man bisher aus. Insgesamt steckt das Projekt noch in seinen Anfängen; die kommenden Ernten werden zeigen, inwieweit sich eine gesündere Ernährung auch mit Hilfe von Sojagerichten in Nicaragua fördern läßt.

Vorschulische Erziehung

Conny Puhiera
Graciela Muñoz
Gegen die Vernachlässigung der Kindheit

In den Jahren der somozistischen Diktatur war die Aufmerksamkeit gegenüber jüngeren Kindern, Kindheit und vorschulischer Erziehung so gering, daß sich nach dem revolutionären Triumph das Erziehungsministerium in einer Situation befand, die man als Nullinie bezeichnen kann. Es gab weder einen Haushalt noch eine zuständige Abteilung für vorschulische Erziehung.
Die wenigen Krippen und Kindergärten, die wir vorfanden, arbeiteten in der Regel privat, ohne Aufsicht, mit unqualifiziertem Personal und Inhalten, die mit den Situationen unserer Kinder und mit unserer Kultur kaum etwas zu tun hatten. Die Leiter von Grundschulen vertraten damals die Auffassung, Kinder sollten bis zum Schuleintritt bereits das Lesen beherrschen. Die Position förderte die Gründung von ABC-Schulen, von *Primeras Letras,* in denen mit mechanischem Drill das frühe schulische Scheitern überforderter Kinder bereits angelegt wurde.
Zum Zeitpunkt des revolutionären Sieges gab es in Nicaragua 375 000 drei- bis sechsjährige Kinder, von denen nur 9000 vorschulische Einrichtungen besuchten. Von diesen 9000 Kindern gingen 918 in Einrichtungen öffentlicher, 8082 in solche privater Trägerschaft. Die privaten Kindergärten verlangten eine hohe Gebühr und waren privilegierten Familien vorbehalten. 97 Prozent aller Drei- bis Sechsjährigen blieben unberücksichtigt.

Die Anfänge

Ein bildungspolitisches Ziel der Volksrevolution liegt in der Anerkennung vorschulischer Erziehung als Bereich des Bildungs-

wesens. Das Konzept dieser Erziehung steht im Rahmen der Vorstellungen von der brüderlichen, gerechten und gleichen Gesellschaft. Sie soll demokratischen Grundsätzen genügen und kostenfrei sein.
Die Einrichtung von Kindergärten verstehen wir als integralen Teil einer Entwicklung des Gemeinwesens. Deshalb unterstützt das Erziehungsministerium die Gründung von Kindergärten im Rahmen kommunaler Entwicklungsprojekte. Dies geschieht auch unter der Beteiligung der Ressorts Kultur, Wohnen und Soziales. In den Entwicklungsprojekten beteiligen sich Eltern, Gemeinde und vor allem die Erzieher, die die Kinder betreuen. Diese Erzieher sind keine Spezialisten, sie haben nur wenig Zeit zur Vorbereitung auf ihre Tätigkeit, trotzdem verfügen sie oft über gute Voraussetzungen und Fähigkeiten zur praktischen Arbeit mit Kindern. Weil wir die Unterstützung von Eltern und Erziehern haben, ist es auch mittelfristig schon möglich, Plätze für viele Kinder zu schaffen. Dabei nutzen wir alle möglichen Orte und Einrichtungen in der Gemeinde, denn in der Regel ist es nicht finanzierbar, besondere Bauten für Kindergärten zu errichten.

Erste Inhalte

Unsere ersten inhaltlichen Bemühungen zielen darauf, einige Grundlagen der Sozialisation zu verbessern und damit die soziale, emotionale, psychomotorische und kognitive Entwicklung der Kinder zu fördern. Wir wollen diese Kinder in ihre soziale Umwelt so integrieren, daß sie an ihrer Entwicklung teilhaben können. Sie sollen sich sicher fühlen und Vertrauen haben. Sie sollen von den Erwachsenen langsam unabhängig werden. Sie sollen in ihrer Sensibilität und Kreativität gefördert werden. Sie sollen ihren Körper gebrauchen lernen und sich sprachlich verständigen können. Auch wollen wir Erfahrungen im Umgang mit und zum Verständnis von Natur vermitteln. Wir haben dazu einen Rahmenplan entwickelt, durch den eine erste gemeinsame Basis für die Praxis geschaffen wurde.

Die Infrastruktur

Vorrangig geht es darum, möglichst viele Kindergärten auf möglichst unkonventionellem Weg einzurichten, also die Gebiete mit vorschulischer Versorgung auszudehnen. Der Begriff »Kindergarten« meint deshalb bei uns eine Reihe ganz unterschiedlich aussehender Einrichtungen. Immerhin können gegenwärtig bereits 35 140 Kinder eine solche Einrichtung besuchen.

Da sind zunächst die *Centros Preescolares Pilotos* mit insgesamt 3080 Kindern. Es sind Zentren mit Modellfunktion, die zwar keine hohen Kosten verursachen, die aber in der gegenwärtigen Phase des Wiederaufbaus quantitativ noch nicht weiterentwickelt werden können.

Auch vorhandene Klassenräume in Grundschulen können zum Kindergarten werden. 13 870 Kinder besuchen diese Einrichtungen, die sich unter Nutzung der Infrastruktur des Primarbereichs quantitativ erweitern lassen.

Die Einrichtungen der privaten Kindergärten werden ebenfalls einbezogen, hinzu kommen Kindergärten an privaten Grund- und Sekundarschulen; hier werden insgesamt 8700 Kinder betreut.

Genutzt werden auch Rathäuser, Gemeinderäume, die Gebäude der CDS sowie Privathäuser. In diese *Preescolares Comunales* und *Preescolares Populares* gehen 2900 Kinder.

Mit Laien, nämlich mit motivierten und geeigneten Gemeindemitgliedern, mit Eltern und Angehörigen der Volksorganisationen arbeiten die *Centros de Extensión Preescolar No Escolarizados*. Sie werden von 5400 Kindern besucht.

Die niederländische Bernhard-van-Leer-Stiftung beteiligt sich an der Entwicklung der vorschulischen Erziehung in ländlichen Gebieten – unter Mitwirkung der Gemeinden in der Organisation und dem Betrieb der Einrichtungen. In diesem Zusammenhang sollen auch Räume gebaut werden, die durch die Gemeinden vielfältig genutzt werden können.

Das Sozialministerium richtet Kindertagesstätten ein, die Kinder im Alter von 45 Tagen bis zu sechs Jahren ganztägig aufnehmen. Diese *Centros de Desarollo Infantil* sind eine Antwort auf die Bedürfnisse arbeitender Mütter. Den Kindergarten-Bereich dieser Tagesstätten besuchen 1190 Kinder, er wird von der Abteilung Vorschulerziehung des Erziehungsministeriums betreut und beraten.

Das Erziehungs- und das Sozialministerium haben außerdem gemeinsam ländliche Kinderdienste, die *Servicios Infantiles Rurales* eingerichtet. Sie betreuen während der Erntezeiten von Kaffee,

Baumwolle und Zuckerrohr die Kinder der *Campesinos.* Die Dienste sind mobil und orientieren sich an den regionalen Bedürfnissen.

Aus- und Fortbildung

Die qualifikatorischen Voraussetzungen der Erzieher und Betreuer sind gegenwärtig sehr unterschiedlich. Deshalb werden eine Vielzahl von regionalen und überregionalen Tagungen und Seminaren veranstaltet, in denen nach dem Schneeballsystem Erfahrungen weitergegeben werden. Zu den bisherigen Schwerpunkten gehörten die praktische Erarbeitung didaktischer Materialien, die Einführung in grundlegende Aspekte vorschulischer Erziehung und in den Rahmenplan, die Entwicklung von Möglichkeiten der Sprachförderung und die Entwicklung situationsbezogener didaktischer Einheiten. Wir sind dabei, ein Fernstudium zu entwickeln, so daß Erzieher ihre Aus- und Fortbildung selbständig organisieren können.

Internationale Unterstützung

Ein niederländisch-nicaraguanisches Abkommen ermöglicht es uns, Beratung in Anspruch zu nehmen. So wurden beispielsweise pädagogische Ansätze der Sprachförderung ermittelt, in einer Pilotstudie praktisch erprobt und zu pädagogischen Anregungen weiterentwickelt. Eine ähnliche Vereinbarung gibt es zwischen Nicaragua und Kuba.
Mit einer Gruppe deutscher Wissenschaftler – und gefördert durch die Deutsche Gesellschaft für Technische Zusammenarbeit – wurden Strategien basisorientierter Curriculumentwicklung erarbeitet. Die dabei gewonnenen Erfahrungen bedeuten eine große Bereicherung des vorschulischen Rahmenplans, weil sich die in Entwicklung begriffenen didaktischen Einheiten unmittelbar an Situationen der Kinder des neuen Nicaragua orientieren.
Die *Comisión Evangélica Latinoamericana de Educación Cristiana* sandte ein Programm zur Entwicklung von Kinderspielen, Spielzeug und didaktischen Materialien. Dies Programm wurde mit unmittelbarer Beteiligung verschiedener Gemeinden und unter Nutzung regionaler Ressourcen durchgeführt. Auch UNI-

CEF beteiligt sich finanziell und beratend an diesen Arbeiten. So wurden Seminare über die Verbindungen von Kindergärten und Gemeinwesen durchgeführt, in denen wir Strategien entwickelten, um die Gemeinden an der vorschulischen Erziehung zu beteiligen. Die Anstrengungen der Revolutionsregierung richten sich darauf, allen Kindern im vorschulischen Alter Kindergartenplätze anzubieten. Das ist ein schwer zu erreichendes Ziel, wenn man die Armut unseres Landes und den Mangel an Lehrern und Erziehern in Rechnung stellt. Es ist aber kein unmögliches Ziel, wenn wir uns auf unsere eigenen Kräfte besinnen, wie wir sie beim Sturz der Diktatur und bei der Bekämpfung des Analphabetismus mobilisiert haben, und wenn wir der solidarischen Hilfe der befreundeten Länder gewiß sind.

Primarbereich

Alejandro Floripe Fajardo
Skizze über die Armut in ländlichen Schulen

Wer in Nicaragua heute Schulen auf dem Land besucht, kann sich immer noch an die somozistische Zeit des Schreckens, der Brutalität, des Analphabetismus und der Ausbeutung erinnert fühlen. Es ist gut möglich, daß man in Orte kommt, in denen die Spuren des Völkermordes noch frisch sind.

Zwischen acht und neun Uhr morgens kommen die ersten zerlumpten Kinder, allmählich wird es eine kleine Gruppe. Man sieht ihnen an, daß sie an Nahrungsmangel leiden. Fragt man sie, warum sie zu spät kommen, dann sagen sie: »Weil ich fünf Kilometer weit weg wohne.« Oder: »Weil ich erst noch losziehen mußte, um Essen zu suchen.« Oder: »Weil ich keine Schuhe habe und meine Füße wund sind.«

»Ich habe keinen Bleistift«, »ich habe kein Heft«: Das sind Antworten von Schülern, wenn eine Lehrerin beispielsweise vorschlägt, ein Diktat zu schreiben. Ein Kind sagt: »Ich habe nichts gelernt, weil mein Vater sagt, er habe auch nie etwas gelernt und trotzdem sein Brot verdient.« Und ein anderes: »Ich habe zu Hause keinen Stuhl, um mich hinzusetzen.«

Während der Pause ist der Hof voll von Kindern und Tieren. Es gibt weder Trinkwasser noch Toiletten. Die Kinder haben nicht einmal einen Ball zum Spielen. Sie rennen hin und her, dann geht es wieder zurück in den Unterricht.

Wie andere Kinder Lateinamerikas sind auch die Schüler dieser Landschulen Kinder der Unterentwicklung – krank, unterernährt und barfuß. Die Schule ist in der Regel ein Schuppen, ein windschiefer, unbequemer und ungesunder Bau ohne unterteilte Klassen. Anstelle von Schulbänken gibt es oft nur Steine. Die

Lehrer, die ohne die notwendigsten Mittel dort arbeiten müssen, sind arm und leiden selbst oft an Hunger.
Auch wenn die Landschulen äußerlich noch verwahrlost aussehen, auch wenn es noch bombardierte Schule ohne Dach und Fenster gibt, haben doch in großem Umfang die Arbeiten begonnen, um die Landschulen neu zu entwickeln und die Mißstände zu beseitigen. Diese Entwicklung geschieht mit denen zusammen, die unterdrückt waren, mit den Armen und Barfüßigen.

Ministerium für Erziehung, Abteilung Grundschulpädagogik
Die Entwicklung der Grundschulen

Im »Bildungswesen« des Regimes unter Somoza wurden die Grundschulen – quantitativ und qualitativ – am wenigsten berücksichtigt. In weiten Teilen des Landes fehlten Schulen und Lehrer. Die meisten Lehrer waren Laien – Lehrer ohne Abschluß und mit minimaler Schulbildung. Sie konnten deshalb nur in den unteren Klassen unterrichten. Schulschwänzen und Schulverweigerung, Sitzenbleiben und überalterte Klassen waren Kennzeichen ländlicher und auch vieler städtischer Schulen. Nur eine kleine Gruppe überstand die Grundschulzeit – von 100 Schülern, die in die erste Klasse kamen, erreichten lediglich 21 die sechste.

Die Lehrpläne entsprachen dem imperialistischen Interesse an kultureller und ideologischer Durchdringung. Sie standen in keinem Zusammenhang mit unserer geschichtlichen Wirklichkeit, mit der ökonomischen, politischen und sozialen Lage unseres Landes. In den Schulen fehlten Möbel, Lehr- und Lernmittel, es fehlten Hilfsmittel aller Art. Ein großer Teil der Schüler mußte während des Unterrichts auf dem nackten Boden sitzen – gleichzeitig stiegen die Ausgaben für militärische Zwecke Jahr um Jahr rapide.

Die *Junta de Gobierno de Reconstrucción Nacional* mußte damit auch im Primarbereich ein Erbe antreten, das aus einer einzigen Folge von Problemen und Mißständen bestand. Sie war in allen Bildungsbereichen konfrontiert mit einem hohen Prozentsatz von Analphabetismus, mit einer großen Zahl von zerstörten oder ausgeplünderten Schulen, mit dem Mangel an Schulräumen, Bibliotheken, Laboratorien und didaktischem Material, mit dem dringenden Bedarf an Tausenden von Lehrern. Angesichts einer so erbärmlichen Situation mußten wir rasch Maßnahmen ergreifen, um eine Volksbildung quantitativ und qualitativ überhaupt erst zu ermöglichen.

Die gegenwärtige Situation der Grundschulen

Trotz unserer wirtschaftlichen Schwierigkeiten wurde der Etat für die Grundschulerziehung jedes Jahr erhöht. Wir versuchten dabei, die verfügbaren Hilfsquellen bis zum äußersten auszuschöpfen. Auf dem Land wurden Schulen gebaut. Hunderte von Lehrern wurden in Dörfern ernannt, deren Menschen man bisher ihr Recht auf Bildung immer verweigert hatte. So soll durch die Zahl der gebauten Schulen und der neu eingestellten Lehrer die Politik des Erziehungsministeriums und der Regierung Wirklichkeit werden, »das Land mit Schulen zu übersäen«.
Die Grundschulen sind jetzt kostenlos und obligatorisch; bisher ist es jedoch immer noch nicht gelungen, alle Schulpflichtigen zu berücksichtigen. In die Grundschulen gehen normalerweise Kinder zwischen sieben und zwölf Jahren. Wegen der geringen schulischen Versorgung der vergangenen Jahre gibt es indessen einen hohen Prozentsatz von Schülern, die das Höchstalter überschritten haben. Ein gravierendes Problem der Grundschulen liegt mithin darin, daß diese Schüler Plätze belegen, von denen jüngere schulpflichtige Kinder dann ausgeschlossen bleiben.

Grundschulklasse in Managua
Foto: Angelika Krüger

Der Primarbereich umfaßt sechs Jahre. Die Mehrheit der ländlichen Schulen kann gegenwärtig jedoch nur die ersten beiden Jahre anbieten. Im Schuljahr 1980/81 konnten insgesamt 503497 Schüler in 4577 Schulen von 14113 Lehrern betreut werden. Unter diesen Lehrern sind 2000 kubanische Internationalisten, die zur pädagogischen Arbeitsgruppe »Augusto C. Sandino« gehören. Sie arbeiten in den abgelegensten Teilen des Landes, meist in Gemeinden, die niemals zuvor eine Schule gesehen haben.

Das Schuljahr dauert zehn Monate und ist in Semester von je siebzehn Wochen aufgeteilt. Die tägliche Schulzeit beträgt fünf Stunden. In den städtischen Schulen gibt es zwei Schichten – morgens von 7 bis 12 Uhr und nachmittags von 13 bis 18 Uhr. Die ländlichen Schulen haben wegen ihrer geringeren Schülerzahl nur einen morgendlichen Durchgang.

Der Lehrplan besteht aus neun Fächern, die innerhalb eines Schuljahres in der Regel von einem einzigen Lehrer unterrichtet werden. Seit Juli 1979 wurde mit der Revision der Lehrpläne begonnen. Es entstanden Übergangspläne, die gegenwärtig in allen staatlichen und privaten Grundschulen Nicaraguas angewandt werden.

Es werden neun Fächer unterrichtet: Sprache, Mathematik, Sozialkunde, Naturkunde, Landwirtschaft, Arbeitslehre (nur in der fünften und sechsten Klasse), Kunsterziehung, Sport und Musik (letztere nur in den ersten beiden Klassen). Der Stundenplan der ersten bis vierten Klasse umfaßt jeweils 22 Wochenstunden beziehungsweise 572 Schulstunden im Jahr; in der fünften und sechsten Klasse sind es 25 Wochenstunden beziehungsweise 650 Schulstunden im Jahr. Auf die Fächer Sprache und Mathematik entfallen in den sechs Klassen je fünf Wochenstunden. Die Sozialkunde steigert sich: drei Wochenstunden in den ersten beiden Klassen, vier Stunden in der dritten und vierten, fünf Stunden in der fünften und sechsten Klasse. Die Naturkunde liegt durchgehend bei drei, Landwirtschaft, Sport und Arbeitslehre liegen bei zwei, Kunsterziehung und Musik bei einer Wochenstunde.

Entwicklungen

Im Primarbereich wurden erste quantitative und qualitative Erfolge sichtbar - vor allem aus den folgenden Gründen:

- Die Regierung hat dem Bildungsbereich Priorität eingeräumt und einen Etat veranschlagt, der fundamentalen Notwendigkeiten entsprach.
- Eine Politik der Effizienz und Strenge wurde sowohl von der Leitung des Erziehungsministeriums als auch durch das Ministerium insgesamt praktiziert und durchgehalten.
- Die Basisorganisationen, vor allem ANDEN, *Padres de Familia* und *Juventud Sandinista 19 de Julio* unterstützten die Projekte und Programme des Erziehungsministeriums aktiv und mit Nachdruck.
- Die Lehrer und Schüler arbeiteten mit viel Anstrengung und Hingabe daran, die Ziele des Schuljahres zu erreichen.
- Die internationalistischen kubanischen Lehrer haben einen wertvollen Beitrag geleistet: Mit ihrer Hilfe wurden Hunderte von Schulen neu eröffnet. Dort werden jetzt mehr als 70000 Kinder betreut.
- Die *Juntas Municipales de Reconstrucción,* das sind die städtischen Kommissionen des Wiederaufbaus, und die ländlichen Gemeinden haben vor allem in Bereichen der Infrastruktur unterstützend gewirkt.
- Es wurden - im Sinne einer demokratischen, volksnahen und antiimperialistischen Bildung - neue inhaltliche Akzente gesetzt.
- Die FSLN hat als Avantgarde in einer klugen Weise ihre leitende Funktion wahrgenommen.

Unsere größten Anstrengungen richten sich darauf, die Bedingungen der ländlichen Schulen zu verbessern. Heute gibt es viele, auch weit abgelegene Dörfer, in denen – in Zusammenarbeit von Erziehungsministerium und Gemeinde – Schulen gebaut und mit den wichtigsten Möbeln, technischen und didaktischen Materialien ausgestattet werden.
So wurden durch ein Projekt zur Entwicklung eines ländlichen Verbundsystems von Schulen – das Projekt der *Nuclearización* – bisher 360 Schulräume, Werkstätten und Laboratorien geschaffen und eingerichtet. Sie sind verteilt auf Basisschulen, diesen untergeordnete Sub-Basisschulen und diesen wiederum untergeordnete Satelliten-Schulen in den fünfzehn ländlichen Erziehungszentren, die in zwölf Landkreisen ihre Arbeit bereits aufgenommen haben: in den Kreisen Boaco, Chontales, Chinandega, León,

Rivas, Madriz und Nueva Segovia. In Carazo, Managua und im Gebiet von Waslala (Matagalpa-Zelaya) kommen fünf neue Zentren hinzu. Die im Nucleus-Projekt arbeitenden Lehrer haben eine besondere Ausbildung erhalten. Die Nucleus-Schulen beziehen die gesamte Bevölkerung der Region in den Bildungsprozeß ein. Sie werden dabei von den Medien unterstützt.

Wir arbeiten parallel an Maßnahmen zum quantitativen Ausbau des Primarbereichs und an qualitativen Verbesserungen und Veränderungen:

- In zwei Jahren revolutionärer Regierung wurden mehr als 4000 neue Stellen für Lehrer eingerichtet, wovon die Mehrzahl ländlichen Gebieten zugeteilt wurde.
- In allen Schulbezirken wurden Seminare, Arbeitsgruppen und Fortbildungskurse für die Lehrer der Dorfschulen eingerichtet, besonders für diejenigen, die in verschiedenen Klassen gleichzeitig unterrichten.
- In den Schulbezirken wurde Fachpersonal eingesetzt, um Lehrer zu beraten. In diesem Zusammenhang wurden besondere Fortbildungsmöglichkeiten (durch Fernstudium oder Unterricht) in den Bereichen Schulverwaltung und -beratung geschaffen.
- Die Absolventen der *Escuelas Normales* leisten, um ihre Anerkennung als Grundschullehrer zu erlangen, ein Jahr Sozialdienst in Grundschulen ländlicher Regionen.
- Es wurden Einrichtungen zur Lehrerbildung gegründet, dazu Seminare zur pädagogischen Evaluation, Curriculumentwicklung und Fortbildung (TEPCE).
- Die Curriculumreform wird als fortlaufender Prozeß angelegt, wobei unter anderem auch übergreifende Standards für die jeweiligen Programme entwickelt werden.
- Es wurden über 50 Schulbibliotheken eingerichtet, die Schülern, Lehrern und den Menschen aus der Umgebung zur Verfügung stehen.
- Wir sind dabei, innerhalb eines allgemeinen Regionalisierungsprogramms auch grundschulbezogene technisch-administrative Aufgaben zu dezentralisieren.
- Wir wollen die Verbindung von Theorie und Praxis durch das *Estudio-Trabajo*-Programm auch im Grundschulbereich vertiefen.

- Wir wollen die Teilnahme der Massenorganisationen an den Aufgaben des Grundschulwesens systematischer gestalten und stärken.
- Wir zielen mittelfristig auf die Einführung einer allgemeinen Grundbildung mit neunjähriger Schulpflicht.

Zahlen

Hier einige Zahlen, die es erlauben, nach einem Rückblick auf das Jahr 1978 die Situation der Grundschulen während des Schuljahres 79/80 mit denen des Schuljahres 80/81 zu vergleichen:

Grundschulen 1978, im letzten Schuljahr unter dem somozistischen Regime

	Insgesamt	Stadt	Land
Schulen	2402	734	1668
Schüler	369640	242031	127609
Lehrer	9986	7302	2684

Grundschulen in den Schuljahren 1979/80 und 1980/81

	1979/80	1980/81	Zunahme
Schulen	3601*	4577	27,10%
Schüler	411515	503497	22,35%
Lehrer	11894*	14113	18,65%

Stadt-Land-Verteilung in den Schuljahren 1979/80 und 1980/81

	1979/80			1980/81**		
	Insgesamt	Stadt	Land	Insgesamt	Stadt	Land
Schulen	3601	1057*	2544	4577	977	3580
Schüler	411515	240922	170593	503497	302152	201345
Lehrer	11894	7692*	4202	14113	8334	5779

* Einschließlich vorschulische Erziehung
** Einschließlich *Primaria Acelerada*

Schüler und Schulträger im Schuljahr 1980/81

	Insgesamt	Staatliche Schulen	Subventionierte Schulen	Private Schulen
Insgesamt	503497	438773	35102	20622
Städtisch	302152	244486	31579	17087
Ländlich	201345	194287	3523	4535

Eingeschriebene Schüler pro Jahrgangsstufe in den Schuljahren 1979/80 und 1980/81

	1979/80	1980/81	Zunahme
Insgesamt	411515	503497	
1. Klasse	172267	203669	14,73%
2. Klasse	73874	94062	18,22%
3. Klasse	57874	60379	27,32%
4. Klasse	45077	48391	7,35%
5. Klasse	35011	36202	3,40%
6. Klasse	27905	29446	5,52%
Primaria Acelerada	–	31330	–

Im Schuljahr 1982/83 werden im Primarbereich 620 Lehrer neu ernannt und etwa 530000 Schüler betreut, 30000 davon in der *Primaria Acelerada* (einer Abendschule, in der Schüler die dritte und vierte sowie die fünfte und sechste Klasse jeweils in nur einem Zeitjahr durchlaufen können). Ende dieses Schuljahres werden insgesamt etwas über 39000 Schüler in die Sekundarschulen überwechseln, über 12000 davon mit einem Abschluß in den *Primarias Aceleradas.*

Gegenwärtige Probleme

Angesichts der wirtschaftlichen Einschränkungen, denen sich das Land gegenübersieht, reichen die finanziellen und personellen

Kräfte nicht aus, um den Bildungsanspruch der schulpflichtigen Kinder zureichend einlösen zu können. Die spürbarsten Mängel erleben wir gegenwärtig in den folgenden Bereichen: im Aufbau und in der Wiederherstellung von Schulen, in der Ausstattung mit Schulmobiliar (Pulte, Tische, Tafeln, Stühle) und didaktischem Material, in der Einrichtung von Laboratorien (für naturwissenschaftliche Lernbereiche) und Werkstätten (für die Bereiche Holz, Metall und Elektrizität), in der Einrichtung von Bibliotheken, in der technischen Ausrüstung (Schreibmaschinen, Vervielfältigungsgeräte, Locher), in der Produktion von Schulbüchern und audiovisuellen Hilfsmitteln (Tonbänder, Diaprojektoren, Filmprojektoren u. a.), in der Ausrüstung mit Sportgeräten und Werkzeugen für den landwirtschaftlichen Unterricht, bei den Schreibunterlagen (Heften, Bleistiften), dem Büro- und Vervielfältigungsmaterial (Papier, Matritzen, Tinte, Abzugspapier u. a.), in der Bereitstellung von Transport- und Kommunikationsmitteln.
Jede Schule versucht auf ihre Mangelsituation im Rahmen ihrer Möglichkeiten eine Antwort zu finden, beispielsweise durch die Zusammenarbeit mit den Eltern und den Massenorganisationen.
Aber wir brauchen zum Aufbau des Bildungswesens auch die Unterstützung der Gemeinschaft der Völker. Wir brauchen ihre Hilfe bei allem, was die Infrastruktur des Bildungswesens und die materielle und personelle Versorgung der Schulen betrifft.
Die solidarische Hilfe der Länder und Brudervölker kann es ermöglichen, daß für die Kinder und Jugendlichen Nicaraguas die gegenwärtigen Probleme bald geringer werden, so daß alle die Sonne des Sieges in ihrer Kraft leuchten sehen, so, wie die Helden und Märtyrer unserer sandinistischen Volksrevolution es erträumt haben.
Der Glaube in unserem Volk läßt uns die erhoffte Zukunft erahnen. Wir wissen, daß wir alle Schwierigkeiten und alle Probleme, die sich uns in den Weg stellen, besiegen werden. Wir sind voller Optimismus und Hoffnung, denn »der Sonnenaufgang ist keine Verheißung mehr« in Nicaragua.
Freies Vaterland oder Tod! Nach zwanzig Jahren Kampf schwören wir, den Sieg zu verteidigen!

Maria Theresia Albert
Einige Voraussetzungen interkultureller Erziehung an der Atlantikküste

Seit dem August 1981 wird vom nicaraguanischen Erziehungsministerium im Primarbereich ein Projekt zur dezentralen Lehrmittelentwicklung für naturwissenschaftlichen und landwirtschaftlichen Unterricht durchgeführt. Es wird von der Bundesregierung finanziell und personell unterstützt. Im Rahmen dieses Projektes arbeite ich seit Anfang des Jahres 1982 an der nicaraguanischen Atlantikküste. Meine Aufgabe dort ist es, Basisgruppen bei der Entwicklung ihrer regional orientierten Lehrmittel zu betreuen.
Mein Beitrag in diesem Buch will weder ein Konzept für interkulturelle Erziehung skizzieren, noch die Politik der FSLN an der Atlantikküste loben oder kritisieren. Ich will vielmehr einige Erfahrungen mitteilen, die ich bei meiner Arbeit gewonnen habe, und die zumindest für mich bei der Entwicklung einer interkulturellen Erziehung an der Atlantikküste Berücksichtigung finden müßten.
Ich beschränke mich dabei auf den südlichen Teil der Küste, auf den Süden der Region Zelaya. Dort leben ethnische Minderheiten mit eigenen Sprachen, die sich von der spanisch kolonisierten Bevölkerung des westlichen Nicaragua deutlich unterscheiden.
Im Norden Zelayas, entlang der Grenze zu Honduras, lebten bis Anfang des Jahres 1982 Miskito-Indianer. Etwa 8500 dieser Indianer wurden im Januar in ein 60 Kilometer südlich liegendes Gebiet umgesiedelt. Das neue Siedlungsgebiet umfaüßt fünf Niederlassungen mit einer Gesamtfläche von 52543 Hektar kultivierbaren Landes und trägt den Namen Tasba Pri (freies Land). Die Umsiedlung erfolgte wegen der in dieser Region operierenden konterrevolutionären Gruppen, die kurz zuvor in der *Navidad Roja,* der roten Weihnacht, sechzig Menschen ermordet hatten. Im Süden Zelayas - in Bluefields, in der Laguna de Perlas, auf Corn Island sowie in Rio San Juan del Norte – leben Schwarze überwiegend jamaicanischer Abstammung. Im Norden, aber weiter westlich als die Miskitos leben Sumos. Außerdem gibt es noch Ramas, den bevölkerungsmäßig kleinsten Teil der Indianer. Ihr Wohngebiet liegt südwestlich von Bluefields. Obwohl die

»Spanier« der pazifischen Seite Nicaraguas auf ihrer Suche nach Land die gesamte Region Zelaya bevölkert haben, ist ihr ethnischer Einfluß dort verhältnismäßig gering geblieben.

Über die Geschichte

Ich hospitiere in der ersten Klasse der Grundschule in Laguna de Perlas. Der Ort liegt in einem Gebiet, von dem aus englische Piraten die aus Peru und Bolivien kommenden und mit Gold beladenen Schiffe der Spanier kaperten. Die heutige Costa Atlantica war damals die Costa Mosquitia. Durch die Vorführung ihrer Waffen gelang es den Piraten bald, die von der Jagd lebenden Miskitos für europäische Manufakturwaren zu interessieren. Mit den Jahren entwickelten sich zwischen Piraten und Indianern regelrechte Handelsbeziehungen.

Mit der 1655 vollzogenen Kolonisierung Jamaicas durch die Engländer kam es zu einer Ausweitung des Zuckerhandels etwa bis Ende des 17. Jahrhunderts. Ihr folgte die englische Kolonisierung des Königreiches Mosquitia. Für die Arbeit in den Zucker- und Kokosplantagen, und um die Kiefernwälder abholzen zu lassen, importierten die Engländer Sklaven – teils aus Afrika, teils aus Jamaica –, die sich mit der dort lebenden Bevölkerung vermischten.

Eine Basis dieses Prozesses bildete der Protestantismus, insbesondere die heute noch dominierende Moravische Kirche, eine andere die englische Sprache, die die Einheimischen lernen sollten, um ihr Heil in der Bibel zu finden.

Die englische Kolonisierung der Atlantikküste schaffte vor allem unter den Schwarzen eine gemeinsame Kultur, die die Identifikation mit angelsächsischen Interessen erleichterte und zunächst dem englischen Kolonialismus, später dem nordamerikanischen Imperialismus Vorherrschaft und Ausbeutung sicherte. Andererseits stand sie im Gegensatz zum Katholizismus, zu Sprache und Kultur der »Spanier« des pazifischen Nicaragua. Durch die Vorherrschaft nordamerikanischer Unternehmen an der Atlantikküste wurde diese Region ökologisch bleibend geschädigt, sozial- und bildungspolitisch völlig vernachlässigt, infrastrukturell nicht entwickelt. Die Aufhebung des Entwicklungsgefälles gegenüber der pazifischen Region ist wichtige Aufgabe der Revolution.

Plakat zur Alphabetisierung an der Atlantikküste
Quelle: MED

Daß aber auch revolutionäres Bewußtsein Traditionen von heute auf morgen nicht vergessen macht, drückt sich an der Oberfläche in Vorurteilen aus, die ich in Gesprächen mit »Spaniern« der Pazifikregion über die Bewohner der Atlantikküste oft zu hören bekomme: »Die wollen ja nicht arbeiten«, ist eines der gängigsten. Die Ablehnung von »Spaniern« durch Bewohner der Antlantikküste drückt sich weniger in Worten aus, sondern eher durch die stumme Verweigerung verlangter Aktivitäten. Einig sind sich die Bewohner der Pazifikregion mit denen der Atlantikzone in der Abwehr einer erneuten Intervention durch die Vereinigten Staaten. Die Parole *No pasaran* (sie kommen nicht rein) ist eines der verbindenden Elemente. Welche Gemeinsamkeiten sich darüber hinaus entwickeln lassen, bleibt abzuwarten. Viele Schritte sind eingeleitet, wenige in der Durchführung. Ein Schritt in die richtige Richtung ist, daß zunächst ein gegenseitiges Kennenlernen der verschiedenen Kulturen gefördert wird.

Miss Nancy, die Lehrerin der Grundschulklasse, in der ich hospitiere, selbst noch Schülerin im vierten Jahr der dortigen Sekundarschule, fragt ihre 40 Schüler: »Was legt das Huhn?« »*Eggs*«, schallt der Chor der ganzen Klasse. Miss Nancy: »In Spanisch?« »*Huevos*«, antwortet wieder die Klasse gemeinsam. Sie erklärt mir, daß sie seit zwei Wochen versuche, ihren Schülern den Unterschied zwischen Säugetieren und »Tieren, die Eier legen« zu erklären. Da ich die Lehrpläne, die *Programas de Transición* kenne, wundere ich mich nicht über das Thema, das auf den ersten Blick für Erstkläßler weit hergeholt erscheint. Es ist Teil der Unterrichtseinheit »Pflanzen, Tiere und die Umwelt«.
Die geltenden Lehrpläne sind die zweite Fassung und für die Schuljahre 1981/82 entwickelt worden. Ihre Verfasser üben selbst Kritik daran. Die Lehrplan-Entwicklungsgruppe im Erziehungsministerium stand vor dem Problem, innerhalb kurzer Zeit, ohne je Erfahrung mit Curriculumentwicklung gesammelt zu haben, Lehrpläne erstellen zu sollen.
Die Entwickler brachten ihre eigene traditionelle, auf Frontalunterricht ausgerichtete Erziehung, guten Willen und die vorläufigen revolutionären Bildungsziele mit. Das Ergebnis ist ein Spiegel davon. Da trotz aller Kritik die Programme, die an alle Lehrer im Land verteilt wurden, die einzigen didaktischen Hinweise bilden, machen sich ihre Schwächen besonders bemerkbar.
So wurden zum Beispiel die »vorgeschlagenen Aktivitäten« zu den »Inhalten der Unterrichtseinheiten« von der Lehrplan-Entwicklungsgruppe am Schreibtisch erdacht, ohne regionale Besonderheiten zu kennen oder zu berücksichtigen, ohne die Situation von Kindern im revolutionären Prozeß zu reflektieren. Ein Ergebnis dieses Vorgehens ist es, daß viele der nicaraguanischen Lehrer, die weder Eigeninitiative noch Kreativität gelernt haben oder anwenden durften, an den Programmen kleben.
Auch ein dreijähriger revolutionärer Prozeß kann keine neuen Lehrer aus dem Boden stampfen. Noch ist es die Mehrheit der Lehrer, die schon zu Somozas Zeiten unterrichtete. Die Erziehung des *Nuevo Hombre*, die auch den neuen Lehrer einschließt, braucht auf dem Hintergrund der sich langsam verändernden Produktionsverhältnisse ihre Zeit.

Insofern ist auch für Miss Nancy Frontalunterricht und Auswendiglernen normal. Sie versteht meine Kritik daran nicht. Und obwohl die Programme vorschlagen, Gruppen zu bilden, um Themen zu erarbeiten oder praktische Erfahrungen der Kinder für die Klärung theoretischer Fragen zu nutzen, zieht sich diesen Unterrichtsstil vor. Sie weiß nicht, wie sie die abstrakten Hinweise in den Programmen umsetzen soll. Sie hat selbst alles auswendig gelernt, und sie muß es immer noch, wenn sie nachmittags die Sekundarschule besucht, um ihr Abitur zu machen.
Für sie liegt die Schwierigkeit, daß die Schüler den Unterschied zwischen Säugetieren und solchen, die Eier legen, nicht begreifen, darin, daß sie jeden spanischen Begriff zunächst in Englisch erklären muß: »Wenn die Kinder in die Schule kommen, verstehen sie fast kein spanisches Wort, da in den Familien nur Englisch gesprochen wird. Ich schreibe einen Begriff in Spanisch an die Tafel und lasse ihn von der ganzen Klasse wiederholen. Steht er nicht mehr da, erhalte ich die Antwort prompt auf Englisch.«
In einer Erklärung vom März 1982 veröffentlichten *Junta* und FSLN erneut die Prinzipien ihrer Politik an der Atlantikküste. Sie wollen eine Wiederentdeckung kultureller Traditionen der Schwarzen, Sumas, Miskitos und Ramas unterstützen, die dazu notwendigen Mittel aufbringen und die Erhaltung der Sprachen fördern.
Wie sieht die Realität des Jahres 1982 aus? In den existierenden Lehrplänen gibt es bisher weder einen Unterricht in Muttersprache noch didaktische Hinweise oder methodische Vorschläge für Lehrer, die in Gebieten der Atlantikküste unterrichten. Für Miss Nancy bleibt daher auch die in den Programmen enthaltene Aufforderung für Lehrer, die »soziokulturellen Umstände« in den Unterricht mit einzubeziehen, graue Theorie.
Bei einem Gespräch mit der regionalen Leitung des Erziehungsministeriums in Bluefields wurden mir Ursachen dieser Problematik genannt: Während der Somoza-Diktatur wurden die ethnischen Besonderheiten der Bevölkerungsgruppen an der Atlantikküste nicht einmal erwähnt. Es gibt keine oder fast keine ethnologischen Untersuchungen. Das einzige Interesse galt der ökonomischen Ausbeutung. Das nur rudimentär existierende Bildungswesen war daran orientiert, Arbeitskräfte für die sich auf den Export von Agrarprodukten und Erzen spezialisierten US-Firmen heranzubil-

Plakatwand an der Atlantikküste
Foto: Angelika Krüger

den. Für die nordamerikanischen Handelsgesellschaften benötigte man englischsprechende Arbeitskräfte. Diese Funktion der Ausbildung übernahmen oft die Kirchen.

Daß es überhaupt eine besondere Problematik der Atlantikküste gibt, ist erst durch die sandinistische Revolution bekannt geworden. Wie in anderen Bereichen kann auch hier ein revolutionärer Prozeß keine Wunder vollbringen. Die wirtschaftlich schlechte Lage des Landes wirkt sich hier stärker aus als in anderen Regionen, da eine Infrastruktur erst geschaffen werden muß.

Falls es nationale Ethnologen gibt, haben sie kein Geld, um Forschungen zu betreiben. Linguisten fehlen gänzlich. Die *Compañeros* der Lehrplan-Entwicklungsgruppe in Managua sprechen zwar ausgezeichnet Spanisch; aber Englisch, Sumo, Miskito oder gar Ramaki sind für sie spanische Dörfer. Die meisten der *Compañeros* kennen die Atlantikküste kaum.

So wird Miss Nancy vorläufig den Unterschied zwischen Säugetieren und solchen, die Eier legen, weiterhin im Frontalunterricht und durch Auswendiglernen vermitteln. Das von Paulo Freire be-

schriebene Bankierskonzept der Erziehung wird weiterhin durchschlagen und die »Übermittlungserziehung«, die – so Freire – »im Schall der Worte, nicht aber in ihrer verwandelnden Kraft« besteht, nur langsam abgebaut werden.
Bei der Frage nach dem Huhn werden die Schüler weiterhin *»eggs«* oder *»huevos«* antworten, ohne sich klarzumachen, wie wichtig Eier beispielsweise für die tägliche Ernährung sein können.
Für die Direktorin der Grundschule stellen sich die Probleme anders. In ihrer Hauptaufgabe, die Schule zu verwalten, hat sie eine Reihe von Schwierigkeiten zu bewältigen, die für die Atlantikküste wie speziell auch für Zelaya Sur charakteristisch sind. Zum Beispiel liegt Laguna de Perlas etwa anderthalb Motorbootstunden von Bluefields entfernt, dem Sitz der regionalen Verwaltung des Erziehungsministeriums. Es gibt kein Telefon. Kommunikation ist nur über den Radiosender des Erwachsenenbildungs-Projektes möglich. Auch hier funktioniert oft etwas nicht. Der für das Gebiet Zelaya Sur zuständige Direktor ist oft wochenlang unterwegs, weil er alle *Comunidades* zu betreuen hat und sich nur per Motorboot fortbewegen kann. Das Problem mit den Motorbooten ist, daß die Motoren völlig überaltert sind und oft ausfallen. Ersatzteile sind – wenn überhaupt – nur schwer zu beschaffen, da sie nordamerikanischen Ursprungs sind und es entweder an Dollars fehlt oder an der Bereitschaft der USA, staatliche Institutionen in Nicaragua zu unterstützen. Es fehlt also eine elementare Voraussetzung für die Durchführung von Reformen, eine Kommunikationsstruktur.
In ganz Laguna de Perlas gibt es keine Möglichkeit, selbsterstelltes Unterrichtsmaterial zu vervielfältigen. Weder Lehrer noch Schüler verfügen über Lehr- oder Lernmittel. Visualisieren läßt sich nur über die Tafel. In der kleinen Bibliothek der Schule finde ich einige Bücher aus Venezuela, Spanien und Costa Rica. Einige sind bereits so alt und so wenig gelesen, daß sie vor Würmern wimmeln. Wegen der hohen Luftfeuchtigkeit und der Hitze sind Fenster und Türen der Klassenräume ständig weit geöffnet. Wie aber sollen sich Schüler auf die Naturkunde konzentrieren, wenn aus den Nachbarklassen Mathematikunterricht oder Sozialkunde im Chorgesang herüberschallt?
An der Grundschule von Laguna de Perlas werden 463 Schüler unterrichtet, von denen 100 auf die drei Klassen des ersten

Jahrgangs verteilt sind. »In der Regenzeit«, sagt die Direktorin, »sind es allerdings weniger, da die Schule ziemlich entfernt liegt und der Weg dorthin schlecht ist. Viele Schüler haben weder Regenumhänge noch Stiefel. Viele ziehen es vor, zu Hause zu bleiben, um nicht krank zu werden.« Chronische Bronchitis fand ich schon bei Kleinkindern vor.
Daß dann in der ersten Klasse auch acht-, neun- oder zehnjährige Schüler sitzen, wundert nicht mehr. Zu erwähnen ist allerdings, daß dieses kein typisches Phänomen der Atlantikküste ist, sondern in allen Regionen Nicaraguas vorkommt. Es hat seinen Ursprung in der Überausbeutung der Bevölkerung durch Exportfirmen, die Arbeitern und *Campesinos* nicht einmal ihre Reproduktionskosten bezahlten und daher Kinderarbeit für das materielle Überleben der Familien zwingend machten. Obwohl die Regierung heute Mindestlöhne für *Campesinos* festgelegt hat, schicken viele ihre Kinder immer noch lieber aufs Feld zur Arbeit als in die Schule.
Ein weiteres Problem der Direktorin besteht darin, daß sie zu wenig und ungenügend qualifizierte Lehrer zur Verfügung hat. Von den zehn Lehrern haben drei, darunter die Direktorin, den Zweig der Sekundarschule für die Grundschullehrerausbildung abgeschlossen. Alle anderen besuchen nachmittags die örtliche Sekundarschule, um das Abitur nachzuholen. Für die dort in der Mehrzahl unterrichtenden Lehrerinnen entsteht nicht nur eine Doppel-, sondern eine Dreifachbelastung, da sie alle Familien haben und es einen *Machismo* auch noch gibt.

Perspektiven

Die Auswirkungen des nordamerikanischen Imperialismus und die völlige Vernachlässigung durch Somoza haben an der Atlantikküste sozio-politische und ökonomische Bedingungen geschaffen, deren schrittweise Veränderung der Revolutionsregierung und der Bevölkerung dieser Region ein Vielfaches mehr an Anstrengungen abverlangen als in der Pazifikregion. Das koloniale Erbe in den ethnischen Gruppen und die Vormachtstellung der »Spanier« haben Bewußtseinsstrukturen geschaffen und hinterlassen, die es der Regierungsjunta schwer machen, akzeptiert zu werden.
Da minimale Infrastrukturen erst geschaffen werden müssen, kann eine bewußte und aktive Beteiligung der Bevölkerung der Atlan-

tikküste am revolutionären Prozeß erst über die Jahre entstehen. Während der Befreiungskampf in der Pazifikregion ein bewußtseinsbildendes Element war, fehlt diese Erfahrung hier. Hier wurde nicht oder fast nicht gekämpft.

Vor diesem Hintergrund müssen künftig die Fragen nach interkultureller Erziehung behandelt werden. Ein dialektischen Prinzipien folgendes Konzept muß die realen Lebenssituationen der Bevölkerung zur Basis nehmen, was sowohl revolutionäre Slogans und paternalistische Erziehung als auch die ersatzlose Streichung traditioneller Erziehung zugunsten von Konzepten revolutionärer Bildung ausschließt. Es gilt die positiven Anteile der alten Erziehung mit den neuen revolutionären Elementen Zug um Zug zu verbinden.

Interkulturelle Erziehung muß ihren Ausgangspunkt auch in einer Intensivierung der Bewußtseinsbildung der Lehrer haben. Sie müssen erkennen, daß die Revolution ihnen alle Möglichkeiten bietet, durch selbstbewußte Aktivitäten paternalistische Bewußtseinsstrukturen abzubauen; daß sie nicht mehr Objekte von Kapitalinteressen sind, sondern als Subjekte in einem revolutionären Umbruch stehen. Die praktische Umsetzung dieser Erkenntnis ist auch deshalb wichtig, damit sich die bürokratischen Instanzen dieser Revolution nicht verselbständigen. Wenn Lehrer anfangen, ihre Subjektivität in der Revolution zu begreifen, werden sie auch die Schüler nicht mehr wie »Anlageobjekte« für traditionelle Inhalte behandeln. Interkulturelle Erziehung kann dann den Prinzipien der sandinistischen Revolution folgen und zur Wiedergeburt und Bewahrung kultureller Traditionen im nicaraguanischen Volk beitragen.

Jan Simon
Wie in den Dörfern Schulen gebaut werden

Auf dem Flug von Moskau über Kuba nach Managua kommt Leben auf. Immer wieder unterbrochen durch das Lachen der im hinteren Teil der Maschine sitzenden Mitreisenden erzählt ein alter, buntgekleideter, kugelrunder, schwarzer Kubaner einen Witz nach dem anderen. Auch eine Gruppe nicaraguanischer Studenten fliegt zurück in ihre Heimat. Ein Dutzend russischer Passagiere auf den vorderen Sitzreihen breitet ihre Decken aus und stellt ihre Sitze zum Schlafen zurück.
Neben mir sitzt Jorge. Er ist 26 Jahre alt und studiert in Bulgarien Betriebswirtschaft. Nach anderthalb Jahren besucht er zum ersten Mal wieder seine neunköpfige Familie in Managua. Er sagt, daß nur diejenigen in die Heimat zurückfliegen könnten, die das Semester mit Auszeichnung bestanden hätten. Die beiden Freunde neben ihm studieren in Bulgarien Medizin und Tiefbau.
Wir, eine Gruppe von Berliner Studenten der Freien Universität, wollen nach Nicaragua, um das Land kennenzulernen und an der Grenze zu Costa Rica im Schulbau mitzuarbeiten.

In Managua

Rafaél steht uns in Managua hilfreich zur Seite. Noch am Abend unserer Ankunft bringt er mich zu einer Familie, bei der ich die erste Zeit wohnen kann. Die Familie Meléndez Malespin lebt in einem Viertel, das früher *El Dorado* hieß. Das Viertel besteht aus kleinen Bungalows und erinnert mich ein wenig an amerikanische Vororte. Es wurde 1979 nach der Machtübernahme durch die Sandinisten umbenannt. Jetzt trägt es den Namen eines gefallenen *Guerillero.*
Das kommende Jahr bedeutet für die Familie Meléndez einen tiefen Einschnitt. Bis auf den Vater und den jüngeren Sohn werden die restlichen Familienmitglieder ihre Studien im Ausland aufnehmen. *Señora* Meléndez wird mit ihren beiden Töchtern nach Kanada gehen, um dort Politische Wissenschaften mit dem Schwerpunkt Planung und Verwaltung zu studieren. Sie arbeitete nach dem Revolutionssieg zunächst im Erziehungsministerium

und ist heute als eine hohe Beamtin im Planungsministerium tätig. *Señor* Meléndez ist Ingenieur und arbeitet zusammen mit italienischen Fachleuten in einem Energiegewinnungsprojekt am Fuße des nahegelegenen Vulkans Momotombo. Domingo, der älteste Sohn, wird im nächsten Monat sein Ingenieurstudium in Dresden beginnen. Seine drei Geschwister besuchen ein Jesuitenkolleg, in dem auch Domingo vor einem Jahr sein Abitur absolviert hat. Die Gastfreundschaft meiner Familie übersteigt alle Vorstellungen.
Wenige Tage nach meiner Ankunft wird die Tageszeitung *La Prensa* erneut von der *Junta* verboten. Man wirft ihr vor, Carlos Fonseca, den Gründer der FSLN verunglimpft zu haben. Der Herausgeber von *Barricada,* Bruder des Chefs von *La Prensa,* rechtfertigt in seiner Zeitung die Maßnahmen der Regierung. Als ich an diesem Tag zum Mittagessen in meine Familie zurückkehre, ist bereits eine hitzige Debatte darüber im Gange. Sohn Domingo und Vater Meléndez verurteilen das Verbot aufs schärfste, und als sie sich schließlich in eine überspannte Kritik an der Regierung versteigen, haut *Señora* Meléndez kräftig auf den Mittagstisch. Resolut erklärt sie, daß sie das Verbot gut verstehen könne: Nachdem sich auch die letzten liberalen Redakteure von *La Prensa* getrennt hätten, seien nur noch Reaktionäre übriggeblieben, und die seien nur auf ein Verbot aus, um Nicaragua erneut international zu diskreditieren. Die Debatte und das Mittagessen sind hiermit beendet.

Das Nucleus-Projekt

Die Klimaanlage im Erziehungsministerium macht einen ohrenbetäubenden Lärm. An den Wänden hängen Karten einzelner Landkreise, auf denen die Schulen eingezeichnet sind, die zu dem derzeitig bedeutendsten Schulbau- und Schulentwicklungsprojekt in Nicaragua, der *Nuclearización* gehören.
Die *Nuclearización,* ein Projekt zur Entwicklung eines ländlichen Verbundsystems von Schulen, soll langfristig alle Regionen des Landes erfassen. Besonders in den rückständigen, unterversorgten ländlichen Gebieten soll es eine schnelle Verbesserung und Ausdehnung der Grundschulerziehung ermöglichen. Ein Nucleus bildet immer eine funktionsfähige Einheit und arbeitet relativ autonom. In der Regel werden einer zentral gelegenen, gut ausgebauten Grundschule mehrere Schulen in entlegenen Gebie-

ten angegliedert. Die Grundschule im Kern des Verbundsystems versorgt die untergeordneten Schultypen personell und materiell. Unterschiedliche Varianten dieses Modells entsprechen den jeweiligen lokalen Gegebenheiten.

Nuclearización bedeutet somit Dezentralisierung und Regionalisierung des Bildungswesens. Die Städte sollen nicht länger privilegierte Ausbildungszentren bleiben, vielmehr sollen Schritte zur Chancengleichheit von Stadt- und Landbevölkerung unternommen werden. Die Landbevölkerung soll nicht weiterhin in die Städte abwandern müssen; Lehrer und Schulen kommen auf das Land.

Das Projekt ist langfristig angelegt und orientiert sich zum Teil an bereits realisierten Modellen in mittelamerikanischen Nachbarländern. Erfahrungen der verschiedenen Länder werden in gemeinsamen Konferenzen ausgetauscht, so daß man in Nicaragua die Erfahrungen anderer Länder verwerten und Planungsfehlern vorbeugen kann. Auch Lehrer, die im Nucleus-Projekt tätig sind, sollen künftig durch einen Austausch mit Kollegen in den Nachbarländern neue Erfahrungen gewinnen können.

Das Nucleus-Modell unterscheidet drei Schultypen, die jeweils in Funktion, Bauweise und Ausstattung voneinander unterschieden sind:

- die Basisschule als Kern des Verbundes, zu deren Aufgaben die Materialerstellung und die Koordination des Lehrbetriebes gehören;
- die Sub-Basisschule in den drei Modifikationen der großen, mittleren und isolierten Sub-Basisschule; es handelt sich hier um einen Schultyp, der die Funktion der Basisschule eines großflächigen Verbunds übernehmen kann, wenn diese die Satelliten nur unzureichend versorgen kann;
- und die Satelliten-Schule als kleinste Einheit eines Nucleus mit Standardausstattung.

Mit der allgemeinen Verbesserung der ländlichen Bildungsversorgung werden drei besondere Ziele verfolgt:

- die Integration der Schule in die Kommune, d. h. die Unterstützung einer Partizipation der Bevölkerung an Bildungsprozessen;
- die Mitwirkung der Massenorganisationen (CDS, ANDEN, *Padres de Familia, Juventud Sandinista 19 de Julio* und andere);

– und die Integration von Erwachsenen- und Schulbildung.
Der Lehrerausbildung wird ein besonderer Stellenwert zugeschrieben, wobei die zukünftigen Lehrer möglichst aus den Gebieten kommen sollen, in denen sie unterrichten. Auch die Lehrer-Studenten sollen während des neu eingeführten sozialen Jahres *(Servicio Social)* in den verschiedenen Nucleus-Projekten arbeiten. Sie werden eine besondere Ausbildung erhalten, um in Werkstätten und Laboratorien unterrichten und didaktische Materialien selbst herstellen zu können.

Arbeit in Nancimi

Mit dem Bus des Erziehungsministeriums fahren wir Studenten zu unseren Arbeitseinsätzen ins Landesinnere. Kurz hinter dem *Mercado Israel Lewites* biegen wir in die *Carretera Panamericana* in Richtung Süden ab. Die Fahrt geht vorbei an einem kleinen Vulkan, entlang dem größten See Mittelamerikas, dem Nicaraguasee. Er liegt in der Nicaraguasenke, die sich vom Golf Fonseca bis nach Costa Rica erstreckt. Bananen-, Kaffee-, Mais- und Baum-

Am Nicaraguasee
Foto: Ilka Noerenberg

Campesinos *bei Nancimi*
Foto: Michael Machatscheck

wollfelder säumen rechts und links die Straße. Die Vulkanerde macht den Boden hier fruchtbar. Kurz vor der Kreisstadt Rivas, etwa zwei Autostunden von Managua entfernt, fahren wir an den Nicaraguasee heran. Unmittelbar vor uns ragt hier abrupt der zweithöchste Vulkan Nicaraguas 1600 Meter aus dem See empor. Eine kleine Rauchfahne steigt senkrecht aus dem Krater.
In einem Pfahlbau am Ufer des Sees erklärt Pedro, unser Fahrer, wie man die nahrhaften Schildkröteneier verspeist. Sie sehen wie gekochte Pingpongbälle aus. Pedro arbeitete vor der Revolution als Fahrer für eine Privatschule. Als diese Schule geschlossen wurde, bekam er Arbeit im Erziehungsministerium. Auf der schlecht befestigten Schotterpiste in Richtung Pazifikküste kehren am Spätnachmittag die *Campesinos* in ihre Dörfer zurück. Zwei Ochsengespanne transportieren schwere Lasten. Ein Bus kommt uns entgegen.
Tola ist die zweitgrößte Ortschaft in dieser Gegend nach der Kreisstadt, ein Dorf mit 5000 Einwohnern. Von hier aus sind es noch etwa fünf Kilometer auf der zusehends schlechter werdenden Straße durch die hügelige grüne Landschaft bis zu unserem Ziel,

dem Dorf Nancimi. In Nancimi hört die Straße auf. Die Holzhütten liegen über ein großes Gebiet verstreut, so daß der Dorfkern selbst klein wirkt und auf die 2000 Einwohner nicht schließen läßt. Es gibt nur wenige feste Steinhäuser, die notdürftig elektrifiziert sind. Kurz vor dem Ort müssen wir mit dem Bus einen Bach durchqueren. Während der Regenzeit ist Nancimi oft tagelang von der Außenwelt abgeschlossen.
Douglas, der Ingenieur aus Managua, weist uns unser Quartier an: ein altes Bauernhaus mit einem Brunnen und einer Latrine. Es liegt am Rande des Dorfes neben einem Schulneubau. Aus der alten Musikbox des Nachbarhauses quäkt das Lied des *Comandante Carlos Fonseca.* Zur Begrüßung sind wir bei verschiedenen Familien aus Nancimi zum Abendessen eingeladen. Viele Kinder geleiten uns zu den einzelnen Familien.
Am nächsten Morgen nehmen wir, zerstochen von unzähligen Moskitos, die Arbeit an der gegenüberliegenden Satelliten-Schule auf. Der Baumeister Franklin drückt jedem einen Pinsel in die Hand. Die Kinder der Gegend begleiten uns wieder vom Materialschuppen zur Baustelle. Drei Zimmerleute und zwei Maurer halten sich zunächst noch im Hintergrund. Einige Frauen tragen von einem Ochsenkarren Steinfliesen auf dem Kopf zur Eingangsseite der Schule. Ein typischer nicaraguanischer Schulneubau inmitten der Felder des Dorfs: ein langgezogenes Gebäude von 25 × 6 Metern, unterteilt in vier Klassenräume. Das Skelett besteht aus Betonpfeilern, die mit groben Steinen ausgemauert sind. Das vorspringende Asbestdach gewährt Schutz gegen den tropischen Regen. Die Längs- bzw. Fensterseiten sind nach Nord/Süd ausgerichtet, somit kann der oft starke Ostwind nicht durch die Klassenräume brausen. Ein Spalt zwischen Dach und Mauern an der Längsseite des Gebäudes soll für die notwendige Ventilation bei 40 Grad im Schatten sorgen. Die letzten Fenster werden eingesetzt, massive Pinienholzrahmen, bespannt mit Maschendraht.
Die Zimmerleute unterbrechen ihre Arbeit und improvisieren mit uns ein Gerüst und einige Leitern. Unsere Arbeit besteht zunächst darin, die Betonpfeiler anzustreichen. Gelb, *Crema,* die einzige Farbe, die problemlos in Nicaragua erhältlich ist.
Bald wird uns von einem benachbarten Bauernhaus ein *Fresco,* ein gesalzener Ananassaft gebracht. Ein Zimmermann taucht neben

Bau einer Grundschule bei Nancimi
Foto: Ilka Noerenberg

mir auf: »Du sprichst Spanisch? Was hältst Du von unserer Revolution? Wie ist es in Deutschland?«
Magdiel Garcia betreut uns in dieser Zeit. Er kommt aus Nancimi und geht in Rivas in die letzte Klasse des *Colegio*. Magdiel war im Dorf Leiter der Alphabetisierungskampagne und ist einer der CDS-Vorsitzenden. Er möchte später im Ausland ein Stipendium für Landwirtschaftstechnik bekommen. Sonntags predigt er in der kleinen Baptistenkirche.
»I Qué te vaya bien!« - »I Amigo!« Das ist der Gruß entgegenkommender Leute auf dem Weg zur Mittagspause. Nach dem Essen bekommen wir Besuch von einer Lehrerdelegation aus Tola. Ein junger Sandinist erklärt mir, wie ich sein Maschinengewehr auseinanderzunehmen habe und wundert sich über meine Unkenntnis.
Nach der Revolution wurde in Nancimi als erstes ein Gesundheitszentrum errichtet. Im nächsten Monat werden hier ein Arzt und eine Krankenschwester zweimal wöchentlich die Arbeit aufnehmen. Bisher mußten Kranke aus den entlegenen Gebieten bis zu fünf Stunden transportiert werden, um den nächsten Arzt in Tola zu erreichen.

Ein festes Schulgebäude gibt es bisher nur in den beiden Ortschaften Tola und Nancimi. Im Rahmen des Nucleus-Projektes entstehen zur Zeit acht Schulneubauten. Diese Schulen werden nicht von einer Baufirma erstellt, sondern von der Bevölkerung mit einfachsten Mitteln selbst erbaut. Baumaterial und ein Dutzend Fachkräfte, die die freiwilligen Arbeiter anlernen, werden von der Regierung gestellt.

Die Baustelle in Tola

In Tola wird eine Basisschule direkt hinter dem alten Schulgebäude entstehen. Hier sind erst die Erdarbeiten abgeschlossen. Auf der Baustelle treffen wir Antonio Sanchez, einen siebenunddreißigjährigen Maurerpolier aus Managua. Er pendelt zwischen acht Bauvorhaben hin und her. Jedes Wochenende, von Samstag Mittag bis Sonntag Nacht, fährt er zu seiner Familie nach Managua. Das nächste Wochenende will er mit allen Arbeitern hierbleiben, um für die Gemeinde eine freiwillige Schicht zu leisten. Er erklärt uns zusammen mit dem regionalen Koordinator, der zur Inspektion und Instruktion aus Rivas angereist ist, die Baupläne. In dieser Basisschule sollen die erste bis neunte Klasse eine Bildungsstufe darstellen. Neben Klassenräumen entstehen hier Tischler-, Maler-, Elektriker- und Metallverarbeitungswerkstätten, Laboratorien, ein Sanitätsraum und eine kleine Bibliothek. Eine besondere bauliche Variante ist ein Mehrzweckdach auf vier Pfeilern. Dies hat die Dimension einer Aula und bietet genügend Platz auch für eine Gemeindeversammlung.
Auf dem Gelände der Basis- und der großen Sub-Basisschulen sollen auch Gebäude für Lehrer gebaut werden. Diese Gebäude bestehen aus einem Aufenthaltsraum, einer Küche und mehreren Schlafräumen. Der Beauftragte aus Rivas erklärt uns, daß diese Lehrerwohnungen eine große Bedeutung hätten, weil sie die Voraussetzung für die Bindung der Lehrer und ihrer Familien an den Standort der Schulen schaffen würden. So könnten Lehrer leichter Funktionen innerhalb der Gemeindeentwicklung übernehmen.
Nach Fertigstellung des Neubaus in Tola soll die bereits vorhandene Schule mit Hilfe der Gemeindemitglieder umgebaut und in die Basisschule integriert werden. Später wird dieser Basisschule eine

besondere Bedeutung zukommen, weil von ihr die Entwicklung von Curricula und didaktischen Materialien, die Organisation der Handwerksproduktion und die kulturellen Aktivitäten ausgehen werden.
Die alte Schule befindet sich in einem desolaten Zustand. Die Klassenräume sind durch provisorische Trennwände unterteilt. Elf Lehrer unterrichten vormittags 420 Grundschüler. Nachmittags findet der Unterricht für 136 Schüler der siebten bis neunten Klasse statt. Abends werden Kurse zur Erwachsenenbildung angeboten. Unter dem Gelächter der Schüler breche ich während einer Psychologiestunde in der neunten Klasse mit einem morschen Stuhl zusammen. Das gesamte Mobiliar ist nur für die Schüler der ersten bis vierten Klasse angelegt.

Zurück in Nancimi

Auch in unserem Dorf fehlt es in der alten Schule Andrés Castro am Nötigsten. Der Namenspatron der Schule kämpfte Ende des 19. Jahrhunderts gegen die nordamerikanischen Söldnerheere unter William Walker. Auch hier wird direkt hinter der Schule gebaut. Zur Zeit sind vier Arbeiter auf der Baustelle der Sub-Basisschule tätig. Die alte Schule hat dreizehn Lehrer, sechs Klassenräume und ist hoffnungslos überlastet. In die fünf ersten Klassen sind dieses Jahr 300 Schüler eingeschult worden.
Jeden zweiten Tag kommt der Lehrer Aristides López Mendez mit seinen Schülern zur neuen Schule. Sie reinigen zusammen das Gebäude, helfen beim Streichen, bauen Bänke, pflanzen kleine Bäume und verschönern den Schuleingang. In zwei Wochen wollen sie hier einziehen.
Als Schulgebäude dient ihnen bisher die überdachte Veranda einer alten Bauernkate inmitten eines Bananenfeldes. Als wir sie dort besuchen, werden wir freundlich auf dem gepflegten Hof empfangen. Die Veranda bzw. der Klassenraum ist fünf Meter lang und drei Meter breit. An der Stirnseite ist jeweils eine Tafel montiert. An der Wand hängen eine Karte von Nicaragua und eine von Mittelamerika, außerdem selbstgefertigte Tafeln zur Groß- und Kleinschreibung, darüber ein Spruchband: *Sandino vive*. Erst am Unterrichtsablauf erkenne ich, daß die Schüler in zwei Klassen aufgeteilt sind und simultan unterrichtet werden.

Aristides unterrichtet hier die erste und zweite Klasse. Er studierte Biologie und Chemie für die Sekundarstufe I und hat sechzehn Jahre Schulerfahrung. Er stammt aus Rivas, und nach einer zweistündigen Fahrt unterrichtet er hier nur vormittags. Nachmittags fährt er nach Tola zum *Ciclo Básico*. Außerdem leitet er ein Projekt zur Seifengewinnung und konstruiert mit den Schülern in Tola eine Biogasanlage. Die Seifengewinnung hält er für besonders wichtig, da es im Bereich der Hygiene an vielem fehle.
In seinen beiden Klassen sind 46 Schüler eingeschrieben, von denen in der Regel nur etwa die Hälfte anwesend ist. Viele, besonders ältere Schüler, müssen bei der Ernte helfen. Neue Stundenpläne, die den Erntezeiten besser entsprechen, sind in Vorbereitung. Auch wenn es morgens regnet, kommen nur wenige Schüler.
Das Alter der Schüler liegt hier zwischen sechs und vierzehn Jahren. Aristides sagt, daß er bei geregeltem Unterrichtsbesuch aller eingeschriebenen Schüler nur noch als Unterhalter agieren könnte. Es sei unsinnig, in einer solchen Situation die Werbetrommel für weitere Schüler zu rühren. Die neue Schule nebenan wird Abhilfe schaffen. Ob jedoch die neuen Lehrer auch bald kommen, bleibt für ihn unklar. Etwas resigniert gesteht er ein, daß ihm nach sechzehn Jahren Unterricht viele Änderungen ein wenig schwer fielen. Vielleicht würden die neuen Lehrer das neue Bewußtsein besser übermitteln können.

Eine Satelliten-Schule in Panama

Die kleinsten Einheiten eines Nucleus, die Satelliten-Schulen, sind oft nur schwer zu erreichen. Zur abgelegenen, nur aus zwei Klassenräumen bestehenden Schule in der Gegend von Panama wurde das Baumaterial mit Eseln und Ochsengespannen transportiert. Auf dem Weg zu dieser Schule - vorbei an Urwaldbäumen, auf denen sich kleine Affen tummeln – spreche ich den Baumeister Franklin auf die kleine Tasche an, die er umgehängt hat. Er erklärt, daß er darin eine Pistole habe. Konterrevolutionäre würden zwar hauptsächlich im Norden operieren, hier im Süden an der Grenze zu Costa Rica sei es relativ ruhig, aber man könne nie wissen. Als wir die Arbeit in der Satelliten-Schule beginnen, kommen eine Lehrerin und dreißig kleine Schüler, um uns mit einem Lied zu begrüßen.

Hier in Panama verdeutlicht sich ein weiterer Aspekt der *Nuclearización.* In vielen Fällen wird es durch den Schulbau möglich, die ganze Gemeinde mit Trinkwasser, Elektrizität und neuen Verkehrswegen zu versorgen. Mit der neuen Wasserversorgung werden auch sanitäre Anlagen gebaut. Die neue Schule soll die Kinder schrittweise zu einer besseren Umwelt- und Körperhygiene erziehen. Ein *Campesino,* der im Schulbau mithilft, erklärt, während er auf die umliegenden Hügel deutet: »Das ganze Gebiet haben wir in den letzten zwei Jahren neu bepflanzt. Auf der Farm des enteigneten Großgrundbesitzers haben wir letztes Jahr eine Genossenschaft gegründet, und unsere Kinder werden in Zukunft die neue Schule besuchen.«

Ein Schulverbund in Boaco

Der erste fertiggestellte Nucleus liegt im Kreis Boaco, im Landesinneren nordöstlich von Managua. Der Schulbau im Rahmen der *Nuclearización* läuft nicht in allen Regionen Nicaraguas parallel: während zur Zeit unserer Anwesenheit in der Region Zelaya mit den Bauarbeiten noch nicht beonnen wurde, werden die neuen Schulen in Boaco bereits genutzt.
Zurück in Managua, zwängen wir uns zur verabredeten Zeit in den Jeep, der die Fahrt in Richtung Boaco aufnimmt. Wir begleiten eine Zweier-Delegation aus dem Erziehungsministerium, für die diese Tagesfahrt eine Inspektionsreise werden soll. Unterwegs zeigt man uns Skizzen, aus denen die Einteilung des Landes in Nucleus-Gebiete erkennbar wird.
Nach etwa achtzig Kilometern halten wir neben einer großen Sub-Basisschule, die direkt an der Verbindungsstraße von Managua nach Boaco liegt. Einige Handwerker sind damit beschäftigt, die Innenarbeiten abzuschließen. Trotz letzter Installationsarbeiten und fehlender Ausstattung wurde der Schulbetrieb bereits aufgenommen. Die Sub-Basisschule besteht aus Lehrerhaus, Lehrküche, Mehrzweckdach, vier Klassenräumen, Bibliothek und Lehrerzimmer. Die sonst üblichen Maschendrahtfenster sind durch Glasfenster ersetzt. Anstelle der erwarteten Holzlatrinen finden wir Toiletten mit Spülvorrichtung. Ein mechanischer Brunnen befindet sich im Bau. Eine Lehrerin wird uns vorgestellt, die einzige in dieser Sub-Basisschule. Sie unterrichtet 45 Schüler in fünf Klassen.

Unsere Begleiter berichten von den Erwartungen, die mit dem Schulprojekt verbunden sind. Mit der *Nuclearización* sollen nicht nur Schulen geschaffen, sondern auch die Agrarreform, die Gesundheitsvorsorge und die Entwicklung der Basisorganisationen koordiniert werden.
Die Fahrt geht weiter, vorbei an zwei Satelliten-Schulen, die in den Bergen liegen. Zwei weitere Satelliten-Schulen erreichen wir nur mühselig mit Vierradantrieb und Fußmarsch. Einen Klassenraum, Mehrzweckdach, Steingrill und Latrine finden wir jeweils vor.
Am Nachmittag besuchen wir den Kern des Nucleus, die Basisschule. Vier Lehrer unterrichten hier 127 Schüler. Der Komplex besteht aus acht Klassenräumen, einer Bibliothek, einem Lehrerhaus und zwei Werkstätten. Alle Gebäude sind durch gepflegte Wege verbunden. In den beiden Werkstätten fehlt noch die technische Ausstattung. Später werden hier Tischler, Maurer, Köche und Schneider ausgebildet werden.
Wenn die Schüler einzeln und in kleinen Gruppen zum Unterricht eintreffen, haben einige von ihnen einen vier Kilometer langen Weg und zwei Flußüberquerungen hinter sich.

Costa Rica und zurück

Nach ersten Wochen in Nicaragua will ich für ein langes Wochenende in die Hauptstadt von Costa Rica, nach San José fahren. Ich bin gespannt auf die gelobte »Schweiz Mittelamerikas«.
Alles in San José scheint westlichen Normen zu entsprechen. Welch' ein Kontrast zu Nicaragua! Die Geschäfte sind bis obenhin mit Konsumartikeln gefüllt. Die Autos knattern nicht so laut wie in Managua. Nachts herrscht im Zentrum ein reges Leben. Aber es stellt sich kein vertrautes Gefühl ein. Die Geldwechsler, die *Coyotas,* verfolgen mit ihren kleinen Taschenrechnern und den großen Dollarbündeln ihre Kunden in den Straßen. Ich fahre zurück.
Die Fenster im Bus bestehen aus zerborstenen, wackeligen Glasstückchen. Es regnet die ganze Fahrt über. Nach vier Stunden erreichen wir die Grenze. Das Wasser hat sich auf dem Boden des überladenen Busses gesammelt. Ich bin durchnäßt und die anderen Mitreisenden an den beschädigten Scheiben beginnen zu niesen. Nach eineinhalb Stunden sind die Grenzformalitäten auf der Seite

von Costa Rica abgewickelt. Am nicaraguanischen Vorposten wird der Bus von innen und außen mit Insektiziden abgespritzt. Noch bevor der Gestank gewichen ist, steigen wir alle wieder ein. Niesen und Husten vermengen sich jetzt. An der nicaraguanischen Grenzstation angelangt, steigt die Spannung einiger Mitreisenden. Werden sie die geschmuggelten Artikel über die Grenze bringen? Bald nach San José habe ich von meiner Nachbarin drei Familienpackungen Zahnpasta in die Hand gedrückt bekommen, an die zwanzig weitere Packungen hatte sie bis zur Grenze noch an den Mann zu bringen.
Im Gebäude der Gepäckkontrolle herrscht Hektik; offene Koffer, auf dem Fußboden Wäsche und wieder der ätzende Geruch des Desinfektionsmittels. Einige junge Leute packen ihre Musikinstrumente aus Bongos und Gitarren. Sie spielen ein erstes Lied aus Venezuela, ein Volkslied. Sie sagen, sie seien Internationalisten aus Venezuela, die das revolutionäre nicaraguanische Volk begrüßen möchten; sie seien *Compañeros,* die nach Nicaragua kämen, um von der Revolution zu lernen. Das zweite Lied handelt vom *Comandante* Carlos Fonseca. Ich gehe zur Gruppe. Der Grenzbetrieb ruht, denn auch die Zöllner und Soldaten kommen dazu. Dann singt die Gruppe das Lied der FSLN. Das Grenzpersonal und wir alle, die wir uns zu den Venezuelanern gesellt haben, singen mit. Die Gruppe packt ihre Instrumente ein, der Grenzbetrieb läuft wieder an. Die Spannung ist verflogen. Ich lasse mein Gepäck kontrollieren, setze mich in den Bus und freue mich, nach Nicaragua *libre* zurückzukehren.

Sekundarbereich

Ministerium für Erziehung, Abteilung Lehrplanentwicklung
Über die Schwierigkeit, für Jugendliche in den Schulen neue Lerninhalte zu entwickeln

Wenige Tage nach dem Sieg der sandinistischen Revolution begannen wir mit der Entwicklung neuer Lerninhalte für den Sekundarbereich, für die dreizehn- bis achtzehnjährigen Jugendlichen.

Mit diesen Schülern hatte es eine spezielle Bewandtnis: Sie stellten seinerzeit ein großes Kontingent an Stadt*guerilleros,* sie bezahlten den Volksaufstand mit ihrem Blut, sie leisteten einen wesentlichen Beitrag zur Befreiung. Diejenigen, die nicht in den Straßen fielen, kehrten mit entscheidenden Erfahrungen, die sie in Schützengrä-

Muchachas *der FSLN 1979. Foto: Peter Geide*

ben und hinter Barrikaden gesammelt hatten, in die Schulen zurück. Diese Jugendlichen pfiffen auf die alten Lerninhalte und die Phrasen der schändlichen Diktatur.
Schon deswegen war es unabweisbar, neue Inhalte zu erarbeiten, in denen sich die Jugendlichen wiedererkennen konnten – Inhalte, die die neue nicaraguanische Wirklichkeit widerspiegeln und von einer revolutionären Philosophie durchdrungen sind.

Der erste Anlauf

In der ereignisreichen Zeit unmittelbar nach dem Sturz Somozas konnten wir nicht mit genügender Intensität den skizzierten Erwartungen nachkommen. Wir verfügten noch nicht über wichtige weitere Zwischenergebnisse des gesellschaftlichen Transformationsprozesses. Wir sahen damals auch nicht die Notwendigkeit, trotz einer durch die Revolution vorformulierten Bildungsphilosophie Forschungsarbeiten durchzuführen, Institutionen und Personen aus dem Bereich des Bildungswesens zu Rate zu ziehen und durch solche Erhebungen eine fundiertere Basis der Entwicklung von Lerninhalten zu gewinnen.
Mit der Wiederaufnahme der schulischen Arbeit konnte und sollte nicht länger gewartet werden. So begannen wir nach einigen Tagen der Diskussion, die *Primeros Programas Transitorios,* die ersten vorläufigen Lehrpläne zu entwickeln. Wir gründeten dazu Entwicklungsgruppen, die ihre Arbeit auf die jeweiligen Jahrgangsstufen bezogen.
Vom ersten Moment an versuchten wir, uns an unserer eigenen nicaraguanischen Wirklichkeit zu orientieren. Wir analysierten sie, um die verschiedenen Wissensbereiche daran messen zu können. Zugleich nahmen wir uns vor, die Lehrpläne mit Blick auf die Revolutionsziele anzulegen. So sollten ihre Inhalte in Wechselbeziehung mit diesen Zielen und der sozialen Wirklichkeit stehen.
Die *Primeros Programas Transitorios* deckten die folgenden Lernbereiche ab: die Naturkunde (hier gefaßt als organische/anorganische Chemie und Biologie), die Landessprache (mit Grammatik und Literatur), Mathematik und Physik, die Sozialkunde (Geschichte, Geographie, Soziologie und Wirtschaftspolitik), die Leibeserziehung, Fremdsprachen (Englisch, Französisch), Psychologie, ästhetische Erziehung (mit bildender Kunst und

Musik), die Arbeitslehre (Industrietechnik) und die Landwirtschaftslehre. Im Rahmen der Lehrplanentwicklung und damit ebenfalls im Sekundarbereich wurden für künftige Facharbeiter besondere Ausbildungsgänge zum Erwerb theoretischer und praktischer Kenntnisse in den Bereichen der Tiermedizin und des Getreide-, Zuckerrohr-, Tabak- und Kaffeeanbaus entwickelt. Ein anderes besonderes Angebot richtete sich an künftige Techniker auf mittlerem Niveau mit der Vermittlung von Kenntnissen in Landwirtschaft, Tierhaltung und Landwirtschaftstechnik.

Wichtig dabei war, daß zum ersten Mal in der Geschichte des nicaraguanischen Bildungswesens ein bedeutender Teil des Bildungskanons im Sekundarbereich agrar- und industrietechnologisch geprägt und damit ausbildungsorientiert angelegt war. Ein anderer wichtiger Unterschied zur Vergangenheit: Die Entwicklung der Bildungsinhalte vollzog sich zunehmend auf der Basis der sozio-kulturellen, historischen und politischen Realität und der existierenden Umweltressourcen.

Eine Zwischenbemerkung zur Organisation des Sekundarbereichs: Er umfaßt zwei Stufen, den *Ciclo Básico,* die dreijährige Grundstufe, und den *Ciclo Diversificado,* die zwei- oder dreijährige Aufbaustufe. Der *Ciclo Básico* vermittelt Allgemeinbildung und bereitet auf die spezialisierteren Kurse des *Ciclo Diversificado* vor. In der Ära Somozas erfüllte die Grundstufe nicht die gewünschten Ansprüche. Die Fächer enthielten nur wenig substanzielle Inhalte, zwischen Bildung und Produktion bestanden keine Verbindungen. Die mit dem Abitur abschließende Aufbaustufe orientiert sich an zwei Zielen: Sie soll auf den Eintritt in die Universität vorbereiten. Und sie soll eine berufliche Bildung auf mittlerer Ebene für das Lehramt, für Handel, Industrie- und Agrartechnik ermöglichen. In der ersten Phase konnten die Lehrplan-Entwicklungsgruppen lediglich Inhalte für den industrie- und agrartechnischen Zweig erarbeiten, Schüler in den Zweigen Lehramt und Handel waren zunächst auf die alleinige Kompetenz des jeweiligen Lehrkörpers verwiesen.

Die Entwicklungsgruppen gingen in folgenden Schritten vor:
- Sie erarbeiteten ein Grundgerüst für alle Lehrpläne.
- Sie formulierten die allgemeinen Ziele für die Grund- und Aufbaustufe und die jeweiligen Jahrgangsstufen.
- Sie beschrieben die fach- und die berufsspezifischen Ziele.

- Sie erarbeiteten Vorschläge zu konkreten pädagogischen Aktivitäten, zu Lerninhalten und zu darauf bezogenen konkreten Lernzielen, außerdem methodische Vorschläge sowie Hinweise auf didaktische Materialien.
- Die Lehrpläne wurden von Vertretern der ANDEN gegengelesen und diskutiert.
- Sie wurden vervielfältigt und verteilt.
- Schließlich trafen sich Lehrer aus den verschiedenen Landesteilen, um sich mit den neuen Plänen vertraut zu machen.

Die *Primeros Programas* kamen in der Zeit zwischen September 1979 und Februar 1980 an die Schulen. Sie wurden bald einer kritischen Überprüfung unterzogen. Wir stellten dabei unter anderem die folgenden Mängel fest:
- Zwischen allgemeinen Zielen und konkret vorgeschlagenen pädagogischen Aktivitäten gab es oft wenig Verbindung.
- Nicht selten entdeckten wir metaphysische oder mechanistische Erklärungsansätze: Dann fanden wir Erkenntnisse inadäquat interpretiert, Erscheinungsformen der Natur oder der Gesellschaft unzureichend gedeutet.
- In einigen Fällen waren die Ziele zu weitgesteckt und zu ehrgeizig formuliert, der Kurs oder die Jahrgangsstufe war ihnen gegenüber chancenlos.
- Es rächte sich insgesamt unser Mangel an Planungsstrategie, die einzelnen Elemente standen oft in keinem konsistenten Zusammenhang.
- Obwohl die *Primeros Programas* keine radikale Neuerung darstellten, fühlten sich die Lehrer nur unzureichend professionalisiert – ein Defizit, das wir als unheilvolles Erbe Somozas registrierten.

Der zweite Anlauf

So kamen wir bald zur Überzeugung, neue Lerninhalte zu entwickeln – und dies nicht nur auf der Grundlage unserer Überprüfung, sondern auch angesichts der raschen Veränderung nicaraguanischer Wirklichkeit. Uns war klar, daß auch diese Lehrpläne nur einen Zwischenstand wiedergeben würden, aber sie sollten ausbalancierter sein und den Möglichkeiten der Lehrer besser entsprechen.

Im April 1980 kam es zu Kontakttreffen mit größeren Teilen der Lehrerschaft. Die dabei ermittelten Wünsche und Informationen waren eine der Grundlagen der neuen Entwicklungsarbeiten. Wir baten die ANDEN um Unterstützung, um eine wirksame Teilnahme der gewerkschaftlich organisierten Lehrer im Entwicklungsprozeß sicherzustellen. Wir analysierten als zentrale Entwicklungsgruppe andere Quellen, um pädagogisch relevante Erkenntnisse des revolutionären Prozesses einzubringen. Unter anderem führten wir Diskussionen mit *Comandantes* und machten uns mit Strategien der Curriculumentwicklung in Ländern vertraut, die eine ähnliche Situation erlebten.
Da in dieser Zeit an den Universitäten tiefgreifende Studienreformen durchgeführt wurden, versuchten wir, die neuen Inhalte im Sekundarbereich auch auf die veränderten Studieninhalte zu beziehen.
In einem intensiven Arbeitsgang, der weit über den normalen Arbeitstag hinausreichte, schafften es die Entwicklungsgruppen, daß die *Segundos Programas Transitorios* in den ersten Oktobertagen des Jahres 1980 ausgeliefert wurden – rechtzeitig zum neuen Schuljahr.
Zum ersten Mal in der nicaraguanischen Geschichte (und auch nur in wenigen lateinamerikanischen Fällen zuvor) hatte sich damit die Entwicklung von Lerninhalten auf einer deutlich demokratischen Basis vollzogen. Denn während der Entwicklungsphase erlebten wir die Beteiligung vieler in ANDEN organisierter Lehrer und Dozenten aus dem ganzen Land. Dadurch fanden die *Segundos Programas* bei ihrer Einführung auch eine ganz andere Resonanz als die *Primeros Programas*.

Zur Einschätzung der neuen Lehrpläne

Obwohl die *Segundos Programas* eng mit unserer ökonomischen, politischen und kulturellen Wirklichkeit und der durch die Revolution ausgelösten wissenschaftlich-technischen Entwicklung korrespondieren, sind sie weit davon entfernt, perfekt zu sein. Auch sie gerieten in die Kritik. Einige der Kritiken waren zutreffend und fundiert, andere trugen die Handschrift der Reaktion. Auch wenn die *Segundas Programas* einen konsistenteren politisch-philosophischen Bezugsrahmen haben – die fundamentalen Prinzipien der sandinistischen Volksrevolution –, ist in einigen ihrer Teile immer noch eine konzeptionelle Desorientierung zu bemerken: Einige Entwicklungsgruppen hielten sich nicht hinreichend an die vorgegebenen Leitlinien, möglicherweise waren sie überfordert.

Hier kurze kritische Einschätzungen der *Segundos Programas* in ihren Teilen, es sind zugleich Hinweise darauf, daß wir die Revision der Bildungsinhalte als einen fortdauernden Prozeß anlegen.

Naturkunde: Von allen Teilen wird sie immer noch am meisten in Frage gestellt. Kritisiert wird das für Schüler zu hohe Niveau und eine relativ mechanische Darbietung des Stoffes. Zwar wird eine dialektische Betrachtungsweise versucht, aber nicht sicher angewendet.

Landessprache: Die Ziele sind noch zu allgemein gehalten, die Ansprüche zu hoch formuliert. Eine Überprüfung wird dadurch erschwert. Im Detail trotzdem eine Fülle von Anregungen.

Mathematik und Physik: Noch sind die allgemeineren Ziele nicht nach Prioritäten geordnet; logischer aufgebaut sind die konkreten Lernziele und Inhalte. Das Anspruchsniveau ist gut getroffen.

Sozialkunde: Im Vergleich zu Sozialkunde in den *Primeros Programas* hat sie eine fundierte Reform erlebt. Trotzdem ist ihre politisch-philosophische Orientierung verbesserungsbedürftig, einfach deshalb, weil der politische Bewußtwerdungsprozeß seit ihrer Einführung fortgeschritten ist. Geschichte und Geographie wurden entrümpelt – noch von früher her gab es viele Inhalte mit wenig Relevanz. Gut gelungen ist die Korrespondenz zwischen Zielen, Inhalten und Aktivitäten.

Leibeserziehung: Die Vorschläge sind einfach, funktional, methodisch gut entwickelt und an unserer Realität orientiert – insgesamt ein gelungener Teil.

Fremdsprachen: Der Unterricht orientiert sich didaktisch noch sehr an Formen, die in anderen Ländern entwickelt wurden, und es ist für eine Entwicklungsgruppe sicherlich schwer, stärker von nationalen Verwendungsbereichen auszugehen. Zudem sind die Ziele zu weitgesteckt. So kommt es zu einer Verzerrung zwischen pädagogischer Wirklichkeit und der didaktischen Konzeption.

Psychologie: Unklare Ziele und Inhalte, das Fach ist personell schlecht abgedeckt – eine Revision wird andere thematische Bereiche zu integrieren versuchen.

Ästhetische Erziehung: Sie wurde auf bildende Künste reduziert. Wenn man an die verfügbaren Stunden und die Voraussetzungen der Lehrer denkt, sind die Ziele immer noch ehrgeizig genug.
Arbeitslehre: Sie reagiert noch wenig auf den strukturellen Wandel, der sich in Nicaragua vollzieht. In ihr spiegelt sich noch zu sehr das Erbe des alten Systems.
Landwirtschaftslehre: Besonders wichtig für die Entwicklung dieses Fachs war die Mitwirkung von Dozenten aus landwirtschaftlichen Ausbildungsstätten. So kam es zu grundlegenden Veränderungen in den Inhalten und in der Bestimmung berufsbezogener Studien. Die Eingangsvoraussetzungen der Schüler sollten noch stärker berücksichtigt und das Theorie-/Praxis-Verhältnis verbessert werden.
Die fortlaufende Analyse dieses Bildungskanons geschieht in Seminaren, die inzwischen zur ständigen Einrichtung geworden sind, in den *Talleres de Evaluación, Programación y Capacitación Educativa* (TEPCEs). Diese Seminare werden von Lehrern getragen, sie erarbeiten anhand eines dafür entwickelten Instrumentariums Kritiken und Anregungen. Die Ergebnisse sind eine der Grundlagen für die nächste anstehende Reform.

Hochschulen

Juan B. Arrien
Bemerkungen zur neuen Rolle der Universität

Wenn Ernesto Cardenal davon spricht, daß es keine kulturelle Entfaltung eines Volkes ohne Souveränität geben könne, dann ist mit dieser Unabhängigkeit nicht nur ein juristischer und politischer, sondern auch ein ökonomischer Status gemeint. Die wirtschaftliche Unabhängigkeit ist eine der Voraussetzungen für politische, nationale Souveränität. Damit aber gibt es ohne wirtschaftliche Unabhängigkeit weder eine umfassende kulturelle Entfaltung noch eine wirkliche Souveränität.

Kultur ist also kein nur künstlerisches oder soziales, sondern auch ein politisch-ökonomisches Phänomen. Sie erhält dann ihren historischen Stellenwert, wenn ein Volk im Besitz seiner Geschichte ist, wenn es Geschichte produziert, wenn es seine Geschicke selbst bestimmt. Kultur geht dann mit Transformation einher, mit einer sich wandelnden nationalen Wirklichkeit.

Damit ist die neue Funktion der nicaraguanischen Universität skizziert: Sie soll kulturell tätig sein und die soziale Wirklichkeit umgestalten. Sie soll helfen, die wirtschaftliche Produktion zu entwickeln. Sie soll so die nationale Autonomie mitbegründen.

Früher mußte sich die Universität ihre eigenen Freiräume schaffen und sie gegen das somozistische Umfeld behaupten, heute hilft sie bei der Entwicklung einer Volksautonomie. Sie tut dies mit der Ausbildung von qualifizierten Arbeitskräften, von kritisch-politischem Bewußtsein, durch die Entwicklung von Erkenntnissen, durch produktionsbezogene Projekte und kulturelle Aktivitäten. Sie tut dies auch dadurch, daß sie mit ihrem Recht auf Meinungs- und Wissenschaftsfreiheit zum Wächter des revolutionären Prozesses wird. Die Universität wird damit zum Ausdruck besonderer

Anstrengungen des organisierten Volkes, das sich – selbst Universität im weitesten Sinne, selbst Akkumulation von Tradition, Kultur, Organisation und Wandel – eine gestaltete Struktur, eine Synthese schafft.
Eine Universität mit einer solchen Verankerung im Volk muß die Entwicklung von Qualifikationen und den politischen Kompromiß miteinander verbinden. Denn nur mit hoher Kompetenz sind die Probleme Nicaraguas auf der Grundlage seiner wirtschaftlichen und politischen Unabhängigkeit lösbar, und nur durch den politischen Kompromiß kann man Problemlösungen an den Bedürfnissen der gesamten Bevölkerung orientieren.
Die Universität hier und jetzt in Nicaragua unterstützt die Revolution, sie ist eine Volksuniversität, die technische und politische Mittel zur Landesentwicklung schafft und zur Entfaltung einer neuen Volkskultur beiträgt. Die Universität als Produzent nationaler Kultur und Autonomie: Diese Rolle schränkt nicht ein, sondern motiviert und steigert die Leistungsfähigkeit, diese Rolle bremst nicht, sondern treibt an und befreit.

Ministerium für Kultur
Eine Indio-Universität gründen

»Ich war weit weg von hier, am Rio Coco, nördlich von Waspán, nahe dem honduranischen Gebiet; dort brachte man mich mit der Miskitogemeinschaft zusammen. Ich sprach zu ihnen, und der Dolmetscher übersetzte; ich erzählte ihnen, daß ich Kulturminister sei und vom Ministerium für Kultur käme, und daß wir hergekommen seien, um zu sehen, in welchen Angelegenheiten wir sie unterstützen könnten.

Ich sah die gelangweilten Gesichter der *Compañeros* Miskitos, die Apathie in ihren Gesichtern, als der Dolmetscher ihnen übersetzte, was ich sagte. Aber ich erzählte dann, daß das Ministerium für Kultur ein Ministerium sei, das vor kurzem geschaffen wurde, um sich um die Lieder und Tänze zu kümmern (da sah ich ein Leuchten in ihren Augen und sah, wie sich ihre Gesichtszüge aufhellten), sowie um ihre Traditionen (ich bemerkte ein großes Interesse in der ganzen Gemeinschaft, als der Dolmetscher weiter übersetzte) und auch um ihre Sprache; und daß das Ministerium dafür da sei, dies zu schützen.

Ich zeigte ihnen Stoffe, die sie aus dem *Tuno*-Baum anfertigen – sie hatten mir vorher einige Stoffe gegeben –, und ich sagte ihnen, daß das Ministerium für Kultur auch dafür da sei, ihnen zu ermöglichen, Kunsthandwerk aus diesen Stoffen herzustellen. Ich zeigte ihnen eine ihrer *Maracas,* eine Rumbakugel, auf der eine kleine Zeichnung war, und erklärte ihnen, daß das Ministerium für Kultur dafür da sei, dies zu fördern. Dann zeigte ich ihnen eine Kokosnuß, die sie mir gegeben hatten und sagte ihnen, daß man aus einer Kokosnuß schöne Figuren und Verzierungen anfertigen könne. Über das, was sie hörten, waren sie sehr begeistert.

Wenige Tage später traf ich mich mit Paulo Freire in Genf. Ich erzählte ihm davon, und Freire antwortete: »Natürlich ist das so; für sie ist die Kultur eine Angelegenheit von Leben oder Tod. Man hat jahrhundertelang versucht, sie ihrer Kultur und Sprache zu berauben; und das ist das einzige, was sie besitzen. Man hat ihnen alles genommen; dies ist das einzige, was sie noch haben. Und sie wissen: Wenn sie ihre Kultur, ihre Sprache, ihren Gesang und ihre Tradition verlieren, haben sie alles verloren. Nehmt ihnen nicht ihre Sprache! Ihr werdet sie ihnen ohnehin nicht nehmen können. Man tötet sie – das ist das, was in Brasilien geschieht. Sie müssen die Indianer töten (und sie tun es auch), weil diese weder ihre Sprache noch ihre Kultur aufgeben wollen.«

Ernesto Cardenal

*

Die Regierung des nationalen Wiederaufbaus von Nicaragua plant die Gründung der ersten Indio-Universität in Lateinamerika. Die Geschichte der systematischen physischen Vernichtung der indianischen Bevölkerung des Kontinents ist lang. Alles in allem sind die letzten Jahrzehnte durch eine Verschlimmerung der Situation gekennzeichnet. Mit besorgniserregender Häufigkeit werden durch die Zeitungen Vergehen gegen die Indianer angezeigt, die die traditionelle Form des Völkermords annehmen. Auf dem amerikanischen Kontinent ist das Phänomen des Stammesmordes alltägliche Wirklichkeit geworden, die Zerstörung der Indianerkulturen, die Auflösung ihrer sozialen und moralischen Werte.
In dieser Situation fördert die sandinistische Revolution das Projekt der *Universidad Indigena,* in dem sich die historischen Bestrebungen der auf dem ganzen Kontinent unterjochten und bedrohten indianischen Bevölkerung vereinigen.
Die Idee für eine solche Universität wurde von nicaraguanischen Indianergruppen vorgebracht, unmittelbar nach Beendigung des von ihnen geführten Kampfes gegen die Somoza-Diktatur. Deshalb ist es eine aus dem Widerstand geborene Idee. Sie richtete sich von Anfang an gegen die Praktiken des Völker- und Stammesmordes.

Grundkonzeption

Das Projekt zählt zu seinen Vorläufern solche Projekte wie die *Universidad Degenawidah-Quetzalcoatl* in Davis (Kalifornien), und das *Navajo Community College* in Tsaile (Arizona). Was Lateinamerika betrifft, äußert sich das *Instituto Indigenista Interamericano* folgendermaßen: »Die Idee einer Indio-Universität ist nicht neu. Sie ist im Bewußtsein der indianischen Bevölkerung während des letzten Jahrzehnts allmählich herangereift; leider aber konnte sie aufgrund des Drucks und der Hindernisse durch

die bestehenden Strukturen nicht verwirklicht werden. Bisherige Bemühungen mußten sich deshalb auf die Einrichtung von Zentren für Förderung und Ausbildung mit lokalem Wirkungskreis beschränken.«
Das Projekt der Indio-Universität berücksichtigt diese Feststellungen. Die in Umwandlung begriffene Sozialstruktur Nicaraguas stellt die historische Vorbedingung für das Projekt dar. Die Befreiung der nicaraguanischen Indianer und ihre Integration in das nationale Leben kann nur auf dem von der sandinistischen Revolution eingeschlagenen Weg erfolgen.
Ein Lernen in Freiheit, wie es an der Indio-Universität verwirklicht werden soll, erfordert eine breitgefächerte Vermittlung von Verhaltensformen, Haltungen, praktischem Wissen; sie erfordert eine Erfahrung von Hilfe, gegenseitiger Zusammenarbeit und Achtung sowohl vor den Mitmenschen als auch vor den natürlichen Grundlagen des Lebens in einer Gemeinschaft. Bei der Wiederaneignung der Geschichte und Kultur ihrer Völker durch die Indianer Nicaraguas und Amerikas müssen Irrtümer vermieden werden. Sie bestehen in der Anwendung von Lernmethoden, die ausschließlich von Rentabilitäts-, Konkurrenz- und – gegenüber der Natur – von Ausbeutungsprinzipien geprägt sind. Die Indio-Universität setzt eine Neuorientierung der traditionellen Konzeption, Struktur und Funktion einer universitären Institution, ihrer Mitglieder und ihrer besonderen Ziele voraus.
Die Indio-Universität wird ihre Aktivitäten nicht auf den lokalen Radius eines Zentrums zur Förderung der Indianer beschränken, dessen Wirkungen zu separatistischen Tendenzen führen könnten. Sie schließt sich dem im Oktober 1977 in Upsala von der UNESCO formulierten Aufruf an: »An gemeinschaftlichen Vorhaben teilzunehmen und sowohl von der Bevölkerung als auch durch konventionelles Studium zu lernen, sind einige der neuen Aufgaben der Universität. Dazu aber ist es nötig, daß die Universität endlich auf die Position verzichtet, die sie in anderen Epochen inne hatte: Sie muß aufhören, eine Festung zu sein, in der sich eine von hohen Mauern geschützte Garnison isoliert, ein kleiner Kreis von Personen, der zu Unrecht das Wissen einbehält und sich zu weigern scheint, die Kenntnisse zu teilen, die seine Macht begründen.«
Auch im pädagogischen Bereich nimmt sich die Indio-Universität

vor, die Empfehlungen der UNESCO von Nairobi zu berücksichtigen: »Das Verhältnis zwischen dem Erwachsenen in der Ausbildung und dem erwachsenen Pädagogen muß in gegenseitiger Achtung und Zusammenarbeit begründet sein.«
Die Problematik der Bildung von indianischen Erwachsenen, künftigen Sozialarbeitern und/oder anderweitig beruflich Tätigen, die sich durch soziale, sozio-ökonomische und sozio-kulturelle Kreativität auszeichnen sollen, erfordert eine akademische Neuordnung. Im Falle der Indio-Universität wird es nötig sein, eine Einrichtung zu schaffen, die durch Kooperation und Solidarität bestimmt wird. Dann wird es auch möglich sein, nicht einem Konsum von Lehrveranstaltungen zu verfallen, wie er traditionelle Universitäten kennzeichnet, sondern sich der Förderung einer dauerhaften schöpferischen Haltung und Tätigkeit im Spannungsfeld von Forschung und Aktion zu widmen. Eine solche Position kann nur auf einer schon vorangegangenen, gegenwärtigen und fortdauernden Kreativität von Studenten und Lehrern der Universität aufbauen.
Seit den Anfängen der Ethnologie und der anderen, aus dem Kolonialismus ableitbaren Disziplinen (wie der Tropenmedizin und tropischen Landwirtschaft), läßt sich die traditionelle akademische Vorgehensweise als verdinglichte Annäherung an Indianer und ihre Kulturen charakterisieren. Ihre Ziele stellen sich heute – historisch und ideologisch – als völkervernichtend heraus. Ihr Radius reicht vom direkten Interesse an der ökonomischen Ausbeutung von natürlichen und menschlichen Ressourcen der kolonisierten Indianergruppen bis zur Nutzbarmachung der Sprachen, des Wissens oder der gemeinschaftlichen Lebensformen. Es sind Ressourcen, die die Kolonisatorengesellschaften für die Lösung von spezifischen Problemen im Umkreis technisch-industrieller Rationalität verwenden.
Die Indio-Universität möchte eine andere Konzeption entwikkeln: Sie will eine Universität für die Eingeborenen Nicaraguas und Amerikas sein. Sie will keine Alternative erfinden, sondern eine realisieren und dabei von den historischen und kulturellen Gegebenheiten der Indianervölker ausgehen. Grundvoraussetzung dafür ist, daß die Universität in ihrer Anfangszeit und in den späteren Phasen ihrer Entwicklung von den Eingeborenen selbst getragen wird. Die Indianer von Nicaragua und Amerika müssen

ihre Universität konzipieren, selbst Schüler und Lehrer an dieser Universität sein und mit allen Nicaraguanern gemeinsam lernen. Die Indio-Universität als alternative Hochschuleinrichtung wird deshalb für die indianische Bevölkerung Nicaraguas und Amerikas offen sein, aber auch für junge nicaraguanische *Campesinos* und für Gastlehrer aus aller Welt. Sie alle werden Lernkollektive bilden, die für drei Jahre zusammenleben, arbeiten und studieren und so die Hoffnungen konkret werden lassen, die für viele Generationen von Indianern ein utopischer Traum waren.

Verfahren

In der methodologischen Problemstellung des Projektes muß die Tatsache in Rechnung gestellt werden, daß es sich um eine Indio-Universität handelt. Zum Verhältnis von Indianern und Universität führt das zuvor erwähnte Arbeitsdokument des Interamerikanischen Indio-Instituts aus: »Die Universitäten zeichnen sich traditionell durch ihr Elitedenken und nicht durch ihre Zugänglichkeit für Indianer aus. Die Bildungsprozesse, die dort vermittelt werden, nehmen die Besonderheiten ethnischer Gruppen nicht zur Kenntnis. Sie spiegeln – ähnlich wie Bildungsangebote auf kommunaler Ebene – die Entwicklungen der kulturellen Verzerrungen und Beherrschungen wider.«
Die Indio-Universität will erreichen, daß die Studenten nicht nur lernen, sondern auch lehren. Die Situation des Studenten einer herkömmlichen Universität, der von seiner Familie und den Arbeitsverhältnissen getrennt ist, wird sich in diesem Sinn verändern. Jedes Mitglied eines Kollektivs wird sein Wissen und seine Fähigkeiten den übrigen Mitgliedern mitteilen. Auch die Lehrer werden zu Schülern. Ihre Hauptaufgabe wird darin bestehen, das Wissen der indianischen Bevölkerung zusammenzutragen und auszuarbeiten, sowie Unterrichtsmaterialien, Lehrbücher, Wörterbücher, Bücher über Spezialgebiete, Übersetzungen und anderes vorzubereiten.
Jede der 220 indianischen Gemeinden Nicaraguas wird jährlich zwei Personen (eine Frau und einen Mann) als Delegierte der Gemeinde wählen, um sie in ihrem Auftrag und zu ihrem Nutzen an der Universität studieren zu lassen. Die Indianer anderer lateinamerikanischer Länder und die jungen *Campesinos,* die

ebenso Delegierte sein werden, bilden zusammen mit den indianischen Delegierten Nicaraguas die Lernkollektive.
Während des drei- oder vierjährigen Aufenthaltes an der Universität werden Schüler und Lehrer innerhalb der Lernkollektive an gemeinsamen Aktivitäten teilnehmen. Ein Semester dient dazu, ein Praktikum außerhalb der Universität zu machen. Die Studenten werden in eine nicaraguanische – indianische oder nicht indianische – Gemeinde, die nicht ihre Heimatgemeinde ist, gehen, um dort zu leben und zu arbeiten und dabei gleichzeitig einen neuen Lernprozeß zu durchlaufen: entweder zusammen mit einem indianischen Lehrer an einer Grundschule; oder in einer landwirtschaftlichen, holzverarbeitenden, handwerklichen Kooperative beziehungsweise in einer Fischereikooperative; oder mit einem Krankenpfleger und/oder Medizinmann.
Nach sechs – in einigen Fällen nach acht – Semestern polytechnischer, pädagogischer und handwerklicher Ausbildung werden die Studenten in ihre Heimatgemeinde zurückkehren. Dort sollen sie dann als zweisprachige Lehrer, im Gesundheitssektor, als Elektrotechniker oder als hochqualifizierte Handwerker arbeiten.
Mit der Rückkehr in ihre Heimatgemeinde treten die Studenten in die zweite Phase einer permanenten Ausbildung. Auch hier können sie auf die Hilfe der Universität bauen. Dennoch muß davon ausgegangen werden, daß sich mit Beendigung des sechsten (achten) Semesters ein Kreis schließt, dessen Anfang in eben diesen Heimatgemeinden zu finden ist.
Die einzigen Bedingungen, die die vorgeschlagenen Kandidaten erfüllen müssen, sind die folgenden: Sie sollen lesen und schreiben und mindestens zwei Sprachen können; und sie sollen sich verpflichten, im Namen ihrer Gemeinden zu lernen und zu ihnen zurückzukehren. Die Kandidaten anderer Länder sollen Abgesandte von Organisationen sein, die durch die Universität anerkannt sind.
Die Studenten werden während der sechs Semester ein Stipendium bekommen, um ihren Lebensunterhalt zu bestreiten. Die Lernkollektive, die für zwei weitere Semester an der Universität bleiben, müssen sich die Finanzierung ihrer Spezialausbildung selbst sichern.

Institutionelle Merkmale

Die Indio-Universität wird an zwei Zentren arbeiten: In Monimbó, einer indianischen Gemeinde in der Pazifikregion mit heroischer Tradition, und an einem noch zu bestimmenden Ort im ehemaligen Mosquitia, der heutigen Region Zelaya Norte. Die Indio-Universität wird täglich und ganztags arbeiten. In ihrer Anfangsphase, den ersten drei Jahren, wird die Anzahl der Studenten bei 350 liegen. Die Kapazität der Universität soll nach den ersten fünf Jahren auf eine Höchstzahl von 700 Studenten erweitert werden. Anfangs entsenden die Gemeinden einen von ihnen ausgewählten Studenten, später dann zwei. 20 Prozent der Plätze sollen junge nicaraguanische *Campesinos* erhalten, die Indianer anderer Länder Amerikas weitere 20 Prozent. Die 350 Studenten werden in dreißig Lernkollektiven zu etwa zehn Personen mit je einem Lehrer organisiert sein.
In den Universitäten, die seit den sechziger Jahren auch in Lateinamerika lediglich als Lernfabriken konzipiert wurden, ist die Kommunikation unter Studenten und Lehrenden grundlegend gestört. Allein schon die baulichen Einrichtungen verhindern Kommunikation und führen zu Aggressivität, zu Neurosen und Entfremdung. Die Einrichtungen der Indio-Universität sollen der Notwendigkeit gelebter Beziehungen von Solidarität und Brüderlichkeit und den geschichtlichen Erfahrungen der Heimatgemeinden Rechnung tragen. Räumliche Nähe soll ein Miteinander schaffen und pflegen, das sowohl den Studenten als auch den Lehrern in emotionaler Hinsicht zugute kommt. Die Einrichtungen der Indio-Universität sollen hinsichtlich der Freizeitgestaltung die veränderten Bedürfnisse der Gruppen berücksichtigen. Deshalb sind die baulichen Einrichtungen an beiden Standorten einem Indianerdorf entsprechend geplant. Die Lernkollektive leben, arbeiten und studieren gemeinsam. Sie kümmern sich – soweit dies möglich ist – nicht nur um die täglich anfallenden Arbeiten (wie das Saubermachen), sondern werden auch ausgebildet, Büro- und Verwaltungsarbeiten auszuführen, so daß dies Angestellte in diesem Bereich nach und nach überflüssig macht. Zusätzlich sind Anlagen für Sport, für künstlerische Darbietungen und Versammlungen geplant. Das oberste Gremium der Indio-Universität wird eine Versammlung von Delegierten der Lernkollektive sein.

Lernen und Arbeiten

Während ihres Aufenthaltes an der Indio-Universität sollen Lehrer und Studenten Studium und praktische Arbeit miteinander verbinden. Die Lernkollektive werden sechs Monate in den Ernteperioden von Kaffee und Baumwolle in Produktionskooperativen oder in einem örtlichen Entwicklungsprojekt arbeiten. Außerdem dient das fünfte Semester dazu, praktische Arbeit als Teil der berufsorientierten Ausbildung zu leisten.
Die Verbindung von Studium und Arbeit bedeutet im konkreten Fall der Indio-Universität, daß ein Fachbereich, der sich vermeintlich nur der Forschung zu widmen hat – sei es unter Mitarbeit der Studenten oder im herkömmlichen Sinne –, nicht existiert. Studenten und Lehrer werden die Forschung durch die Praxis gemeinsam vorantreiben. Die Arbeit, die die Studenten im sechsten Semester anzufertigen haben, wird deshalb als kollektive Arbeit geschrieben und vorgelegt werden. Es kann sich um die Vorbereitung eines Lehrbuchs handeln, um die Sammlung und Interpretation von Indianermythen, um das Studium von Heilmethoden der Volksmedizin, um die Systematisierung technischer Verfahren für die Entwicklung neuer landwirtschaftlicher Geräte, oder auch um die Kritik konkreter Ausdrücke und spezifischer Aspekte kolonialistischer Ideologien. In der Indio-Universität wird eine individuelle Leistungskontrolle unterbleiben.

Lern- und Handlungsfelder

Das erste Semester dient dazu, den Studenten eine allgemeine Einführung in die Problematik der Indianergesellschaften und in ihre heutige Situation zu geben. Im Laufe dieses Semesters können sich die Arbeitskollektive für die nächsten drei Jahre bilden. Zwischen dem zweiten und fünften Semester wird jedes Kollektiv einen von fünf Studienschwerpunkten wählen und neben dem Stoff seines eigenen Sachgebietes zumindest einen Bereich aus den weiteren Schwerpunktthemen studieren. Die Sachgebiete schlüsseln sich wie folgt auf:

- Sachgebiet Indianerkulturen: Indianische Sprachen und Formen nonverbaler Kommunikation, präkolumbianische Kulturen, Geschichte der Kolonisation und Mission, indianische Religionen, politische Organisation indianischer Gemeinden, ökonomische Organisation indianischer Gemeinden. Diese Fächer werden kombiniert mit der Einführung in die politische Ökonomie, der Organisation von Produktionskooperativen, der Geschichte von Befreiungsbewegungen, den Naturwissenschaften (Humanbiologie, Ökologie, Botanik, Zoologie, Physik und Geographie) und mit künstlerischen Tätigkeiten (Musik, Tanz, Plastik, Dichtung).

- Sachgebiet Pädagogik: Eine Indianersprache, Spanisch, Literatur, angewandte Mathematik, indianische Geschichte, indianische Literatur, Naturwissenschaften (Einführung in die Biologie, Ökologie und Physik).
- Sachgebiet Grundlagenmedizin: Präventivmedizin, traditionelle Verfahrensweisen der Behandlung von Krankheiten, Heilmedizin (Erste Hilfe), Diagnostik, Humanbiologie (Anatomie, Immunologie, Stoffwechsel).
- Sachgebiet angepaßte Technologie: Mechanik (Windmühlen, Wasserpumpen, Motoren), Elektrotechnik (Erzeugung elektrischer Energie aus unkonventionellen Energiequellen wie Biogas und Sonnenenergie, Installation und Unterhaltung von Maschinen und elektrischen Schaltungen), Metallkunde (Herstellung und Reparatur von Werkzeugen, Einführung in die Metallmechanik), Techniken der Holzverarbeitung, Forstwirtschaft, Ökologie des tropischen Urwaldes.
- Sachgebiet Kunsthandwerk: Techniken zur Herstellung von Hängematten, Netzen, Körben, Matten, Textilien, Leder, Keramik, Schnitzen und Bildhauerei, Bau traditioneller Musikinstrumente.

Zeitplan

Erstes Jahr:	1. Semester: Orientierung, Ernteeinsatz
	2. Semester: Ferien in der Heimatgemeinde
Zweites Jahr:	3. Semester: Arbeit in einem Entwicklungsprojekt
	4. Semester: Ferien in der Heimatgemeinde
Drittes Jahr:	5. Semester: Praktikum
	6. Semester: Forschungsarbeit
Viertes Jahr:	7. und
	8. Semester: Spezielle Projekte

Über die Dringlichkeit

Die Zerstörung der Urzivilisation Amerikas hat zu einer Reflexion über die Wesensart von Gesellschaften geführt, die diesen Völkermord durchführen. Die Indio-Universität stellt ein Projekt mit einer neuen Antwort auf diese zerstörerischen Praktiken dar. Die Suche nach neuen, würdigen und revolutionären Formen der Integration wird eine der Hauptaufgaben der Indio-Universität sein. Das Projekt bedarf der gleichen solidarischen Unterstützung, die die Befreiung des nicaraguanischen Volkes ermöglicht hat.

Die Indianer Nicaraguas werden sich innerhalb dieses Entwicklungsprozesses in die Unabhängigkeit befreien. Der Wille, in der ersten Projektphase begrenzte Ziele anzusteuern und begrenzte Mittel einzusetzen, verdeutlicht die Dringlichkeit des Vorhabens und den Wunsch der mit der Schirmherrschaft betrauten Institutionen, einen möglichst baldigen Beginn zu gewährleisten.

Erwachsenenbildung

Francisco Lacayo Parajón

Revolution, Alphabetisierung und Erwachsenenbildung

Ich möchte an dieser Stelle über zweierlei schreiben: Über die Revolution in Nicaragua und über Theorie und Praxis der Erwachsenenbildung.
Welches Konzept man auch immer für die Erwachsenenbildung entwickeln will, es wird zwangsläufig in engem Bezug zum revolutionären Prozeß stehen. Denn keine unserer bildungspolitischen Maßnahmen ist getrennt von dieser Revolution zu sehen. Das ist auch der Grund, weshalb ich einige Informationen über unser Land und unsere Revolution vorausschicken will.

Über Nicaragua und die Revolution

Nicaragua ist ein kleines Land mit einer Einwohnerzahl von etwas mehr als zweieinhalb Millionen. Es ist ein Land, das schon seit Anfang dieses Jahrhunderts, vor allem aber seit den fünfziger Jahren stark auf Agrarexport ausgerichtet ist. Seine Sozialstruktur ist ländlich und seine Einwohner gehören unterschiedlichen ethnischen Gruppen an. Es hat eine Fläche von 130 000 Quadratkilometern und weist, demographisch gesehen, eine auffällige Streuung auf. Dies hat seinen historischen Ursprung in fortwährenden Interventionen der Nordamerikaner und in der Haltung der bislang herrschenden Schichten: Letztere betrieben eine Politik des Ausverkaufs und konnten kein einziges nationales Projekt auf die Beine stellen. Sie waren unfähig, aus dem Land eine moderne Nation zu machen.
Unsere Geschichte ist die eines unentwegten Kampfes gegen den Invasor, der unsere nationale Entwicklung nicht nur von außen her

bestimmte, sondern sich mit Waffengewalt auch im Inneren unseres Landes politischen Einfluß erzwang.
Dieses Land ist aber auch durch den Kampf des Volkes geprägt, durch den Kampf Sandinos und seiner Leute in den Jahren von 1927 bis 1933. Er führte dazu, daß die oligarchischen Strukturen jener Zeit abgeschafft wurden und es zum ersten Mal in unserer Geschichte eine Phase gab, in der die Politik vom Volk bestimmt wurde. An dieses geschichtliche Ereignis haben wir angeknüpft, als wir unserem revolutionären Kampf den Beinamen »sandinistisch« gaben. Wir richten uns noch heute nach dem revolutionären Konzept von damals und verfolgen die gleichen politischen Ziele, die Augusto César Sandino hatte.
Die Revolution ist das Ergebnis eines mehr als zwanzigjährigen Kampfes, der mit der Gründung der Sandinistischen Befreiungsfront begonnen hatte. Dieser Kampf umfaßte viele Strategien; man könnte sagen, daß gerade die große strategische und taktische Flexibilität ein Hauptmerkmal des Kampfes war. Er ist nun erfolgreich beendet und in eine Bündnispolitik übergegangen, in der das Volk nie seine Vormachtstellung verlor. Aber inmitten all' dieser Strategien vom Guerilla- bis zum Stellungskrieg war das wichtigste Moment, daß sich die Bevölkerung erhoben und es als ihre ureigene Aufgabe angesehen hat, am politisch-militärischen Kampf teilzunehmen. Diesen Sachverhalt möchte ich besonders betonen, denn er spielt eine große Rolle für unser Bildungswesen. Wir sind dabei, eine »Pädagogik des Aufstandes« zu entwickeln.
Eine andere wichtige Funktion hat unsere revolutionäre Avantgarde. Sie ist mit der Bevölkerung eng verbunden, gibt ihr die notwendigen Methoden und Organisationsformen an die Hand und schafft Möglichkeiten der Zusammenarbeit. Sie hilft, zwischen Feinden und Verbündeten zu unterscheiden; sie konnte eine Strategie entwickeln, die für den Sturz der Diktatur tauglich war. Die Avantgarde genießt politische und moralische Legitimität. Dieser Aspekt einer moralischen Legitimität ist dabei sehr wichtig, denn bis zum Beginn der Revolution war die einzige Moral, die wir kannten, die der katholischen Kirche.
Wir können den Befreiungskampf als einen großen pädagogischen Prozeß ansehen. Er bewirkt, daß sich das Volk organisiert, daß es sich seiner Angelegenheiten bewußt wird – und dies nicht nur im Sinne von Klassen, sondern so, daß sich die gesamte Bevölkerung

In Managua neben dem Büro einer konservativen Partei
Foto: Margit Dams-Frobel

für alle Bereiche verantwortlich fühlt, also für die Probleme von Bauern wie die von Arbeitern und auch für nationale Vorhaben. Das ganze Volk hat die Verantwortung für die Entwicklung der Industrie, die Durchführung der Agrarreform und letztendlich für die Nation. Darüber hinaus ist es – egal, welchen Platz der einzelne inne hat, ob *Campesino* oder Arbeiter – auch verantwortlich für die Revolution in ganz Lateinamerika.

Es ist eine demokratische Revolution mit spezifisch demokratischen Werkzeugen. Zum Beispiel haben wir kein Parlament im eigentlichen Sinn, sondern einen Staatsrat, der von Mitgliedern der politischen Parteien, der Gewerkschaften, der verschiedenen Gremien, der Jugendorganisation und der Frauenvereinigung gebildet wird. Hinzu kommen noch Vertreter des Klerus, der Handels- und der Industriekammer und weiterer Verbände. Nicht repräsentiert sind die Bankiers, denn seit der Revolution gibt es in Nicaragua keine Finanzbourgeoisie mehr.

Die Revolution ist nicht antiimperialistisch, weil sich das zufällig so ergeben hätte oder wir nach einem Buch vorgehen wollten, vielmehr ist unsere Geschichte so. Wir mußten uns immer gegen den Imperialismus stellen, uns blieb gar nichts anderes übrig. Wie

eines unserer Regierungsmitglieder feststellte, können wir zwar nicht unsere Feinde wählen, aber wir haben die Möglichkeit, uns unsere Freunde auszusuchen und der ganzen Welt die Hand anzubieten.
Die Revolution entspricht keinem internationalen Plan. Sie ist pluralistisch. Sie erlaubt die Existenz und das Zusammenspiel verschiedener politischer Parteien, solange nicht die grundlegenden Ansprüche und Forderungen der Revolution in Frage gestellt werden. So diskutieren wir beispielsweise nicht mehr darüber, ob wir nun eine Agrarreform oder eine Alphabetisierungskampagne durchführen oder nicht, und ebensowenig mehr darüber, ob wir Antiimperialisten sind oder nicht.
Wir haben eine Mischökonomie, was bedeutet, daß in vielen Bereichen ein großer Teil der Produktionsanlagen in den Händen von Privatunternehmen sind, wobei die Spanne von großen Kapitalansammlungen bis hin zu kleinen privaten Unternehmen reicht. Eine ähnliche Mischung haben wir auch im Kommunikationsbereich. Dort sind beispielsweise 60 Prozent der Hörfunkstationen in privater Hand. Trotz dieser Mischstruktur dominiert die organisierte Volksmacht.
Zwei Klassen werden – beziehungsweise sind – abgeschafft. Nach der Agrarreform wird es keine Großgrundbesitzer mehr geben. Sie waren nicht in der Lage, diese Reform durchzuführen, damit die agrarindustrielle Entwicklung voranzutreiben und den nationalen Markt zu stärken – ein Vorhaben, das ihren Interessen eigentlich dienlich gewesen wäre. Es verschwand auch die Finanzbourgeoisie. Das Finanzwesen war bankrott – und zudem sind wir nicht das einzige Land auf der Welt, das die Banken verstaatlicht hat.
Schließlich handelt es sich um eine Revolution organisierter Bevölkerungsgruppen. Alle sind organisiert: die Frauen, die Kinder, die Jugendlichen, die Arbeiter in der Stadt, die *Campesinos*.

Die Alphabetisierungskampagne

Als wir zwei Wochen nach dem Sieg die Alphabetisierungskampagne in Angriff nahmen, gab es bei uns eine hohe Analphabetenquote, aber es gab kein unwissendes Volk. Denn ein Volk, das ein Bewußtsein für seinen Kampf und seine historische Rolle hat, ist nicht unwissend. In der Organisation vorangeschritten, lernt es mit

der Alphabetisierung das zu lesen und zu schreiben, was es schon mit seinem Blut im Laufe der Befreiungskämpfe geschrieben hat. Wir betrachteten die Volksbildung als eine Art Aufstand. In diesem Fall war der Analphabetismus der Feind, Gegner war die Unwissenheit über die gebräuchlichen Formen des Lehrens und Lernens, des Lesens und Schreibens, der grundlegenden Mathematik, der Bildungsorganisation. Wir demokratisierten die Lehrerrolle. Wenn es während des Befreiungskrieges möglich war, daß ein Dreizehnjähriger zum *Guerillero* in seinem Stadtviertel wurde, daß sich eine alte Frau politisch und militärisch beteiligte, daß ein *Campesino* zum strategisch wichtigen Aufständischen wurde: Warum sollte es dann nicht möglich sein, daß das politisch bewußte und organisierte Volk – und nicht nur die Spezialisten – die elementaren Grundlagen des Lehr- und Lernprozesses selbst gestaltete.
So nahm die Bevölkerung auf freiwilliger Basis an der Alphabetisierungskampagne teil, die im Sinne einer *Insurrección Cultural,* einer Kulturrevolution durchgeführt wurde. Die Jugend spielte dabei eine entscheidende Rolle, denn 95 000 junge Menschen begaben sich für fünf Monate auf das Land, um mit den *Campesinos* zu leben und zu arbeiten. Wir kalkulieren, daß die Jugend für die bäuerliche Bevölkerung in diesem Zusammenhang ungefähr 10 Millionen Arbeitsstunden erbracht hat. Durch Unfälle, Krankheiten und sieben Ermordungen (durch somozistische konterrevolutionäre Gruppen) hatten wir 54 Tote zu beklagen. Das war also kein Frühlingsspaziergang. Zum ersten Mal in unserer Geschichte gab es eine Bewegung unserer Jugend zum Lande hin, eine Begegnung zwischen bäuerlicher Bevölkerung und städtischer Jugend, ein Ereignis, das ein lebenswichtiger Teil unserer Revolution ist.
Die Alphabetisierungskampagne endete damit, daß die Analphabetenquote von 50,3 Prozent auf 12,9 Prozent zurückging. Zu diesem Zeitpunkt begannen wir, die Grenzen des möglichen zu erkennen: Ist beispielsweise ein Kind in der Lage, zwölf oder zwanzig Personen zu alphabetisieren, kann man das einem Kind von dreizehn Jahren zutrauen? Wir können das bejahen, in einer bestimmten Situation kann es dies. Welche verborgenen Kräfte und Fähigkeiten werden unter bestimmten Umständen in einem Volk wach!

Um die Alphabetisierung planen und beginnen zu können, war eine Volkszählung notwendig. Wenige Tage nach dem Sieg standen wir also vor der Aufgabe, die Einwohner zu zählen. Dies Vorhaben sollte in erster Linie von den Jugendorganisationen geleistet werden. Die UNESCO, die uns beriet, veranschlagte dafür mehrere Millionen Dollar und einen Zeitraum von zwei Jahren. Da wir keine Zeit zu verlieren hatten, machten wir es in einem Monat, und es kostete uns 30000 Dollar. Als dann die Experten der UNESCO kamen, sagten sie uns, das sei ein Wahnsinn. Danach überprüften sie die Resultate und teilten uns mit, es sei ein grandioser Erfolg. Als sie uns nach der Vorgehensweise fragten, antworteten wir ihnen, daß man zuerst eine Revolution machen müsse, danach dann würde das Volk die Sache übernehmen.
Alphabetisierung und Volksbildung waren für die somozistische Diktatur nicht notwendig. Um Kaffee, Baumwolle oder Zucker zu ernten, braucht man weder Lesen noch Schreiben zu können. Aus politischer Perspektive stehen Alphabetisierung und Volksbildung im Widerspruch zum damals geltenden Herrschaftsmodell, denn alphabetisieren im wahren Sinne des Wortes bedeutet, daß das Volk das Volk alphabetisiert und damit einen demokratischen Prozeß einleitet. Außerdem war unser Land ein armes Land und man erlaubte sich nicht den Luxus, eine halbe Million Menschen in fünf Monaten zu alphabetisieren. Die Somozisten hätten ein immenses Budget veranschlagt, vielleicht eine internationale Anleihe getätigt und sicher nicht einmal zehn Prozent der Menschen erreicht, die wir in fünf Monaten alphabetisieren konnten. Die Diktatur hatte kein Interesse, die Bevölkerung auf kultureller Ebene zu mobilisieren.

Erwachsenenbildung – Volksbildung

Unsere Planung der Erwachsenenbildung ist ein strategisch wichtiges Projekt innerhalb der Revolution, auch wenn darüber vorher nicht eingehend diskutiert wurde. Solange unsere Revolution lebt, werden wir nicht darüber diskutieren, ob wir dem Volk Bildung zukommen lassen wollen oder nicht; das einzige, worüber wir uns Gedanken machen, ist, auf welche Art dies geschehen kann.
Um die Erwachsenenbildung auszuweiten, gaben wir den Men-

schen die Gelegenheit, selbst die Rolle des Lehrers zu übernehmen. Wir öffneten damit die Türen zur Veränderung der Lehrerrolle. Dies geschah in Anlehnung daran, daß seinerzeit alle am Befreiungsprozeß politisch oder militärisch teilnehmen konnten, ob Kinder oder alte Leute, ob Männer oder Frauen.
Man kann bei einem solchen Aufstand ein interessantes Phänomen beobachten, daß nämlich der einzelne im entscheidenden Moment die Grenzen seiner gewohnten Betätigung überschreitet und bis dahin ungewohnte Funktionen übernimmt. So greift der, der niemals etwas mit dem Militär zu tun hatte, zu den Waffen, und der, der vorher nie an Verschwörung dachte, wird auf einmal konspirativ. Festgelegte Arbeitsformen werden aufgebrochen, und jeder einzelne übernimmt mehrere für die Revolution wichtige Aufgaben. Wir glauben nun in diesem Zusammenhang an die Möglichkeit, daß das Volk auch innerhalb der Erwachsenenbildung verschiedene theoretische und praktische Funktionen übernimmt, von denen es vorher abgehalten wurde.
Wir verwenden dabei zwar auch den Begriff der Erwachsenenbildung, weil wir uns an einen internationalen Terminus halten. Bei uns aber liegt die Betonung mehr auf Volk als auf Erwachsenen; denn Erwachsene gab es schon auf den traditionellen Universitäten, Abendschulen und Gymnasien. Heute haben wir in der Erwachsenenbildung viele Kinder; zwanzig Prozent derer, die gegenwärtig Angebote der Erwachsenenbildung wahrnehmen, sind Kinder zwischen acht und vierzehn Jahren. Das, was die Homogenität der Lerngruppen aus Kindern, Frauen, alten Leuten, Campesinos und Arbeitern ausmacht, ist ihre Herkunft aus den unterprivilegierten Volksschichten.
Zweiundfünfzig Prozent unserer heutigen Volkslehrer befinden sich auf einer Ausbildungsstufe, die zwischen Alphabetisierung und sechster Grundschulklasse angesiedelt ist. Dieses Heer von Volkslehrern ist zahlenmäßig größer als das der Grundschullehrer: Nicaragua hat fast 18 000 Grundschullehrer und 27 000 Volkslehrer. Diese arbeiten täglich ohne Entlohnung. Es sind *Campesinos;* Kinder von dreizehn Jahren, die ihre Eltern alphabetisieren; ein Flaschenverkäufer, der nach 19 Uhr sieben Kilometer zu Fuß zu seinem *Colectivo de Educación Popular* läuft.
Diese Volksbildung bietet sich als ein politisches Programm dar, und wir verleugnen das nicht. Es handelt sich aber nicht um

Indoktrination, wie man uns dies zuweilen vorgeworfen hat. Die Volksbildung ist so politisch wie unser Krieg politisch war, wie unser Entwicklungsplan, unser Hunger, unsere Waisenkinder politisch sind, so wie alles politisch ist, was wir tun müssen, um zu Würde, Souveränität und Fortschritt zu gelangen. Die Volksbildung ist auch politisch, weil wir dadurch Machtinstrumente aushändigen. Es handelt sich um Lesen und Schreiben, um Grundlagen der Mathematik, um Kenntnisse der Geschichte und Geographie, um Allgemeinbildung. Wir richten dabei auch kleine Sprachschulen ein, denn wir wollen, daß unsere organisierten Frauen, daß die *Campesinos* und Arbeiter und vor allem deren Führer Englisch und Deutsch sprechen, daß sie mit der restlichen Welt in einen Dialog treten können, auch als Mitglieder von ehemals unterprivilegierten Schichten. Sie haben ein Recht dazu, und außerdem ist dies ein Mittel, um der Welt unsere Aufgabe verständlich zu machen. Wir haben bereits eine kleine Sprachschule für Deutsch, und bald werden wir eine für Englisch und Französisch haben.

Zwei aus einem Colectivo de Educación Popular
Foto: Informationsbüro Nicaragua

Bei dieser Konzeption von Volksbildung handelt es sich also um mehr als um ein traditionelles Lehr-Lern-Verhältnis, nämlich um einen Prozeß der Organisation der gesamten Bevölkerung. Gegenwärtig versammeln sich jeden Tag fast 150000 Personen in den *Colectivos de Educación Popular;* eine Versammlung dauert täglich zwei Stunden und wird von den Beteiligten selbst organisiert. Sie lernen zu analysieren, zu organisieren und sich das eigene Projekt und seinen Stellenwert im nationalen Programm zu vergegenwärtigen. In dieses große Netz des nationalen Volksbildungsprogramms sind auch andere Programme (wie etwa zum Gesundheitswesen, zur Verteidigung und zum Sozialwesen) integriert.
Die Erwachsenenbildung erscheint also als eine Massenmobilisierung, als eine kulturelle Machtübernahme, als eine Übernahme der Mittel, die ehemals Instrumente für Privilegierte im Lehr-Lern-Bereich gewesen sind. Die Grundlage dieser Mobilisierung ist der Volkslehrer. Unsere hauptsächlichen Überlegungen zielen auf ein besseres Verständnis dieser Rolle. Wir wissen, wohin wir gelangen müssen; das Problem ist, wie wir es im Einzelfall mit einem Volkslehrer tun können, der gerade erst alphabetisiert wurde, mit dem *Campesino,* mit der Waschfrau. Welche Methoden sollen angewandt, welche Texte benutzt, in welchem Zeitrhythmus soll gelernt werden? Der Rhythmus beispielsweise ist ein grundlegendes Problem. Wir wollen die Volksklassen nämlich nicht unserem Plan anpassen, sondern umgekehrt unseren Plan nach denen ausrichten, die seßhaft sind, die auf Höfen arbeiten, die dem Regen ausgesetzt sind, die krank sind, die erwachsen sind, die arbeiten, auch nach denen, die noch Kinder sind.
Es ist ein staatliches Programm, weil es organisatorisch und administrativ mit dem Erziehungsministerium verbunden ist. Aber gleichzeitig ist es auch ein Massenprogramm. Man kann also sagen, daß nicht der Staat seine Durchführung garantiert, sondern die Massen dafür sorgen. Jede Woche treffen wir uns mit Vertretern der Massenorganisationen zu einer Versammlung, mit Abgeordneten der Frauenorganisation, der Landarbeiter, der sandinistischen Arbeiterzentrale, der Jugendorganisation und anderen. Mit ihnen gemeinsam werden die einzelnen Schritte abgesprochen. Wenn sie alle nicht kämen, würde dieses Programm eingehen.

Es gibt eine Menge Probleme. Bei jedem Versuch stellen sie sich – von der Verteilung des Materials bis hin zu inhaltlichen Fragen. Bis heute haben wir für das Alphabetisierungsprogramm nahezu 2500000 Texte erstellt und verteilt, eine Zahl, die in etwa der Größe unserer Bevölkerung entspricht. Neben diesen kostenlosen Texten mußten wir auch noch Stifte, Hefte, Kreide, Lampen und Radios beschaffen.

Wenn sich ein Problem ergab, konnten wir es leicht erklären – mit politischen Schwierigkeiten, mit Schwierigkeiten im technisch-organisatorischen oder technisch-didaktischen Bereich. Oder es gab Unstimmigkeiten mit unserem ökonomischen Entwicklungsprogramm, so daß wir finanziell nicht mehr weiter konnten. Oder eines unserer Projekte war zeitlich nicht richtig abgestimmt oder stand im Widerspruch zu anderen Programmen. Jedes dieser Probleme zeigte uns, wo unsere Grenzen liegen, was uns möglich ist und was nicht.

Ein Beispiel: Bei der Herausgabe der Schulungstexte gab es Schwierigkeiten. Wenn das Programm nicht einschlafen sollte, brauchten die Lerngruppen ihre Texte innerhalb von zwei Wochen. Denn wir hatten es uns zum Vorsatz gemacht, daß in Nicaragua nicht ein Tag ohne Bildungsmöglichkeiten für die Bevölkerung vergehen sollte. Weil die Zeit so drängte, verteilten wir Texte, in denen einige Irrtümer vorkamen. Es waren keine Texte, wie wir sie uns unter didaktischen Gesichtspunkten wünschten, sondern es war Schulmaterial, das weder komplett noch perfekt war. Aber vom politischen und organisatorischen Standpunkt her gesehen war es wichtiger, daß die Leute die Texte in ihren Händen halten konnten. Den Rest besorgten sie selber.

Das Volk kämpfte zu Beginn der Revolution auch nicht mit modernen Gewehren. Im Revolutionsmuseum kann man heute noch die Pistolen besichtigen, die aus Wasserhähnen konstruiert und die Bomben, die aus Leitungskabeln gebastelt wurden. Wenn alle erst auf die 50-Millimeter-MGs gewartet hätten, um damit den Aufstand zu machen, hätten wir nie einen gehabt.

So gesehen, ist es logisch, daß wir nicht warten, bis wir über endgültige Texte, eine perfekte Methode oder eine ausgefeilte Technik verfügen; sondern wir stützen uns auf das, was wir haben,

und machen das Beste daraus. Es ist uns wichtiger, daß die Bevölkerung Material erhält und der Lernprozeß nicht ins Stocken kommt.
Oft tauchen Widersprüche auf. Sie liegen meistens zwischen den technisch-didaktischen Anforderungen und dem politischen und organisatorischen Anspruch. Als wir keine Texte hatten, haben wir den Lerngruppen gesagt, sie sollten Wasser in die Erde schütten und im Schlamm schreiben, aber niemals vom Schreiben und Lesen ablassen; sie sollten Namensschilder an Tümpeln, Straßen und Flüssen anbringen, aber niemals aufhören, zu schreiben und zu lesen. Sie sollten Briefe schreiben. Das wichtigste wäre, daß sie im Lernprozeß nicht innehielten.
Wenn ein gerade erst alphabetisierter *Campesino,* der Subtrahieren und Addieren unterrichtet hat, nun auch Multiplikation, Division und Bruchrechnen unterrichten soll, dann gibt es bestimmte Verfahrensweisen, nach denen hier vorgegangen werden kann, zum Beispiel das Konzept der gemischten Kollektive: Jeder Volkslehrer hat Menschen zu unterrichten, die sich auf der untersten Bildungsstufe befinden, Menschen, die etwas mehr Kenntnisse besitzen und solche, die bereits alphabetisiert sind. Wie kann ein Volkslehrer das schaffen? Er wendet sich zuerst an die, die schon am meisten fortgeschritten sind; diese beschäftigen sich wiederum mit den anderen. Als wir mit unseren eigenen Augen sahen, wie sie das machten, veränderten wir unsere methodischen Leitlinien und richteten sie an dem aus, was hier praktiziert wurde. Denn das stand vorher nicht in unseren Büchern.

Auf dem Weg zur Grundbildung

Mit den 27000 Kollektiven für die tägliche Volksbildung verfügen wir über ein Netz, welches für das Land von großem Nutzen ist. Wir sind auf dem Weg zu dem, was wir Grundbildung nennen.
Was braucht ein *Campesino,* eine Hausfrau, eine Wäscherin, eine Hausangestellte, ein Arbeiter an Grundbildung? Was braucht jeder einzelne an Eigenschaften, Fertigkeiten, Instrumenten und Kenntnissen, um seine Rolle innerhalb der Revolution zu erfüllen und verstärkt an ihr teilzunehmen? Diese Frage nach dem berühmten Profil ist für uns wichtig. Aber wir versuchen dabei immer die Rolle des Volkslehrers zu bedenken, der bei den

schlimmsten Regengüssen große Entfernungen zurücklegt und auf dem Rücken des Maulesels die Schultexte zu den Menschen bringt.
Wir wollen bei uns in naher Zukunft das Modell der Grundbildung verwirklichen. Das bedeutet, daß es in Nicaragua keinen mehr geben soll, der von dieser Bildung ausgeschlossen wird. Es soll eine Grundbildung sein, die in einem direkten und dynamischen Zusammenhang mit der Revolution steht und abgestimmt ist mit dem Rhythmus der Volksklassen, mit der Naturgewalt des Regens in unserem Land, mit der Aufgabe der nationalen Verteidigung und mit unserer ökonomischen Entwicklung.
Wir müssen dazu alle Lernmöglichkeiten und Lernorte in unserem Land nutzen, egal, ob es sich um eine Werkstatt für Kunsthandwerk oder um ein Syndikat handelt: Alles soll zu einer Schule werden. Jedes staatliche Unternehmen, jede staatliche *Hacienda* soll sich in eine Schule verwandeln, die nach dem Konzept der Volksbildung arbeitet. Jedes staatliche oder politische Projekt soll diese Methode praktizieren. Dem Grundgedanken der Volksbildung entsprechend soll jeder landwirtschaftliche Berater die Funktion eines Volkslehrers wahrnehmen, und umgekehrt soll jeder Volkslehrer Berater in landwirtschaftlichen oder gesundheitlichen Fragen sein können. Dies ist es, was wir unter dem Konzept des *Cuadro Polivalente,* des Kaders mit vielseitigen Funktionen verstehen. Es ist unsere Antwort auf die Frage, wie man die Entwicklung der Grundbildung an der Basis verankern kann. Wir müssen den Kampf aufnehmen, die Ideen haben wir schon. Wir glauben an unser Projekt; Führer wie Massenorganisationen stehen hinter ihm.
Jeder, der eine bestimmte Bildungsstufe erreicht hat, soll zu einem Multiplikator werden und die Grundformen dieser Bildung in andere Bereiche hineintragen. So soll zum Beispiel ein Elektroingenieur, der sein Fach an der Universität studiert, in den ersten zwei Jahren seines Studiums obligatorisch eine ausreichende pädagogische Ausbildung erhalten, um auch als Volkslehrer in einem Elektrounternehmen oder in ähnlichem Rahmen tätig sein zu können. Es geht darum, einen multiplikatorischen Effekt zu schaffen, Bildung als nationale Aufgabe anzusehen und das Amt des Lehrers zu demokratisieren.
Jeder von uns soll in der Lage sein, ein Gewehr zu handhaben, oder zumindest einen Schützengraben auszuheben, wenn wir unser

Land gegen eine Invasion verteidigen müssen. Und ebenso soll jeder in der Lage sein, mehr und mehr an der ehrenwerten Aufgabe teilzunehmen, die die Lehrerrolle beinhaltet.
Damit will ich enden. Doch möchte ich noch eines Landes gedenken, unseres Bruderlandes San Salvador mit seinen revolutionären Organisationen. Dieses Land befindet sich gegenwärtig mitten in seinem Befreiungskrieg. Sie führen dort eine Alphabetisierungskampagne in den Schützengräben und den Flüchtlingslagern durch. Hoffentlich dauert es nicht mehr lange, bis wir mit ihnen zusammentreffen können, sie uns etwas von ihrer Befreiungsstrategie mitteilen und erzählen, wie sie es mit ihren spärlichen Mitteln geschafft haben.

Nachalphabetisierung auf einer Finca *in der Nähe von Granada*
Foto: Waltraud Jäger/Erik Hess

Brechungen

Robert Dilger
Revolution und Konterrevolution – ein Zwischenbericht

Seit ihrem Sieg war die *Revolución Popular Sandinista* vor der Haustüre der USA bedroht, es mangelte nicht an Versuchen, die Regierung in Managua zu destabilisieren und das Vertrauen zwischen Teilen der Bevölkerung und der FSLN zu zerstören.
Mit dem Amtsantritt von Präsident Reagan setzte eine Intensivierung dieser Bemühungen ein, unter anderem durch die Bewilligung eines 19-Millionen-Dollar-Paketes zur Unterstützung konterrevolutionärer Aktivitäten durch den CIA in Nicaragua.
Im März 1982 hat die FSLN zum bislang entschiedensten Mittel gegriffen, um dieser Bedrohung entgegenzutreten und die Revolution zu verteidigen: Sie verkündete den *Estado de emergencia,* den nationalen Notstand. Zunächst auf 30 Tage befristet, wurde er wiederholt verlängert. Nationaler Notstand – man denkt wohl sofort an Notstandsgesetze, an Ausgehverbote und militärische Präsenz im täglichen Leben.
Doch das ist im sandinistischen Nicaragua anders, auch im Vergleich zum jahrelangen *Estado de emergencia* unter Somoza. Außer an den nationalisierten Nachrichtensendungen ist im täglichen Leben und Arbeiten von einem Notstand wenig zu spüren. Weder sind die Kinos geschlossen, noch besteht eine Ausgangssperre. Die Erklärung dieses scheinbaren Widerspruches ist einfach: Der *Estado de emergencia* dient nicht dazu, die Bevölkerung besser in Schach zu halten, sondern sie und ihre Revolution gegen Eingriffe von außen und innen zu schützen.
In welchem Zusammenhang wurde dieser Notstand gerade im März 1982 ausgerufen? Welche Entwicklungen führten zu dieser

Maßnahme? Und welche Bedeutung besitzt er für die sandinistische Revolution? Letztlich: Wohin wird sich diese Revolution entwickeln? Welche Perspektiven bleiben ihr unter den gegenwärtigen Bedingungen? Ich versuche im folgenden, als ein Beispiel für nicaraguanische Entwicklungen das halbe Jahr vor der Verkündung des Notstandes nachzuzeichnen, ohne jedoch den Anspruch auf eine nahtlose Analyse zu erheben. Dies ist bei den vielfältigen, oft parallel ablaufenden Ereignissen nur bedingt möglich.

Ley de emergencia

Seit dem Sommer 1981 waren verstärkt Tendenzen spürbar geworden, über die Spekulation mit Devisen den Cordoba-Kurs nach unten zu drücken, die im Lande verfügbaren Dollardevisen zu Zwecken der Spekulation zurückzuhalten und so die zum Kauf ausländischer Waren nötigen Dollars der staatlichen Kontrolle zu entziehen. In größerem Umfang fand auch ein direkter Kapitalexport ins benachbarte Costa Rica statt.
Um diese wachsenden finanziellen Schwierigkeiten in den Griff zu bekommen, dekretierte am 9. September 1981 die *Junta de Gobierno de Reconstrucción Nacional* das *Ley de emergencia,* das Notstandsgesetz. Danach sind den Autoritäten Eingriffe bis hin zu Verhaftungen erlaubt, wenn zum Beispiel Grundstoffe zerstört, Kapitalien außer Landes gebracht, falsche Darstellungen über die Lage Nicaraguas verbreitet oder Streiks organisiert werden. Verbunden mit gleichzeitig veröffentlichten Gesetzen über den Devisenhandel und neue Importzölle stellte dieses *Paquete de emergencia* den bislang energischsten Versuch der FSLN dar, der durch die Kapitalflucht langsam ausblutenden Wirtschaft deutlichere Zügel anzulegen, was gleichzeitig staatliche Kredite zur Modernisierung auch privater Betriebe einschloß. Es darf dabei nicht vergessen werden, daß der private Sektor nach wie vor mit etwa 70 Prozent den stärksten Anteil am Produktionsvolumen besitzt.
Das *Ley de emergencia* bildete gleichzeitig die rechtliche Grundlage des *Estado de emergencia,* seine gesetzlichen Bestimmungen waren also schon vor dem 15. März 1982 geschaffen worden.

Die Fälle COSEP und CAUS

Die Wirksamkeit des Notstandsgesetzes sollte sich auf einem nicht erwarteten Gebiet zeigen. Knapp fünf Wochen nach seiner Verkündung wurden unter Berufung auf zwei seiner Artikel einige führende Persönlichkeiten des nationalen Unternehmerverbandes COSEP verhaftet. Außerdem mußte die nationale Führung der kommunistischen Gewerkschaft CAUS ins Gefängnis.
COSEP hatte in einem Schreiben an *Comandante* Daniel Ortega die FLSN einer totalitären, marxistisch-leninistischen Politik beschuldigt, die gegen das Volk gerichtet sei und zu einem neuen Genozid führe. Zur gleichen Zeit diskutierte ein Unterausschuß des amerikanischen Senats über Bedingungen eines Kredits für die nicaraguanische Privatwirtschaft in Höhe von 33 Millionen US-Dollar. COSEP schickte einen Durchschlag des Briefes an diesen Ausschuß und an Präsident Reagan. Nach den erwähnten Artikeln bedeutete dieses Vorgehen eine falsche und den Interessen Nicaraguas schädliche Darstellung tatsächlicher Vorgänge.
CAUS hatte in verschiedenen Flugblättern wiederholt auf das Streikrecht der Arbeiter gepocht und in einer der Fabriken auch versucht, trotz des Verbots einen Streik zur Durchsetzung höherer Löhne anzuführen.

Die Contras

Zwar fanden massive Angriffe von außen bisher nicht statt, dafür stehen jedoch vor allem in den Bergen im Norden des Landes gut ausgerüstete konterrevolutionäre Gruppen bereit.
Eine ihrer vielen Aktionen war der Mord an zwei nicaraguanischen *Campesinos* und zwei kubanischen Lehrern im Oktober 1981. Die operativen Einheiten von 60 bis 100 Personen bewegen sich auf nicaraguanischem Boden oder fallen von Honduras (in geringerem Umfang auch von Costa Rica) her in Nicaragua ein, um sich nach ihren Aktionen wieder zurückzuziehen. Teilweise leben sie in festen Lagern in den tropischen Regenwäldern, sie entwickelten von dort aus seit dem Herbst 1981 einen Buschkrieg im Norden der Provinz Zelaya, unter dem vor allem die Zivilbevölkerung – meist Indios – zu leiden hatte. Die Zahlen im Mai 1982 sprachen von etwa 100 gefallenen Zivilisten und Angehörigen der sandini-

stischen Armee und der Milizen. Die *Contras* drangsalieren, entführen, foltern oder töten die Bewohner entlegener Höfe oder Ortschaften danach, ob sie in den Milizen organisiert sind oder mit anderen Organisationen des Staates zu tun haben. Sie führen Listen derjenigen Personen, die geötet werden sollen.
Einen vorläufigen Höhepunkt erreichten diese Aktionen mit der ›roten Weihnacht‹, einem Plan zur Abspaltung der Atlantik-Provinz vom übrigen Nicaragua. Diesen Plan unterstützten auch Teile der Missionskirchen und die seit Juni 1981 aufgelöste Eingeborenenorganisation MISURASATA des inzwischen zur *Contra*-Seite übergewechselten Führers Steadman Fagoth. Der Plan wurde vorzeitig aufgedeckt und verhindert.

Gegen die Contras
Foto: Angelika Krüger

Zwischen Februar und Mai 1982 wurden verstärkt Angriffe von honduranischem Gebiet aus vorgetragen. Gruppen in Stärke von 100 Mann griffen Grenzposten oder Siedlungen auf nicaraguanischer Seite an. Ein Ziel dabei dürfte sein, die nicaraguanische Seite zu unüberlegtem Handeln zu provozieren, um dadurch einen Vorwand für einen Einmarsch größeren Stils unter Beteiligung der honduranischen Armee zu erhalten. Die nicaraguanischen Grenztruppen haben den Befehl, nicht zurückzuschießen und die Eskalation des Konflikts zu verhindern.

Attentatsversuche und Attentate

Begleitend zu den Unternehmungen der *Contras* kamen Anfang des Jahres 1982 Versuche, über Sabotageakte die Wirtschaft des Landes empfindlich zu treffen, um den ›Sandino-Kommunisten‹ in Managua die Luft wegzunehmen.
Im Januar 1982 wurde ein Komplott aufgedeckt, das die Sprengung der einzigen Raffinerie Nicaraguas und der nationalen Zementfabrik zum Ziel hatte. Beteiligt daran waren neben Funktionären der amerikanischen Botschaft auch Angehörige des venezuelanischen Geheimdienstes. Daneben bestanden enge Kontakte zu den Konterrevolutionären Organisationen UDN *(Unión Democracia Nicaragüense)* und FARN *(Fuerzas Armadas Revolucionarias de Nicaragua)*, Sammelbecken ehemaliger Mitglieder der somozistischen *Guardia Nacional.*
Im Februar 1982 explodierte in der Gepäckabteilung des internationalen Flughafens von Managua ein Sprengsatz, der sich in einem Koffer aus Honduras befand. Vier Arbeiter kamen ums Leben, es entstand am Flughafengebäude erheblicher Sachschaden.
Im März 1982 schließlich gelang es den *Contras,* zwei Brücken im Norden des Landes zu sprengen und so für einige Zeit den Verkehr auf der interamerikanischen Verbindungsstraße zu unterbrechen. Bei der zentralisierten Struktur auch des Straßenwesens auf Managua hin und den wenigen Umleitungsmöglichkeiten sind die Brücken der Hauptverbindungsstraßen wichtige Einrichtungen, um den Verkehr aufrecht zu erhalten. So war diese Sprengung letztlich der unmittelbare Anlaß für die FLSN, den *Estado de emergencia* zu verkünden.
Außerdem sind zu erwähnen ein Attentatsversuch auf eine

Maschine der staatlichen Luftverkehrsgesellschaft *Aeronica,* eine Flugzeugentführung eines ihrer Flugzeuge auf einem Inlandsflug, schließlich Anschläge gegen das Elektrizitätswerk in Chinandega und gegen die Brücke, die den internationalen Pazifikhafen Corinto mit Managua verbindet.

Der Druck von außen

Während bei einigen der bisher erwähnten Aktionen eine aktive Beteiligung der USA nachzuweisen war (beispielsweise an der ›roten Weihnacht‹, an Attentaten oder am Trainingslager der *Contras* in Florida), gab es Unternehmungen der Reagan-Administration, die sich zunächst nicht als unmittelbare Intervention in Nicaragua niederschlugen.
Hierzu zählten als politische Druckmittel die wiederholten Behauptungen, über Nicaragua laufe der militärische Nachschub für die salvadoranische *Guerilla,* oder in Nicaragua seien 600, 1000 oder gar 1500 kubanische Ausbilder stationiert.
Mehr noch als Behauptungen zählt jedoch der Dreiländerpakt »Mittelamerikanische Demokratische Gemeinschaft« zwischen El Salvador, Honduras und Costa Rica, dem inzwischen Guatemala beigetreten ist. Ein Ziel dieses Vertrages ist die geographische und politische Isolierung Nicaraguas. Außerdem kann der Vertrag bei einer behaupteten Gefährdung durch Nicaragua leicht einen regionalen Konflikt auslösen (zum Beispiel läßt sich der Fall denken, daß eine Grenzprovokation von Honduras aus als Verteidigung dieses Landes umdefiniert und so die Bedingung zum kombinierten Eingreifen geschaffen wird).
Neben vielfältigen Behauptungen über die Verletzung der Menschenrechte in Nicaragua (vor allem den Indios gegenüber) waren es unter anderem die verbalen Attacken der amerikanischen UNO-Botschafterin und des amerikanischen Außenministers, die von Februar bis April 1982 die Spalten der Presse füllten.
Die USA ließen schließlich Kriegsschiffe vor den nicaraguanischen Küsten aufkreuzen, Manöver von US-Truppen in Honduras und Spionageflüge über dem nicaraguanischen Luftraum durchführen. Indirekt demonstrierten die USA ihre militärische Rolle in der Karibik mit der Wiedereröffnung ihres Marinestützpunktes in Key West, mit der Diskussion um die San Andres Inseln als Flotten-

stützpunkt und mit den Militärberatern in El Salvador, Honduras und Costa Rica.

Das Beispiel Februar bis März 1982

Das folgende Schaubild zeigt für die Monate Februar und März 1982 (bis zur Verkündung des *Estado de emergencia)* den politischen Druck von innen und außen gegen die sandinistische Revolution:

Politisch-militärischer Druck gegen Nicaragua

von außen:

13. 2. Artikel in der *New York Times,* die Frage einer See-Blockade Nicaraguas behandelnd.
14. 2. *Washington Post* veröffentlicht einen CIA-Plan gegen Nicaragua (19 Millionen US-Dollar).
16. 2. Rede Reagans gegen Nicaragua.
24. 2. Rede Reagans gegen Nicaragua in der Konferenz Amerikanischer Staaten.
27. 2. Guatemala tritt der Mittelamerikanischen Allianz bei.
2. 3. Haig gibt Irrtum zu (dies bezieht sich auf ein Photo über ein angebliches Massaker der sandinistischen Armee gegen Miskito-Indianer; das Photo wurde vor Jahren aufgenommen, als die Nationalgarde Somozas Massaker gegen Miskitos durchführte).
4. 3. US-Pläne zur Errichtung von Militärstützpunkten in Zentralamerika.
11. 3. Kommando Süd der US-Streitkräfte in Panama gibt die Entsendung von Truppen nach Costa Rica bekannt.

von innen:

Mitte Feb. Erklärungen von Steadman Fagoth in den USA gegen Nicaragua.

18. 2. Episkopat veröffentlicht Dokument über die Indiosiedlungen im Norden des Landes mit schweren Anschuldigungen über unmenschliche Behandlung seitens der Sandinisten (Beschuldigungen mußten kurz darauf zurückgenommen werden).

20. 2. Bombe explodiert im internationalen Flughafen von Managua (4 Tote).

22. 2. Neue Invasionen von konterrevolutionären Kommandos im Norden des Landes.

7. 3. Entführung eines Flugzeuges der sandinistischen Luftwaffe nach Honduras.

14. 3. Sprengung zweier Brükken im Norden des Landes durch konterrevolutionäre Kommandos.

Die Antwort der FSLN

Unter dem Eindruck dieser um sich greifenden Bedrohung der Revolution durch eine politisch-militärische Intervention verkündete die *Junta de Gobierno de Reconstrucción Nacional* am 15. März 1982 den nationalen Notstand.

Doch war dies nur ein letzter Schritt in einer Reihe von Versuchen der Junta und der FSLN, dem außen- und innenpolitischen Druck zu begegnen. Unter Anwendung von Prinzipien des politischen Pluralismus, der gemischten Ökonomie und der außenpolitischen Unabhängigkeit wurden vorher schon andere Bemühungen deutlich. Dazu gehören

- die Freilassung der COSEP-Führer (14. Februar);
- die Verkündung neuer Gesetze zum Außenhandel, verbunden mit einer Abwertung des Cordoba, um Einfuhren zu erleichtern (6. Februar);
- die Erarbeitung eines Parteiengesetzes, das ein Mehrparteiensystem sichern soll (18. Februar);
- ein Treffen der COPPPAL *(Conferencia Permanente de Partidos Políticos de América Látina)* in Managua, ein Zusammenschluß verschiedener fortschrittlicher Parteien des Kontinents unter Führung Mexikos (18. Februar);

- die Einladungen verschiedener Delegationen von US-Senatoren nach Nicaragua (Januar bis April);
- die Unterbreitung von Friedensvorschlägen in der UNO und vor COPPPAL (Februar und März);
- die Reise von *Comandante* J. Wheelock in die USA, um für den Standpunkt Nicaraguas zu werben.

Der *Estado de emergencia* gab der Regierung die Möglichkeit in die Hand, die Zivilverteidigung zu organisieren und alle Anstrengungen zu unternehmen, der Konterrevolution zu begegnen. Gleichzeitig wurden neue Exporterleichterungen wirksam mit dem Ziel, zur Steigerung der Produktion beizutragen.

Fazit und Perspektiven

Ich breche hier mit der Skizzierung des beispielhaft gemeinten Ausschnittes nicaraguanischer Entwicklungen ab. Die Informationen ließen sich erweitern. Nicht erwähnt habe ich: die Konflikte zwischen Basisgemeinden und Kirchenhierarchie vor allem in der katholischen Kirche; die Rolle des Erzbischofs Obando y Bravo als Vertreter der Opposition gegen die FSLN; die Rolle der Missionskirchen in der Atlantik-Provinz; die Frage nach den Umsiedlungen der Miskito- und Sumu-Indianer; die Entwicklung der Agrar-Reform und die Erschließung der Atlantik-Provinz durch Straßen; die Einrichtung einer Infrastruktur des Erziehungs- und Gesundheitswesen als Antwort auf die bestehenden und von der Konterrevolution genutzten Unterschiede zwischen dem entwikkelten pazifischen Teil Nicaraguas und seiner unterentwickelten Provinz, der *Costa Atlantica.*

Meiner Ansicht nach blieb der FSLN keine andere Wahl, als durch das Mittel des *Estado de emergencia* zu versuchen, die Prinzipien, unter denen sie im Juli 1979 den Wiederaufbau Nicaraguas begann, zu verteidigen. Dies bedeutete eine verbesserte Organisation in Betrieb und Büro, auch eine verstärkte Überwachung, um eine Verschleppung der Produktion oder um Zerstörungen an Produktionsanlagen zu verhindern. Das bedeutete eine Verstärkung der Milizen, denen im Rahmen der Zivilverteidigung die Aufgabe zukommt, Büros und Fabriken zu überwachen. Hierzu ist auch die *Vigilancia revolucionaria* zu zählen, ein über die Stadtteilkomitees organisiertes System der nächtlichen Überwachung von Stadtteilen.

Daß den Nicaraguanern durch die Bewachung von Betrieben und Stadtvierteln, durch vielfache Aufgaben neben der eigentlichen Arbeitszeit (Impfkampagnen, Arbeit in den *Barrios,* Arbeit in Gremien u. a.), aber auch wirtschaftlich mit vermehrten Verteidigungsausgaben viel abverlangt wird, steht außer Frage. Um jedoch stärkere Belastungen für die einkommensschwachen Teile der Bevölkerung zu verhindern, sind die Grundnahrungsmittel Preisgarantien unterworfen; Importwaren (vor allem Luxusgüter, aber auch einheimische Sonderprodukte wie Rum) unterliegen dagegen einer Sondersteuer, die nach Ausrufung des nationalen Notstandes eingeführt wurde. Die Krise sollen nicht die Armen bezahlen. Ob allerdings die vermögenden Schichten ihr Geld dafür hergeben, scheint fraglich. Die Spekulation scheint weiterhin profitabler zu sein als Investitionen in eine politisch und ökonomisch als ungewiß empfundene Zukunft.
Dennoch scheint mir – stellt man die Frage nach der Zukunft der nicaraguanischen Revolution –, daß die Wachsamkeit der FSLN nach innen und ihr selbstbewußtes Auftreten den USA gegenüber Nicaragua die chilenische oder jamaikanische Erfahrung ersparen wird.
Somozas Sturz bedeutete für das nicaraguanische Bürgertum einen Machtverlust, auch wenn sich dies zunächst durch die gemeinsame Regierung mit den Sandinisten nicht zeigen sollte. Doch ihr Bedeutungsverlust schreitet voran, auch deshalb, weil die Gruppierungen des Bürgertums außenpolitisch keinen Machtfaktor mehr darstellen.
So konnte das politische und ideologische Vakuum, das der Sturz Somozas hinterlassen hatte, bisher durch keine der konservativen Fraktionen ausgefüllt werden. Weder der Unternehmerverband COSEP, noch Robelos *Movimiento Democratico* oder Sacasas *Coordinadora* waren und sind imstande, der FSLN entscheidende Positionen streitig zu machen.
Das hängt sicher zum einen mit der starken Ausstrahlung der FSLN bis in die bürgerlich-konservativen Parteien zusammen. Zum anderen verfügt nur die FSLN über eine landesweit organisierte Struktur, die es erlaubt, nationale Kampagnen zu initiieren und eine allgemeine Präsenz zu vermitteln.
Und als wichtigstes: Als *Vanguardia,* als Wächterin der Revolution verfügt die FSLN über einen Rückhalt in der Bevölkerung, den die

bürgerlichen Kräfte trotz ihrer verschiedenen Instrumente (Tageszeitung *La Prensa,* private Radiostationen, Kirchenhierarchie) nur bedingt erreichen können.

Bisher hat sich die FSLN auch außenpolitisch nicht isolieren lassen. Selbst in der Phase einer weltweit versuchten Diskreditierung durch die USA im Februar und März 1982 gelang es der FSLN, die Nicaragua-Debatte im Weltsicherheitsrat der UNO zur weltöffentlichen Darstellung von Interventionsinteressen der USA zu nutzen.

Außerdem konnte verschiedenen Mitgliedern des US-Senats bei ihren Besuchen in Nicaragua ein Bild vermittelt werden, das ihre ablehnende Haltung gegen die Nicaragua-Politik Reagans verstärkte. Verbunden mit diesen politischen Offensiven war das Beharren auf dem eigenen Standpunkt (keine Auflösung der Armee, Festhalten an der Agrarreform u. a.) mit die Voraussetzung für eine sich langsam abzeichnende Verhandlungslösung.

Die Entwicklung einer breiten Solidaritätsbewegung gegen die – lange Zeit in der europäischen Presse heruntergespielte – Interventionsgefahr durch die USA in Mittelamerika stärkte der FSLN den Rücken. Demonstrationen in Frankfurt, Wien, Bern oder Paris haben in Managua ihre Wirkung. Ebenso vermögen sie die öffentliche Meinung in Westeuropa zu beeinflussen, was sich letztlich in der Finanzierung von Entwicklungsprojekten niederschlägt. Ohne diesen Rückhalt – politisch vor allem in der Sozialistischen Internationalen, finanziell in Zuwendungen aus Westeuropa – wäre die nicaraguanische Revolution deutlich geschwächt und auf schwierige Positionen zurückgeworfen.

Jürgen Zimmer
Entkolonialisierung und Regionalisierung

Eine Revolution, ein rudimentär entwickeltes und falsch angelegtes Bildungswesen aus der Zeit davor; zugleich die Einsicht, wie sie von Illich über Freire bis zu den Dependenztheoretikern geäußert worden ist, daß Schulen in unterentwickelten Ländern die Ideologie der Nationalbourgeoisie übermitteln und Agenturen eines kulturellen Imperialismus sein können, daß ihr Lehr-Lern-Konzept Jugend von gesellschaftlicher Praxis fernhält: Aber die Muße, etwas ganz anderes zu konzipieren, sich in fundamental kritischer Weise mit Bildungseinrichtungen der Alten Welt, mit Abklatschkulturen europäischer oder nordamerikanischer Provenienz und also mit kultureller Überformung auseinanderzusetzen, hat in Nicaragua nie bestanden, sie konnte nie bestehen.
Die revolutionäre Bewegung hatte längst vor ihrem Sieg versprochen, daß Bildung nach der Befreiung zu den unmittelbar wahrzunehmenden Grundrechten gehören werde. Von daher war das Tempo vorgegeben, von daher mußte alles einbezogen werden, was schon Lernort war und damit ja auch in falschen Traditionen stand. Hinzu kam und kommt der Druck, durch Qualifizierung die Erhöhung der Produktion zu fördern, ein Druck, der angesichts der riesigen, von den Sandinisten nicht zu verantwortenden Verschuldung und der Abwanderung von Angehörigen der Technostruktur massiv ist. Auch dies führt zu einem Tempo, bei dem nicht nur das Bildungswesen quantitativ rasch erweitert wird, sondern neben revolutionären neuen Qualitäten auch Relikte verbreitet werden: etwa die Muster zur Entwicklung und Strukturierung von Lehrplänen, das dadurch naheliegende Lehr-Lern-Verhältnis, die Funktion von Schulbüchern.
Die meisten Nicaraguaner, die jetzt in den Abteilungen des Erziehungsministeriums, in den regionalen Verwaltungen, in der Lehrergewerkschaft oder den Massenorganisationen mit Bildungsplanung befaßt sind, haben bis 1979 nie – weder praktisch noch durch die Aneignung entwickelter Positionen einer Pädagogik der Dritten Welt – die Chance gehabt, andere Lernformen und Lernorte kennenzulernen als die, die sie selbst unter Somoza erlebten. Sie werden auch kein Land finden, in das sie einfach nur

fahren müßten, um geeignete Modelle vorfinden und Lösungen adaptieren zu können. Ihnen hilft weder das Modell einer mit pädagogischen Institutionen zunehmend vermauerten Kindheit und Jugend in der Bundesrepublik noch das konventionelle Verständnis von Unterricht in der Sowjetunion. Ihnen helfen Alternativschulen nicht, nicht zehnzügig organisierte Gesamtschulen mit äußerer Leistungsdifferenzierung und auch nicht die verwaltete Arbeitslehre von 11.05 bis 11.55 Uhr.

Alle diese Dinge sind verführerisch: der straffe Studienplan der Dresdener Universität, die didaktische Ausstattung der schwedischen Grundschule, der über Entwicklungshilfe angebotene Import eines Berufsbildungszentrums samt dysfunktionaler Philosophie des dazugehörigen Lehrkörpers. Die Annahme solcher Modelle und Angebote, denen die kommerzielle Auswertung und damit die Konstituierung neuer Abhängigkeiten oft auf dem Fuße folgt, mag bei denen, die sie als erstrebenswert ansehen, Ausdruck eines von Freire beschriebenen naiv-transitiven Bewußtseins sein. Die in Nicaragua intensiv geführte Diskussion um eben jenes Verhältnis von naiv-transitivem und kritisch-transitivem Bewußtsein jedenfalls gehört zu den wichtigen Etappen eines Prozesses der Entkolonialisierung des Lernens. Julius Nyerere hat vor Jahren für sein eigenes Land Tansania ein Bildungskonzept entwickelt, um aus vorkolonialen und kolonialen Mythen aufzutauchen, ohne neuen zivilisatorischen Mythen zu verfallen.

Der Prozeß der Entkolonialisierung und damit auch Entschulung des Lernens hat in Nicaragua mit Macht begonnen. Aber er erfolgt nicht überall zur gleichen Zeit; angesichts der auch wirksamen gegenläufigen Tendenzen ist er vielfachen Brechungen ausgesetzt. Zu den von den Sandinisten als fatal identifizierten Mustern traditioneller Bildungspraxis gehört das der Trennung von Kopf- und Handarbeit, von Reflexion und Aktion. Nicaraguas übernommene Hypothek liegt hier einerseits darin, daß viele der älteren Lehrer nur über den Kopf ausgebildet wurden und handwerkliche, agrarwirtschaftliche oder industrielle Entwicklungsarbeit weder mittragen wollen noch können. Andererseits stehen Nicaraguas Schulen – egal ob als Bretterverschlag oder Neubau – ja auch in der Tradition, die didaktische Reduktion von Lebenswelt so weit treiben zu können, daß weithin nur noch an Surrogeten gelernt wird.

Aber diese Hypothek wird abgebaut: Der Volkslehrer ist schon aufgrund seiner Herkunft kein Lehrer mit klassischer Distanz zur Praxis. Das *Estudio-Trabajo*-Programm ist, vor allem wenn es in die Lehrplanstruktur stärker eingreift, eine breite Basis für ein verändertes Theorie-Praxis-Verhältnis. In der Phase des revolutionären Umbruchs werden die traditionellen Lernorte zudem bedeutungsloser. Denn ob Lehrer nun dozieren oder auch einen Schulgarten anlegen: Das Leben ringsum überholt ihre didaktischen Bemühungen jederzeit; die Lernchancen jenseits von Schulen sind gegenwärtig so groß, daß eine Lehrplan-Entwicklungsgruppe sie auch in einem weiteren Anlauf für die Schule nicht angemessen rekonstruieren könnte.
Hier zeigt sich, daß die pädagogische Unterweisung an Bedeutung verliert, wo die Revolution anfängt, daß das pädagogische Moment – darüber stimmen die nicaraguanischen Autoren dieses Buches überein – in der Revolution selbst steckt, und daß die Entwicklung des Bildungswesens in dieser Phase eigentlich bedeuten muß, institutionell und curricular gefesselte Formen des Lernens möglichst zu vermeiden, den revolutionären Prozeß möglichst nicht der didaktischen Gerinnung auszusetzen, sondern dafür zu sorgen, daß das neue Lernen *in* den sich transformierenden gesellschaftlichen Teilbereichen unterstützt wird und nicht in Segregation von ihnen. Dies ist ja kein nur einseitiges Verhältnis, denn Lernen und Transformation sind aufeinander bezogen. Und so ist es richtig, als eine der wichtigsten Lernformen die Kampagnen anzusehen, weil sie Veränderungen nicht nur auf Seiten der Subjekte, sondern auch auf der Seite objektiver Lebensbedingungen bewirken. Wenn Pädagogik hier an existentiellen Situationen ansetzt, reicht sie in außerpädagogische Bereiche hinein, werden realutopische Merkmale von Situationen freigelegt und Situationen verändert.
Zu den beeindruckenden Enwicklungen in Nicaragua gehört die Verbindung zwischen Lernen und gesellschaftlicher Transformation über die Massenorganisationen. Auch wenn diese Organisationen vorrangig andere Aufgaben wahrnehmen als die, Lernen zu induzieren, sind sie dennoch eine wichtige Infrastruktur, nicht nur für den gesellschaftlichen Wandel allgemein, sondern für Bildungsprozesse im besonderen.
Diese Verbindung ist zugleich aber auch Ausdruck einer Ambivalenz, eines Spannungsverhältnisses zwischen Zentralisierung und

Regionalisierung, zwischen zentraler Direktive der revolutionären Avantgarde und der Entwicklung regionaler Ausformungen sandinistischer Praxis. Die Massenorganisationen repräsentieren die Basis und damit die Pluralität von Hoffnungen und Vorstellungen ihrer Mitglieder, zugleich sind sie in Aufbau und Struktur Transmissionsstationen für die Vorstellungen und Programme der sandinistischen Führung. Ausdruck zentraler Vorgaben im Bildungsbereich sind beispielsweise auch die Lehrpläne, die Lektionen der Alphabetisierungskampagne, Inhalte der Erwachsenenbildung, die bisherige Organisation der Schulverwaltung und -aufsicht.

Hier spiegelt das sonst entschieden auf Aktivierung der Basis angelegte Bildungswesen eine zentralistische Tendenz wider, die auch in anderen gesellschaftlichen Bereichen erkennbar ist, und deren Gründe nicht nur in der Geschichte und in der sich auf Managua hin orientierenden Infrastruktur des Landes, sondern auch in unterschiedlichen grundsätzlichen Orientierungen der Revolution – zwischen Basisdemokratie und zentralem Führungsanspruch – liegen. Die bürokratisch-zentralistische Tendenz wird durch wirtschaftliche Hypotheken, durch den Zwang zur Produktionssteigerung, durch die Notwendigkeit der Umverteilung knapper Güter an bisher unterprivilegierte Schichten gefördert. Sie erweist sich als wirksam in der Organisation des Wiederaufbaus, in der Erschließung von Grundstoffen, der Durchsetzung der Bodenreform. Diese Tendenz wird schließlich gestärkt durch außenpolitische Faktoren – und dabei vor allem durch die Interventionen der USA zur Destabilisierung des Landes.

Aber dies alles muß nicht entscheidend und auch nicht auf Dauer die breite Entwicklung basisdemokratischer, sozialistischer Positionen des Sandinismus behindern. Wer heute in Nicaragua Kontakt mit *Campesinos,* mit Bewohnern marginalisierter *Barrios* oder auch mit immer noch sympatisierenden Vertretern der Mittelschichten aufnimmt, kann erkennen, daß ihre Vorstellungen mehrheitlich von dieser sandinistischen Position geprägt sind und damit weder in die Richtung eines realen Sozialismus osteuropäischer oder kubanischer Herkunft weisen, noch in die einer Kopie unserer gesellschaftlichen Praxis.

Anhang

Angelika Krüger
Daten über Nicaragua

Zur Wirtschaftsgeographie

Staatsfläche: Etwa 130 000 Quadratkilometer. Flächenmäßig größtes mittelamerikanisches Land.
Bevölkerung: Etwa 2,6 Millionen Einwohner. Mit einer durchschnittlichen Bevölkerungsdichte von 18 Einwohnern pro Quadratkilometer der am dünnsten besiedelte mittelamerikanische Staat. 50 Prozent der Bevölkerung unter 20 Jahren. Konzentration von drei Vierteln der Bevölkerung an der Pazifikküste und im Raum um die beiden großen Seen. Anteil der städtischen Bevölkerung an der Gesamtbevölkerung bei 50 Prozent. Durchschnittliche Bevölkerungsdichte an der Atlantikküste (mehr als die Hälfte der Landoberfläche Nicaraguas) bei 2,5 Einwohnern pro Quadratkilometer, an der Pazifikküste bei 6,2 Einwohnern pro Quadratkilometer. Die Bevölkerung besteht aus 60 bis 70 Prozent Mestizen, zehn bis 17 Prozent Weißen (überwiegend in der Pazifikregion), neun Prozent Schwarzen (Bluefields und Umgebung), vier bis fünf Prozent Indianern (Miskitos, Sumos und Ramas mit Siedlungen in der Atlantikzone), zwei Prozent Mulatten und Zambos.
Landessprache: Spanisch; die Indianerstämme sprechen Miskito, Sumu und Rama; die Schwarzen sprechen karibisches Englisch.
Wirtschaftsgeographische Zonen: Wirtschaftliches Zentrum Nicaraguas in der *pazifischen Küstenebene* (ein Siebtel der Gesamtfläche des Landes) mit großen Bananen-, Baumwoll- und Zuckerrohrplantagen und den wichtigsten Industriebetrieben. Relativ gut ausgebaute Infrastruktur.

Zentrum des Kaffee-Anbaus und der Viehzucht im *zentralen Bergland.* Anbau von Tabak, Baumwolle und Subsistenzmitteln. In wirtschaftlicher und sozio-kultureller Hinsicht sehr verschieden zu diesen beiden Regionen die *Atlantikzone,* das *karibische Flachland.* Vorherrschend feuchtwarmes Klima. Tropischer Regenwald, im Norden Kiefernsavannen. Vereinzelt über die Produktion des eigenen Bedarfs hinausgehender Anbau von Bananen, Reis und Kakao. Mangelnde Infrastruktur. Überregionale Bedeutung der Städte Bluefields (Zentrum der Fischindustrie) und Puerto Cabezas (Hafen). Seit dem Frühjahr 1982 direkte Straßenverbindung zwischen Puerto Cabezas und Managua. Hauptsiedlungsgebiet der Indianer Nicaraguas (bekannteste Ausnahme: die Indianergemeinde in Monimbó, einem Stadtteil von Masaya).

Aus der Geschichte

1502: Entdeckung des Landes der Nicaráguac durch Kolumbus.
1524/25: Beginn der spanischen Kolonialherrschaft.
1620: Starker Widerstand der Miskitos und Schwarzen (geflüchtete Sklaven von den Antillen) gegen das Vordringen der Spanier an der Atlantikküste.
1687: Königreich der Miskitos wird englisches Protektorat. Gemeinsame Kämpfe gegen die Spanier.
1725/77: Zahlreiche Indianeraufstände im Herrschaftsbereich der Spanier.
1821: Unabhängigkeit Nicaraguas als Teil des Königreiches Guatemala. Machtverlust der einheimischen Agraroligarchie. Herausbildung der beiden konkurrierenden, sich in der Folgezeit bekämpfenden Gruppierungen: Der Liberalen (am Agrarexport beteiligtes Bürgertum) und der Konservativen (alte Aristokratie).
1823: Monroe-Doktrin: »Amerika den Amerikanern«.
1850: Clayton-Bulwer-Vertrag: England und die USA sprechen sich das Recht für den Bau eines interozeanischen Kanals durch Nicaragua zu.
1855/57: William Walker, nordamerikanischer Freibeuter, von den Liberalen im Kampf gegen die Konservativen zur Hilfe gerufen. Erklärt sich selbst zum Präsidenten Nicaraguas. Von den vereinigten mittelamerikanischen Heeren vertrieben.
1860: Ein Teil des Königreiches der Miskitos kommt zu Nicaragua.

1870/93: Anstieg der Nachfrage nach Kaffee auf dem Weltmarkt. Ausweitung des Kaffeeanbaus in Verbindung mit Enteignungen indianischen Gemeindebesitzes und politischer Stärkung der »Kaffeebourgeoisie«. Entmachtung der Konservativen. Etablierung eines liberalen Militärregimes unter General Zelaya.
1895: Augusto César Sandino wird in Niquinohomo geboren.
1909: Sturz der Regierung Zelaya mit Unterstützung der USA.
1910: Dawson-Verträge: Besiegelung der wirtschaftlichen und politischen Abhängigkeit des Landes von den USA.
1911: Neue Regierung unter dem Konservativen Adolfo Díaz.
1912: Aufstände der Liberalen. Landung von 4000 US-Marines.
1914: Fertigstellung des Panamakanals durch die USA. Bryan-Chamorro-Vertrag: Übertragung des alleinigen Rechtes zum Bau eines Kanals durch Nicaragua auf unbegrenzte Zeit auf die USA.
1924: Koalitionsregierung zwischen Konservativen und Liberalen.
1925: Abzug der US-Marines. Erneute Machtkämpfe.
1926: Aufstand der Liberalen an der Atlantikküste zur Wiederherstellung der Koalitionsregierung. Beteiligung General Sandinos auf der Seite der Liberalen. Erneute Landung der US-Marines.

Augusto César Sandino (3. v. l.)

1927: Waffenstillstand zwischen liberalen und konservativen Truppen mit Ausnahme General Sandinos. Gründung des *Verteidigungsheeres der nationalen Souveränität Nicaraguas* mit dem Ziel des Kampfes gegen die US-Besatzungstruppen.
1928: Aufstellung der *Guardia Nacional,* einer paramilitärischen Polizeitruppe, unter dem Befehl von Luis Somoza García. Neue Regierung unter dem Liberalen José María Moncada.
1929/31: Börsenkrach in New York. Zusammenbruch der Kaffeewirtschaft. Erfolgreiche Kämpfe des Verteidigungsheeres Sandinos.
1932: Abzug der Interventionstruppen unter der Regierung des Liberalen Juan Bautista Sacasa.
1933: Anerkennung der Regierung Sacasa durch Sandino. Auflösung des Verteidigungsheeres. Aufbau von Bauern- und Bergarbeitergenossenschaften am Río Coco.
Februar 1934: Ermordung Sandinos und vieler seiner Kampfgefährten durch die *Guardia Nacional.*
1936: Sturz des Präsidenten Sacasa. Neuer Präsident Anastasio Somoza García.
1937: Verfassung zur Sicherung einer zehnjährigen Präsidentschaft Somozas. Beginn der über 40 Jahre andauernden Familiendiktatur. Kontrolle der *Guardia Nacional* über wichtige Bereiche des sozialen und wirtschaftlichen Lebens. Bereicherung der Familie Somozas auf Kosten der Bevölkerung.
1944: USA Hauptabnehmer nicaraguanischer Exportgüter (91 Prozent). Opposition gegen die Bereicherungstaktiken Somozas, auch seitens der Unternehmer und Gewerbetreibenden.
1947: Verzicht Somozas auf weitere Präsidentschaftskandidatur.
1950/51: Baumwollboom. Gründung wichtiger Unternehmen mit Hilfe der ins Land fließenden Devisen. Vermehrung des Somoza-Besitzes. Erneute Präsidentschaft Somozas.
September 1956: Der Dichter Rigoberto López Pérez erschießt den Diktator. Übernahme des Präsidentenamtes durch Somozas ältesten Sohn, Luis Somoza Debayle. Rachefeldzug gegen oppositionelle Kräfte.
1960: Gründung des *Mercado Común Centroamericano* (MCCA). Ausdehnung des Handels unter den Mitgliedstaaten, Förderung der industriellen Produktion, Senkung der Exportabhängigkeit von den USA.

1961: Gründung der *Frente Sandinista de Liberación* (FSLN).
1963/67: Guerrillakampf gegen die Diktatur.
1967: Schwere Verluste der FSLN bei Pancasán. Einstellung der militärischen Aktionen. Konzentration auf politische Organisierung des Widerstandes.
1972: Zerstörung des Zentrums von Managua durch schweres Erdbeben. Bereicherung Somozas und der *Guardia Nacional* an internationalen Hilfsgütern. Zunehmende Kritik der Unternehmerschaft an Machenschaften Somozas.
1974: Formierung der bürgerlichen Opposition in der *Unión Democrática de Liberación* (UDEL) unter Führung Pedro Joaquín Chamorros (Verleger der oppositionellen Tageszeitung *La Prensa*). Wiederaufnahme des offensiven militärischen Kampfes durch die FSLN. Befreiung aller politischen Gefangenen durch Geiselnahme von Somozisten und ausländischen Diplomaten.
1975/76: Kampf des Somoza-Regimes gegen die Sandinisten und ihre Sympathisanten durch Verkündung des Standrechtes, Einführung der Pressezensur, Ermordung von 3000 Bauern, Zerstörung von Dörfern, Folterungen.
Es bilden sich drei Tendenzen in der FSLN heraus: die GPP *(Guerra Popular Prolongada)* mit der Strategie eines Volkskrieges vom Land her, die TP *(Tendencia Proletaria)* mit der Strategie der Verstärkung der politischen Arbeit in der städtischen Arbeiterschaft und die *Terceristas* mit der Strategie der Ausbreitung des Guerillakampfes von den Stellungen im Gebirge in das besiedelte Land und in die Städte sowie der Verstärkung der politischen Arbeit in der Bevölkerung.
1977: Die *Terceristas* treten für eine neue Offensive und Zusammenarbeit mit oppositionellen bürgerlichen Kräften ein. Forderung der *Gruppe der Zwölf* (angesehene Priester, Intellektuelle und Unternehmer) nach Beteiligung der FSLN an der Zukunft des Landes.
1978:
10. Januar: Ermordung des UDEL-Führers Chamorro auf Veranlassung des designierten Nachfolgers des regierenden Somoza, Anastasio Somoza Portocarrero. Massenhafte Protestdemonstrationen gegen das Somoza-Regime. Aufstand der indianischen Bevölkerung in Monimbó. *Sommer:* Zusammenschluß von oppositionellen Gruppen in der *Frente Amplio de Oposición* (FAO) und

im *Movimiento Pueblo Unido* (MPU). *22. August:* Besetzung des Nationalpalastes in Managua durch ein FSLN-Kommando unter Führung von Edén Pastora. Geiselnahme von 600 Personen, unter ihnen Mitglieder des Parlamentes, mehrere Minister und Familienangehörige Somozas. Freilassung von 60 politischen Gefangenen und Übergabe von 500 000 Dollar. Aufruf zum Generalstreik durch die FAO. Tägliche Massendemonstrationen und einzelne Aufstände. *9. September:* Verkündung des allgemeinen Volksaufstandes durch die FSLN. Niederschlagung des Aufstandes durch die *Guardia Nacional:* 5000 Tote, etwa 10 000 Verletzte, überwiegend unter der Zivilbevölkerung.

1979:

Februar: Bildung der *Frente Patriótico Nacional* (FPN), ein Bündnis vieler oppositioneller Gruppierungen. Einrichtung von 130 *Arbeiterverteidigungskomitees* in den Fabriken und vielen Hundert *Zivilverteidigungskomitees* in den Städten. *März:* Wiedervereinigung der drei Tendenzen der FSLN und Bildung einer neunköpfigen *Dirección Nacional. Mai/Juni:* Verstärkte Kämpfe und Besetzung von 20 Städten und der Randgebiete Managuas. Landesweiter Generalstreik. *16. Juni:* Ankündigung der Bildung einer fünfköpfigen *Junta de Gobierno de Reconstrucción Nacional* mit den drei Sandinisten Daniel Ortega, Moises Hassan und Sergio Ramírez, dem Unternehmer Alfonso Robelo und der Witwe des ermordeten UDEL-Führers, Violeta de Chamorro. Scheitern des letzten Versuches der USA in der OAS (Organisation Amerikanischer Staaten), das Somoza-Regime mit Hilfe einer panamerikanischen Interventionstruppe zu unterstützen. *17. Juli:* Flucht der Somoza-Familie und vieler Mitglieder der *Guardia Nacional* nach Miami. *19. Juli:* Sieg der Befreiungsbewegung. *20. Juli:* Übernahme der Regierung durch die Junta. Bildung des Kabinetts und des Obersten Gerichtshofes mit Vertretern der früheren oppositionellen Gruppierungen.

Auswirkungen des Krieges: Geschätzter wirtschaftlicher Schaden von etwa zwei Milliarden Dollar. Absinken der Wachstumsrate des Bruttosozialproduktes (gesamt) auf minus 25,2 Prozent. 40 000 Todesopfer. Flucht von 100 000 Personen ins Ausland. Zerstörung von Stadtteilen und ganzen Städten. Gefahr einer Hungerkatastrophe.

Erste Maßnahmen der Revolutionsregierung: Verstaatlichung der

Somoza-Besitzungen (u.a. 168 Industriebetriebe und etwa 50 Prozent des bearbeiteten Bodens), der Minen und nationalen Banken. Öffentliche Kontrolle des Innen- und Außenhandels, Transport- und Verkehrswesens. Anerkennung der Auslandsschulden. Einführung eines neuen Arbeitsgesetzes mit Sicherung gewerkschaftlicher Rechte, Verbesserung des Arbeitsschutzes, Festlegung eines Mindestlohnes, Ausbau der Kranken- und Sozialversicherung.

1980: Año de Alfabetización.

Januar: Senkung der Mieten zugunsten der Bewohner der Elendsquartiere. Veröffentlichung des Wirtschaftsplanes für 1980 mit Maßnahmen zur Normalisierung und Ankurbelung der Produktion, zum Abbau der Arbeitslosigkeit (Schaffung von 90000 Arbeitsplätzen für 146000 Arbeitslose), Ausdehnung des staatlichen Dienstleistungssektors unter besonderer Berücksichtigung des Budgets für Gesundheit, Bildung und Wohnungsbau, Förderung der Produktion von Grundnahrungsmitteln und Exportgütern, Vorfinanzierung der Produktion in Privatunternehmen, Erhöhung des Steueraufkommens. *März:* Beginn der Alphabetisierungskampagne. *Mai:* Konstituierende Sitzung des Staatsrates (Organ der Legislative) mit einer Zweidrittelmehrheit der Sandinisten. Infolgedessen Rücktritt von Alfonso Robelo und Violeta de Chamorro aus der Regierungsjunta. Verschlechterung des Bündnisses zwischen Teilen des Bürgertums und den Sandinisten. *August:* Abschluß der Alphabetisierungskampagne. *Dezember:* Leichter wirtschaftlicher Aufschwung mit fast hundertprozentiger Erfüllung der Ziele für den landwirtschaftlichen (97 Prozent) und den industriellen Bereich (90 Prozent).

1981: Año de la Defensa y de la Producción.

Beginn des Jahres: Aufstellung eines Wirtschaftsplanes für 1981 unter Betonung der Partizipation der arbeitenden Bevölkerungsgruppen und ihrer Massenorganisationen sowie des Bündnisses mit den bürgerlichen Gruppierungen. *Februar/März:* Stop der US-Kredite (15 Millionen Dollar und zehn Millionen Dollar zum Kauf von Weizen). *Februar:* Verhaftung der Führung der Indianerorganisation MISURASATA wegen »separatistischer Bestrebungen«. Flucht von etwa 3000 Miskitos nach Honduras. Kooperation zwischen Miskitos und Exsomozisten. *Frühjahr:* Verweigerung von Neuinvestitionen durch private Unternehmer; Zunehmender

Devisenschwarzmarkt; Kapitalflucht ins Ausland; Dekapitalisierung von Unternehmen; Land- und Betriebsbesetzungen durch die Arbeiter; Arbeitskämpfe gegen Begrenzung der Lohnerhöhung auf zehn Prozent. *Mai:* Gründung des Nationalen Forums zum Gespräch mit der bürgerlichen Opposition. *19. Juli:* Verkündung des Gesetzes über die Konfiszierung verlassener und dekapitalisierter Unternehmen und des Agrarreformgesetzes. *Mitte des Jahres:* Zunahme der Aktivitäten konterrevolutionärer Gruppen. Verschärfung der Auseinandersetzungen mit der rechten Opposition. *9. September:* Verkündung des wirtschaftlichen und sozialen Notstandes in Verbindung mit Maßnahmen zu Ungunsten des besitzenden Bürgertums und der Arbeiterschaft: Verschärfte Kontrolle des Devisenmarktes, konsequentere Verfolgung von Steuerhinterziehungen, Wirtschaftsdelikten und der Verbreitung falscher Nachrichten, Aufhebung des Streikrechtes und Verbot von Land- und Betriebsbesetzungen. *Oktober:* Einleitung der Agrarreform mit Konfiszierung von Ländereien und Übergabe von Besitztiteln. Verhaftung von 22 Mitgliedern der kommunistischen Gewerkschaft CAUS sowie von vier Mitgliedern des Unternehmerverbandes COSEP wegen Verstoßes gegen das Gesetz des wirtschaftlichen und sozialen Notstandes. *Dezember:* Wirtschaftliches Fazit des Jahres: Krisenhafte Entwicklung. Besorgniserregendes Ergebnis der Zahlungsbilanz. Ansteigen der Schuldenlast auf 2,3 Milliarden Dollar.

1982: Año de la Unidad contra la Agresión.

Januar: Evakuierung von 8500 Miskitos aus ihren Siedlungsgebieten am Rio Coco ins Landesinnere. *Februar:* Frühzeitige Freilassung der im Oktober 1981 verurteilten Unternehmer- und Arbeitervertreter. *März:* Verkündung des Ausnahmezustandes mit Maßnahmen zur stärkeren Kontrolle der öffentlichen Kommunikationsmittel und politischen Versammlungen. *April:* öffentliche Kampfansage von Edén Pastora und Alfonso Robelo in Costa Rica gegen die regierenden Sandinisten. *Mai:* Unwetterkatastrophe an der Pazifikküste mit schwerwiegenden Folgen für die Bevölkerung: Obdachlosigkeit, Verlust ganzer Ernten und Zerstörung von Betriebsanlagen. *Juli:* Schwere Zusammenstöße zwischen Sandinisten und annähernd 1000 bewaffneten Miskitoflüchtlingen. *19. Juli:* Verteilung von 20000 Hektar Land an Kooperativen im Zuge der Agrarreform.

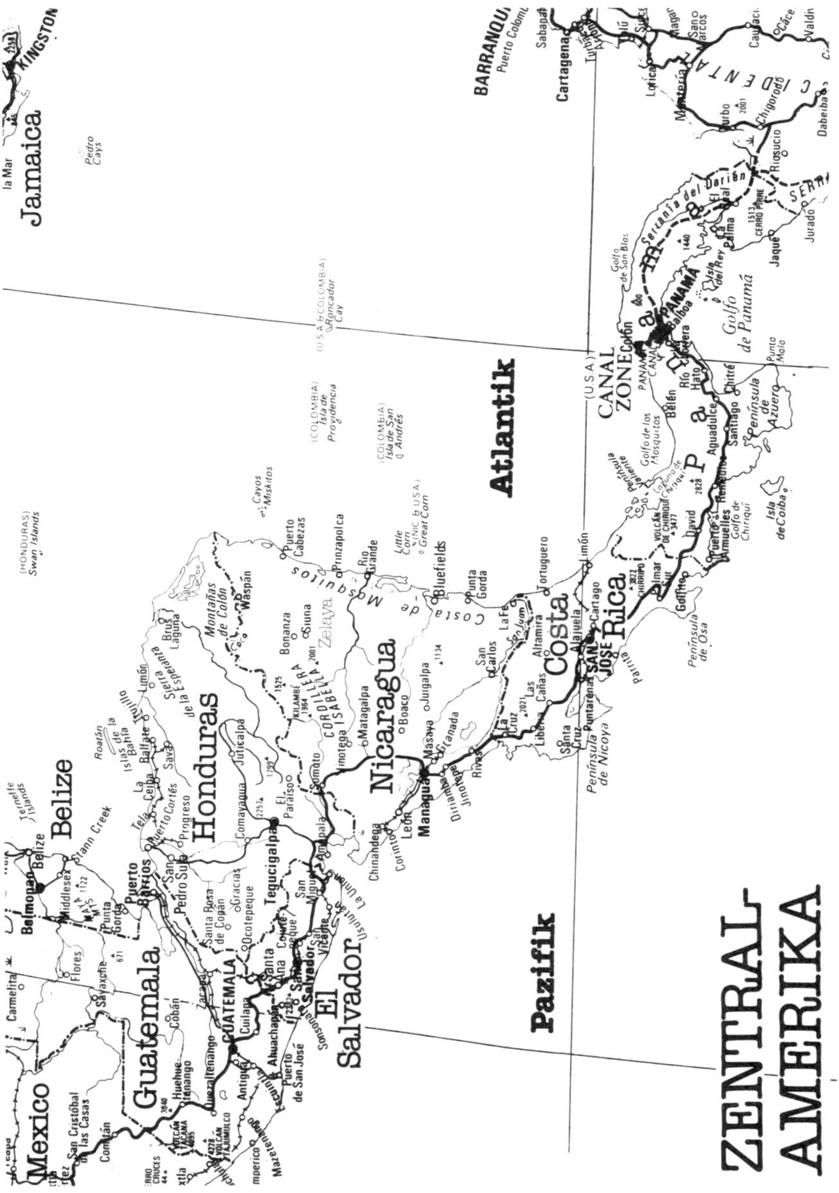

Landkarte aus: TAZ-Journal Nr. 2

Glossar

AMNLAE Asociación de Mujeres Nicaragüenses »Luisa Amanda Espinosa« (Vereinigung der nicaraguanischen Frauen)

ANDEN Asociación Nacional de Educadores de Nicaragua (Vereinigung der nicaraguanischen Lehrer)

APP Area de Propiedad del Pueblo (vergesellschafteter Produktionsbereich)

ATC Asociación de Trabajadores del Campo (Vereinigung der Landarbeiter)

CAUS Consejo de Acción y Unificación Sindical (kommunistisch orientierter Gewerkschaftsverband)

CDS Comité de Defensa Sandinista (Sandinistisches Verteidigungskomitee)

CEP Colectivos de Educación Popular (Volksbildungs-Kollektive)

CNA Cruzada Nacional de Alfabetización (Alfabetisierungskampagne)

COIP Corporación Industrial del Pueblo (vergesellschafteter Industrieverband)

COSEP Consejo Superior de la Empresa Privada (Unternehmerverband)

CST Central Sandinista de Trabajadores (sandinistische Arbeitergewerkschaft)

FSLN Frente Sandinista de Liberación Nacional (Sandinistische Front der nationalen Befreiung)

INRA Instituto Nicaragüense de Reforma Agraria (nationales Agrarreforminstitut)

JGRN Junta de Gobierno de Reconstrucción Nacional (Junta der Regierung des nationalen Wiederaufbaus)

JS19J Junventud Sandinista 19 de Julio (Sandinistische Jugendorganisation)

MED Ministerio de Educación (Erziehungsministerium)

TEPCE Talleres de Evaluación, Programación y Capacitación Educativa (Seminare zur pädagogischen Evaluation, Curriculumentwicklung und Fortbildung)

Anschriften

Botschaft von Nicaragua, Konstantinstraße 41, 5300 Bonn
Deutsche Gesellschaft für Technische Zusammenarbeit, Postfach 5180, Dag-Hammarskjöld-Weg 1, 6236 Eschborn 1
Deutscher Entwicklungsdienst, Kladower Damm 299, 1000 Berlin 22
Embajada de la República Federal de Alemania, Edificio Julia, Apartado 29, Managua, Nicaragua
Förderkreis für Bildungsprojekte in Nicaragua e. V., Marktgasse 13, 7400 Tübingen (Kreissparkasse Tübingen, Konto 284527, BLZ 64150020)
Informationsbüro Nicaragua e. V., Friedrichstraße 10, 5600 Wuppertal 1 (Stadtsparkasse Wuppertal, Konto 976738, BLZ 33050000)
Konsulat von Nicaragua, Harvestehnder Weg 78 b, 2000 Hamburg 13
Ministerio de Educación, Managua, Nicaragua

Literaturhinweise

Bildungswesen

Albert, Maria Theresia/*Krüger,* Angelika: Lernen für Lebenssituationen in Nicaragua. Entwicklungen in der vorschulischen Erziehung Nicaraguas, in: Bildung und Erziehung, 1982, H. 3, S. 303–313

Arrien, Juan Bautista: Nicaragua: Revolución y Proyecto Educativo, Managua 1980

Arrien, Juan Bautista u. a.: Educación y Dependencia. El Caso de Nicaragua, INPRHU, Instituto de Promoción Humana, Colección Estudios Sociales, Managua 1977

Becker, Jörg: Die Alphabetisierungskampagne in Nicaragua, in: Vorgänge, 1981, H. 6, S. 75–81

Chile-Cut-Gruppe der GEW Berlin/Nicaragua-Komitee Berlin: Nicaragua – Erziehung in der Revolution. Das Beispiel »Quincho Barrilete«, Gewerkschaft Erziehung und Wissenschaft, Ahornstr. 5, 1000 Berlin 30, Berlin 1981

De Castilla, Miguel: Educación y Lucha de Clases en Nicaragua, Publicaciones del Departamento de Filosofía, Universidad Centroamericana, Managua 1980

De Castilla, Miguel: Universidad y Sociedad en Nicaragua, Editorial Universitaria de la UNAN León 1979

Equipo Departamento Ecumenico de Investigaciones (DEI)/Ministerio de Educación: Nicaragua triunfa en la Alfabetización. Documentos y Testimonios de la Cruzada Nacional de Alfabetización, San José (Costa Rica) 1981

Förderkreis für Bildungsprojekte in Nicaragua (Hrsg.): Projekt Indio Universität. Universidad Indigena Nicaragua. Dokumentation, Förderkreis für Bildungsprojekte e. V., Tübingen 1982

Geide, Peter: Bildung und Erziehung in der sandinistischen Revolution. Nicaragua im »Jahr der Alphabetisierung«, in: Demokratische Erziehung, 1980, H. 4, S. 404-412

Geide, Peter/*Zimmer,* Jürgen: Gutachten über Möglichkeiten der Zusammenarbeit mit Nicaragua beim Aufbau des Bildungswesens, Deutsche Gesellschaft für Technische Zusammenarbeit, Eschborn 1980

Gesellschaft für Entwicklungspolitische Bildung (GEB), Dritte Welt Lehrerinitiative: Nicaragua. Materialien für Unterricht und Bildungsarbeit, Freiburg, CON Vertrieb, Postfach 106545, 2800 Bremen

Informationsbüro Nicaragua (Hrsg.): Die Buchstaben der Revolution. Alphabetisierung in Nicaragua: Erfahrungen, Edition Nahua, Postfach 101320, 5600 Wuppertal 1, Wuppertal 1981

Informationsbüro Nicaragua (Hrsg.): ... ein Buch und ein freier Mensch. Schulbüchereien für Nicaragua, Edition Nahua, Wuppertal 1981

Informationsbüro Nicaragua (Hrsg.): Kinderzentren für Nicaragua. Zur Lage der Kinder während und nach der Somoza-Diktatur, Wuppertal 1980

Informationsbüro Nicaragua (Hrsg.): Mensch sein heißt auch: lesen und schreiben können. Alphabetisierung in Nicaragua, Edition Nahua, Wuppertal 1980

Ministerio de Educación (Hrsg.): Cruzada Nacional de Alfabetización, Ministerio de Educación, Managua 1980

Ministerio de Educación: La Educación en el primer Año de la Revolución Popular Sandinista, Managua 1980

Ministerio de Educación, Departamento Pre-Escolar: Guía de Aprendizaje para el Nivel Pre-escolar, Managua 1981

Röscheisen, Roland: Nicaragua. Die Revolution geht weiter, Maro Verlag, Augsburg 1981

Schlegel, Wolfgang/*Renkhoff-Schleich,* Anneliese: Lernen beim Schein der Petroleumlampe. Nicaraguas »Nationaler Kreuzzug der Alphabetisierung«, in: päd. extra, 1980, H. 12, S. 42–45

Schmatolla, Thomas: Neue Lernformen nach der Revolution. FU-Studenten halfen beim Aufbau eines Schulzentrums in Nicaragua, in: FU-Info, 1982, H. 5, S. 13–14

Schultz-Wild, Lore: Die zweite Befreiung. Alphabetisierung in Nicaragua, Jugenddienst-Verlag, Wuppertal 1981

Tünnermann Bernheim, Carlos: Hacia una nueva Educación en Nicaragua, Ministerio de Educación, Managua 1980

Zimmer, Jürgen: Aufbruch aus einer Kultur des Schweigens, in: betrifft: erziehung, 1982, H. 3, S. 24–29, und H. 5, S. 104–115

Zimmer, Jürgen/*De Haen,* Imme: Nicaragua: Entwicklung situationsorientierter vorschulischer Erziehung, b:e-Lehrerhilfe, Beltz Verlag, Postfach 1120, 6940 Weinheim, Best.-Nr. 33022, Weinheim 1982

Geschichte/Politik/Ökonomie

Arellano, Jorge Eduardo: Lecciones de Sandinismo, Ministerio de Educación, Managua 1981

Departamento de Propaganda y Educación Politica del FSLN: El Programa Histórico del FSLN, Centro de Publicaciones »Silvio Mayorga«, Managua 1981

Departamento de Propaganda y Educación Politica del FSLN: Un Pueblo alumbra su Historia, Centro de Publicaciones »Silvio Mayorga«, Managua 1981

Deutscher Entwicklungsdienst (Hrsg): Nicaragua, Länderheft, Berlin 1982

Dritte Welt Laden (Hrsg): Dritte Welt vorgestellt: Nicaragua, Edition Nahua Wuppertal, Köln 1980

Fürst, Edgar u. a.: Nicaragua: Aufbruch in Abhängigkeiten. Zwei Jahre Sandinistische Wirtschaftspolitik, Edition Nahua, Wuppertal 1982

Gauger, Rose: Nicaragua im Jahr der Befreiung. Bericht über die ersten Monate der Revolution, Junius Verlag, Hamburg 1980

Gewerkschaft Erziehung und Wissenschaft, Landesverband Berlin/Forschungs- und Dokumentationszentrum Chile Lateinamerika e. V. (Hrsg): Der Kampf hat viele Gesichter. Gewerkschaften in Nicaragua, El Salvador und Guatemala, Edition Nahua, Wuppertal 1982

Grass, Günther: Im Hinterhof. Bericht über eine Reise nach Nicaragua, in: DIE ZEIT, Nr. 40, 1. Oktober 1982, S. 45–46

Informationsbüro Nicaragua (Hrsg): Die Freiheit beginnt. Nicaragua, Edition Nahua, Wuppertal 1979

Informationsbüro Nicaragua (Hrsg): Endet das Schweigen! 45 Jahre Diktatur in Nicaragua, Wuppertal 1979

Informationsbüro Nicaragua (Hrsg): Nationale Revolution und indianische Identität. Der Konflikt zwischen Sandinisten und Miskito-Indianern an Nicaraguas Atlantikküste, Edition Nahua, Wuppertal 1982

Informationsbüro Nicaragua (Hrsg): Nicaragua – ein Volk im Familienbesitz, Rowohlt Verlag, Reinbek 1979
Informationsstelle Lateinamerika (ILA) (Hrsg.): Pressedokumentation 1980: Nicaragua, Edition Nahua, Wuppertal, Bonn 1980
Jung, Harald: Nicaragua: Bereicherungsdiktatur und Volksaufstand, Verlag Vervuert, Frankfurt 1980
Kohn, Hermann: El Salvador, Nicaragua. Aufstand im US-Hinterhof. Weltkreis Verlag, Dortmund 1981
Leitender Kreis des Landesjugendkonvents der Evangelischen Jugend i. B./Amt für Jugendarbeit: Nicaragua. Zwei Jahre der Revolution. Projekt der Evangelischen Jugend Bayern 1981/82 »Druckerei für Managua«, Hummelsteiner Weg 100, 8500 Nürnberg
Nicaragua-Initiative (Hrsg): Regierungsprogramm vom Juni 1979 und Artikel, Interviews, Plan '80, Dokumente seit dem Sieg der Sandinisten am 19. Juli 1979 in Nicaragua, Edition Nahua, Wuppertal, Ffm. o. J.
Österreichischer Informationsdienst für Entwicklungspolitik (Hrsg): Zum Beispiel: Das neue Nicaragua. Beiträge und Materialien zur Entwicklungspolitik, Wien, o. J.
Pisani, Francis: Muchachos. Tagebuch der sandinistischen Revolution in Nicaragua, rotpunktverlag, Zürich 1981
Polo-Cheva, Demetrio/*Süßdorf,* Erich: Nicaragua: Die historischen Bedingungen einer demokratischen Revolution, in: *Bennholdt-Thomsen,* Veronika u. a. (Hrsg.): Lateinamerika. Analysen und Berichte 4. Internationale Strategien und Praxis der Befreiung, Verlag Olle & Walter, Berlin 1980
Ramirez, Sergio: Viva Sandino! Leben und Tod des ersten lateinamerikanischen Guerillaführers, Hammer Verlag, Wuppertal 1981
Rincon, Carlos *(Kulturministerium von Nicaragua)/Tebbe,* Krista *(Kunstamt Kreuzberg, Berlin)* (Hrsg.): Nicaragua. Vor uns die Mühen der Ebene, Hammer Verlag, Wuppertal 1982
Rivera Siles, Jose Santos: Retratos del General Sandino, Ministerio de Educación, Managua 1981
Rothschuh Tablada, Guillermo: Los Guerilleros vencen a los Generales, Ministerio de Educación, Managua 1980
Statistisches Bundesamt Wiesbaden (Hrsg): Statistik des Auslandes: Länderkurzbericht Nicaragua 1979, Verlag Kohlhammer, Stuttgart 1979
Tangermann, Klaus-Dieter: Ein Vulkan. Zentralamerika, Verlag »die Tageszeitung«, Frankfurt 1980
Verein Lateinamerikanischer Studenten (Hrsg.): Frente Sandinista de Liberación Nacional (FSLN). Für was kämpfen die Sandinisten? Programm der Sandinistischen Front, Belfortstr. 8, 8000 München 80, München, o. J.

Wessing, Koen/*van der Putten,* Jan: Nicaragua '78. Fotos aus dem Krieg im September 1978, Verlag van Gennep, Amsterdam 1979
Wheelock Roman, Jaime: Frente Sandinista: Hacia la Ofensiva final, Ediciones Especiales, Editorial de Ciencias Sociales, Ciudad de la Habana 1980
Wheelock Roman, Jaime: Nicaragua: Imperialismo y Dictatura, Economía, Editorial de Ciencias Sociales, Ciudad de la Habana 1980

Kultur

Agudelo, William (Hrsg): Ich singe ein Land, das bald geboren wird. Lieder aus Nicaragua, Edition Manrandú im Dritte Welt Laden, Wuppertal 1980
Agudelo, William: Unser Lager bei den Blumen auf dem Felde. Ein lateinamerikanisches Tagebuch, Gütersloher Verlagshaus Mohn (GTB 252), Gütersloh 1978
Cardenal, Ernesto: Das Buch von der Liebe. Lateinamerikanische Psalmen, Gütersloher Verlagshaus Mohn (GTB 168), Gütersloh 1980
Cardenal, Ernesto: Das Evangelium der Bauern von Solentiname. Gespräche über das Leben Jesu in Lateinamerika, vier Bände, Gütersloher Verlagshaus Mohn, Gütersloh 1980
Cardenal, Ernesto: Die Stunde Null, Hammer Verlag, Wuppertal 1979
Cardenal, Ernesto: Meditation und Widerstand. Dokumentarische Texte und neue Gedichte, Gütersloher Verlagshaus Mohn (GTB 221), Gütersloh 1980
Cardenal, Ernesto: Nationallied für Nicaragua. Drei Gedichte, Hammer Verlag, Wuppertal 1980
Cardenal, Ernesto: Unser Land mit den Menschen, die wir lieben, Hammer Verlag, Wuppertal 1980
Informationsbüro Nicaragua (Hrsg): Wieder zuhause, Bruder. Aus den Dichterwerkstätten des neuen Nicaragua, Edition Nahua, Wuppertal
Schulz, Hermann: Ein Land wie Pulver und Honig. Ernesto Cardenals Brüder: Verzweifelte und Hoffende. Gütersloher Verlagshaus Mohn, Gütersloh 1978

Weiterführende Literatur

Bendit, René/*Heimbucher,* Achim: Von Paulo Freire lernen, Juventa Verlag, München 1977
Frank, André Gunder: Kapitalismus und Unterentwicklung in Lateinamerika, Europäische Verlagsanstalt, Frankfurt 1969
Freire, Paulo: Erziehung als Praxis der Freiheit, Rowohlt Verlag, Reinbek 1977

Freire, Paulo: Pädagogik der Solidarität, Hammer Verlag, Wuppertal 1974

Freire, Paulo: Pädagogik der Unterdrückten, Rowohlt Verlag, Reinbek 1973

Freire, Paulo: Der Lehrer ist Politiker und Künstler, Rowohlt Verlag, Reinbek 1981

Galeano, Eduardo: Die offenen Adern Lateinamerikas. Die Geschichte eines Kontinents von der Entdeckung bis zur Gegenwart, Hammer Verlag, Wuppertal 1973

Hurtienne, Thomas/*Schoeller,* Wolfgang: Inflation und ökonomische Unterentwicklung am Beispiel Lateinamerikas, in: *Altvater,* Elmar u. a. (Hrsg): Inflation-Akkumulation-Krise II, Europäische Verlagsanstalt, Frankfurt 1976, S. 176–199

Strahm, Rudolf H.: Überentwicklung – Unterentwicklung, Laetare Bücher, Stein/Nürnberg 1978

Torres Rivas, Edelberto: Interpretación del Desarrollo Social Centroamericano, Colección Seis, Editorial Universitaria Centroamericana (EDUCA), Ciudad Universitaria Rodrigo Facio, Costa Rica 1980

Über die Autoren

Maria Theresia Albert, Stipendiatin des Deutschen Akademischen Austauschdienstes, Mitarbeiterin im nicaraguanischen Erziehungsministerium, Lehrmittelentwicklung für Primarschulen im Bereich der Naturkunde und Landwirtschaft.
Juan B. Arrien, Leiter der Abteilung Bildungsplanung und -entwicklung am nicaraguanischen Erziehungsministerium, früher Rektor der Mittelamerikanischen Universität in Managua.
Gisela Burckhardt, Mitarbeiterin des Entwicklungsprogramms der Vereinten Nationen in Nicaragua.
Robert Dilger, Biologe und Planer im nicaraguanischen Institut für natürliche Ressourcen und Umwelt.
Alejandro Floripe Fajardo, Mitglied der Abteilung Grundschulpädagogik des nicaraguanischen Erziehungsministeriums.
Sissi Karnehm, Krankenschwester im Hospital Fidel Ventura, Waslala.
Angelika Krüger, wissenschaftliche Mitarbeiterin im Institut für Interkulturelle Erziehung und Bildung der Freien Universität Berlin.
Francisco Lacayo Parajón, Vizeminister für Kultur im nicaraguanischen Kulturministerium
Adolfo Lopez Campos, Leiter der Abteilung für pädagogische Projekte im nicaraguanischen Erziehungsministerium.
Dieter Mohaupt, Arzt, Mitarbeiter in einem Gesundheitszentrum des nicaraguanischen Ministerium für Gesundheit, Deutscher Entwicklungsdienst.
Graciela Muñoz, chilenische Mitarbeiterin in der Abteilung Vorschulerziehung des nicaraguanischen Erziehungsministeriums.
Conny Puhiera, Mitarbeiterin in der Abteilung Vorschulerziehung des nicaraguanischen Erziehungsministeriums.
Sergio Ramirez, Schriftsteller, Mitglied der Junta der Regierung des nationalen Wiederaufbaus von Nicaragua.
Jan Simon, Lehrer-Student an der Freien Universität Berlin.
Luzian Spescha, Schweizer Sekundarschullehrer und Student der Bildungs- und Erziehungsethnologie an der Universität Zürich.
Carlos Tünnermann Bernheim, Minister für Erziehung in Nicara-

gua, früher Rektor der Nationalen Autonomen Universität von Nicaragua.
Marta Vargas Molina, Leiterin der Abteilung berufliche Bildung im nicaraguanischen Erziehungsministerium.
Jürgen Zimmer, Professor für Allgemeine Schulpädagogik am Institut für Interkulturelle Erziehung und Bildung der Freien Universität Berlin.